CHRISTINE BRAND

Wahre Verbrechen

CHRISTINE BRAND

WAHRE VERBRECHEN

Die erschütterndsten Fälle
einer Gerichtsreporterin

blanvalet

Die in diesem Buch beschriebenen Fälle haben sich wie beschrieben ereignet. Die Erzählungen beruhen auf Aussagen bei öffentlichen Gerichtsverhandlungen, auf persönlichen Interviews, Notizen und Aufzeichnungen der Autorin, öffentlich zugänglichen Akten sowie Medienberichten. Alle Namen sowohl der Opfer als auch der Täter sind geändert oder unvollständig wiedergegeben.

MIX
Papier | Fördert gute Waldnutzung
FSC® C014496

Penguin Random House Verlagsgruppe FSC® N001967

2. Auflage

Neumarkter Straße 28, 81673 München
produktsicherheit@penguinrandomhouse.de
(Vorstehende Angaben sind zugleich
Pflichtinformationen nach GPSR)

Redaktion: René Stein
Umschlaggestaltung: www.buerosued.de
Umschlagmotiv: Stephen Mulcahey / Arcangel Images;
Richárd Katona / EyeEm
JaB · Herstellung: sam
Satz: GGP Media GmbH, Pößneck
Druck und Bindung: GGP Media GmbH, Pößneck
Printed in Germany
ISBN 978-3-7645-0829-6

www.blanvalet.de

Inhalt

»Es gibt im menschlichen Verhalten nichts, was es nicht gibt.«

Volker Dittmann, forensischer Psychiater und Rechtsmediziner

Vorwort

Oft werde ich gefragt, wie ich es aushalte, als Reporterin in den Gerichtssälen zu sitzen, konfrontiert zu werden mit krassen Verbrechen und anschließend darüber zu berichten. Viele glauben, die tragischen Schicksale, die vor Gericht ausgebreitet und verhandelt werden, müssten mich runterziehen, demoralisieren, und mich den Glauben an das Gute im Menschen verlieren lassen.

Es stimmt, die Geschichten berühren mich, sie machen mich nachdenklich, traurig, betroffen. Das ist gut so; ich will nicht abgebrüht und distanziert über wahre Verbrechen berichten, ich bin froh, dass sie mir noch immer nahegehen. Trotzdem ist mein Glaube an das Gute im Menschen ungebrochen und unerschütterlich. Wer die Schattenseiten kennt, lernt die Sonnenseite schätzen. Verlasse ich nach einem Prozess das Gericht, erfüllt mich stets eine tiefe Dankbarkeit: Ich bin dankbar dafür, dass ich ein Leben leben darf, das mich bis heute einzig aus beruflichen und noch nie aus privaten Gründen in einen Gerichtssaal geführt hat, weder als Opfer noch als Beschuldigte. Beides ist keine Selbstverständlichkeit.

Seit fast dreißig Jahren berichte ich nun aus den Gerichtssälen, und noch immer ist meine Faszination ungebrochen. Es ist mehr als die viel zitierte Faszination des Bösen, das es so in dieser reinen Form nicht gibt. Es ist nie ein Monster, das auf der Anklagebank sitzt – es ist immer ein Mensch. Ein Mensch, der etwas Böses, Unfassbares, Schreckliches getan hat. Mich fasziniert, dass in einem Gerichtssaal die unterschiedlichsten Lebenswege aufeinanderprallen – Täter, Opfer, Angehörige des Täters, des Opfers, ihre Freunde, Anwälte, Richter, Zeugen, sie alle sind betroffen von einem Delikt. Ich möchte verstehen, wie es so weit hat kommen können, dass sie alle hier und jetzt in diesem Raum zusammentreffen. Warum jemand zum Täter wird. Wie man als Opfer weiterlebt. Wie die Justiz versucht, eine Art Schlussstrich zu ziehen und die gesellschaftliche Ordnung wiederherzustellen, die aus dem Lot geraten ist.

Sechs Fälle habe ich für dieses Buch niedergeschrieben. Alle Erzählungen basieren neben den Akten auf Aussagen von Tätern und Opfern, Verteidigern, Forensikern, Staatsanwälten und Richtern sowie auf Gesprächen mit Ermittlern, Opfern und unmittelbar Betroffenen.

Zwei Fälle in diesem Buch gehen mir besonders nahe. Zum einen »Lebendig begraben«, weil es darin um einen Fall geht, der nicht verstanden werden kann. Aus nichtigem Grund, wegen einer absolut unverständlichen Tat eines jungen Mannes, wurde ein Leben ausgelöscht und so viel Trauer und Leid ausgelöst. Es ist ein Verbrechen, das man einfach nicht in seinen Kopf reinkriegt, weil es so abscheulich ist.

Zum anderen »Die Geiseln des Mörders«, weil diese Geschichte aufzeigt, dass die Opfer eines Verbrechens so viel stärker sein können als der Täter. Darum ist dieses Vorwort auch eine Danksagung: danke an Aline, Carole und Bastian, die im wahren Leben anders heißen. Danke für eure Offenheit, danke für eure Bereitschaft, mit mir über das Geschehene zu reden, danke für eure Geschichte. Die Begegnung mit Aline, Carole und Bastian war eine Bereicherung, alle drei haben mich tief beeindruckt. Ich bin sicher, ihre Stärke kann Motivation und Hilfe für andere Opfer sein, die darum kämpfen, wieder aufzustehen, weiterzugehen und über eine Tat hinwegzukommen.

Obwohl ich so viele Gerichtsverfahren mitverfolgt habe, fällt es mir noch immer schwer zu verstehen, warum Menschen anderen Menschen oftmals aus nichtigen Gründen Leid zufügen. Ich wünsche uns allen so viel Toleranz, Frieden, Liebe und Gelassenheit, dass für die Gewalt kein Raum mehr bleibt.

Christine Brand

Die Geiseln des Mörders

Es ist Ende September 2016, ein milder Herbsttag in einer gemütlichen Kleinstadt an einem See, der sich wie ein Teppich vor die Berge gebettet hat. Nichts an diesem Abend deutet darauf hin, dass etwas Außerordentliches geschehen wird. Doch dann dringt von einer Sekunde auf die andere das Böse in das Leben der Familie Baumgartner. Danach wird es nie mehr so sein wie davor.

Aline

»Es war ein Abend wie viele andere. Ich habe bis vier Uhr gearbeitet, danach hat mich eine Kollegin nach Hause gefahren. Ich hatte gerade erst vor Kurzem meine Ausbildung abgeschlossen und eine neue Stelle in einem Heim für Demenzkranke angetreten. Zu Hause angekommen, habe ich gemeinsam mit Bastian einen Thunfischsalat zubereitet, auch daran erinnere ich mich noch genau.«

Die Stunden, die Alines Leben verändert haben, sind detailgetreu in ihr Gedächtnis eingraviert. Heute, mehr als sechs Jahre danach, sitzt mir eine junge Frau gegenüber, die ruhig und präzise von dem Unrecht erzählt, das ihr widerfahren ist. Von dem Bösen, das in eine heile Welt eingedrungen ist, ohne Grund, ohne Vorwarnung, zack, aus dem Nichts heraus.

Aline ist zwanzig, als es passiert. Sie wohnt zu dem Zeitpunkt bei ihrer Mutter Carole und ihrem Stiefvater Bastian. Eigentlich ist die Wohnung zu klein für drei Personen, darum haben sie den Dachstock ausgebaut und Aline dort oben ein Zimmer eingerichtet.

»Die Treppe, die von der Wohnung zu mir nach oben führte, liegt hinter einer Schranktür versteckt. Wer nicht weiß, dass es auf dem Dachboden ein zusätzliches Zimmer gibt, würde es nicht finden.«

Bastian und Aline arbeiten in der Küche Hand in Hand, es verspricht ein gemütlicher Abend zu werden. Als der Thunfischsalat fertig zubereitet ist, deckt Bastian den Tisch, Aline begibt sich nach oben und erledigt ein paar Telefonanrufe, auch ihren Freund ruft sie vor dem Abendessen noch an.

»Ich war oben in meinem Zimmer, als meine Mutter nach Hause kam. Ich hörte, wie sie unten in der Wohnung die Tasche fallen ließ. Das war der Moment, in dem ich realisierte, dass etwas nicht gut war. Ich dachte, entweder hat sie extrem schlechte Laune, oder es stimmt etwas nicht. Mama lässt ihre Tasche nie fallen. Sie geht sorgsam mit ihren Sachen um.«

Carole

Um 18.37 Uhr schaltet Carole die Alarmanlage scharf und schließt die Tür des Geschäfts hinter sich ab. Sie ist Filialleiterin einer Bijouterie, einem Schmuckgeschäft in der Altstadt, seit vielen Jahren schon. Alles scheint wie immer, als sie sich an diesem Mittwochabend auf den Nachhauseweg macht. Zu Fuß sind es nur acht Minuten. Sie weiß, dass ihre Tochter Aline und ihr Mann Bastian zu Hause mit dem Essen auf sie warten. Doch sie ahnt nicht, dass seit mehreren Tagen etwas anders ist als sonst: Sie wird beobachtet. Jemand hat sie auserkoren, ein Opfer zu werden.

»Ich erinnere mich, dass er mir aufgefallen ist. Der Kerl saß einige Tage zuvor bei meiner Nachbarin vor dem Haus und hat dort etwas gegessen und getrunken. Ich empfand das als frech. Er befand sich auf Privatbesitz, dort setzt man sich nicht einfach zum Picknicken hin. Ich habe ihn zweimal dort gesehen und mir jedes Mal gedacht, dass ich Bastian darum bitten werde, den Mann von dort wegzuweisen. Aber kaum war ich jeweils zu Hause, sprachen wir über ganz andere Dinge, und ich vergaß es wieder.«

Der unbekannte Mann hat auch vor dem Schaufenster ihres Geschäfts gestanden, hat sie beobachtet und ihren Tagesablauf studiert. An einem Tag hat er Carole und Aline bis zur Post verfolgt und beschattet. Doch beide haben nichts davon gemerkt. Carole, die ein ausgeprägtes Gedächtnis gerade auch für Gesichter hat, erinnert sich nicht daran, ihn je in der Nähe der Bijouterie gesehen zu haben.

»Sie müssen wissen: Beim Geschäft kommen sehr viele Menschen vorbei, sie betrachten das Schaufenster oder kommen herein, gerade auch Männer, die gerne Uhren anschauen. Wenn ich mir da jedes Gesicht merken wollte ... Einige kommen immer wieder, es ist für manche fast wie ein Ritual: Einem Mann gefällt etwas, er kehrt mehrmals zurück, um es sich im Schaufenster anzusehen, erst dann gibt er sich einen Ruck und betritt das Geschäft. Dafür habe ich ja ein Schaufenster: Damit man meine Waren anschaut. Dass der Typ mich im Geschäft beobachtete, habe ich nicht gemerkt. Aber bei uns im Quartier habe ich ihn zweimal gesehen. Ich habe mich nicht von ihm bedroht gefühlt, er ist mir einfach aufgefallen. Am Tag, als es geschah, habe ich ihn zum dritten Mal bewusst wahrgenommen.«

Carole nennt ihn nie beim Namen. Bis heute nicht, obwohl sie mittlerweile weiß, wie der Täter heißt, dass er sich damals seit einigen Tagen im Land befand und in einem Lieferwagen schlief, den er in der Nähe auf einem Parkplatz neben der Kirche abgestellt hatte. Wenn Carole über den Täter spricht, nennt sie ihn »den Typen, den Kerl, ihn«.

»Am Abend, als es geschah, sah ich ihn erneut vor dem Haus unserer Nachbarin sitzen. Ich dachte, jetzt ist dann mal gut – was hängt der die ganze Zeit dort rum, wo er nichts zu suchen hat? Ich ging zum Hintereingang unseres Wohnhauses, öffnete das Tor des Holzgartenzauns, schloss es hinter mir und trat auf die Haustür zu. Ich war wie so oft mit mehreren Taschen beladen und suchte nach dem Hausschlüssel, den ich nicht auf Anhieb finden konnte. Das Gartentor quietschte, darum hörte ich, dass es hinter mir wieder geöffnet wurde, genau in dem Moment, in dem ich den Schlüssel ins Schloss steckte. Ich habe mich noch umgedreht, aber da hatte ich bereits eine Pistole am Kopf. Ich habe sofort realisiert, dass er gefährlich ist, ich spüre noch heute, wie es sich angefühlt hat. Es ist ein Gefühl, als würde alles ins Stocken geraten. Ich verlor den Boden unter den Füßen, meine Beine zitterten, gleichzeitig gefror mir das Blut in den Adern. Ich hatte Angst vor ihm und habe einfach funktioniert. Er hat mich gezwungen, mit ihm reinzugehen, und ich wusste, dass Aline und Bastian zu Hause waren, dass sich dort oben in der Wohnung meine Familie befand.

Ich weiß noch genau, welche Kleidung ich trug, was wir zu Abend essen würden und dass wir danach noch Konfitüre machen wollten. Bastian hatte die Einmachgläser destilliert. Von der ersten Sekunde an war mir bewusst, dass das hier nicht irgendein Quatsch ist, sondern tödlicher Ernst. Ich habe ganz klar wahrgenommen, dass der Typ hochgefährlich ist, das hat er mir durch seine Haltung und durch seine Worte auch vermittelt. Er hat mich mit der einen Hand am Arm gepackt, mit der anderen hielt er mir die Pistole an den Kopf – so hat er mich gezwungen, die Treppe hochzugehen. Wir wohnten ganz oben, die Tür war nicht abgeschlossen, also gingen wir hinein und blieben im Eingang stehen. Ich vor ihm, er hinter mir, die Waffe an meinem Kopf. Dann tat ich das, was wir immer machen, wenn jemand von uns nach Hause kommt: Ich rief ›Hallo!‹«

Bastian

»Caroles ›Hallo‹ klang ganz anders als sonst. Ich saß im Wohnzimmer, habe Musik oder die Nachrichten gehört, der Tisch war gedeckt, wir hätten uns nur noch hinsetzen müssen, um zu essen. Aber ich hörte Caroles Stimme an, dass etwas nicht stimmig war. Darum bin ich aufgestanden, um nachzusehen, was los war. Und dann sah ich die beiden bei der Tür stehen. Ich dachte, Donnerwetter, hier stimmt etwas ganz und gar nicht! Ohne viel zu überlegen, stürzte ich sofort auf den Kerl zu, doch da fuchtelte er schon mit der Waffe herum. Instinktiv dachte ich: Ich muss ihm die Pistole aus der Hand schlagen! Er trug schwarze Handschuhe, ich versuchte, die Waffe wegzuschlagen, und stieß gegen das Metall, doch er behielt sie in der Hand. Ich hätte ihn am liebsten die Treppe hinuntergejagt, aber die Tür hinter ihm war schon zu. Carole rief eindringlich: ›Hör auf! Hör auf!‹ In dem Moment habe ich realisiert, dass es wohl besser ist innezuhalten. Doch ich konnte mich kaum beruhigen. Er zwang uns durch die Küche rüber ins Esszimmer und befahl uns, uns hinzusetzen. Dann begann er, uns zu fesseln. Er band unsere Beine mit Klebeband an die Stühle und fixierte unsere Hände hinter dem Rücken. Mir hat er dann auch gleich die Augen zugeklebt. Ich war noch immer auf hundertachtzig und habe ihm die ganze Zeit Schimpfwörter an den Kopf geworfen: Was er für ein Arschloch sei, dass er abhauen solle … Carole versuchte, mich zu beruhigen, und sagte immer wieder, dass ich damit aufhören und still sein solle. Aber ich konnte nicht aufhören! Ich war derart getrieben, weil ich nicht mehr der Herr im eigenen Haus war und weil ich die Frauen nicht beschützen konnte. Alles lief aus dem Ruder, und ich konnte nichts dagegen tun. Der Kerl seinerseits stand ebenfalls unter Strom: Er hatte nicht damit gerechnet, dass auch ich hier wohnte, und er wollte um jeden Preis sein Ziel erreichen.«

Ich sitze bei Bastian und Carole in ihrem neuen Zuhause, als sie mir den Ablauf der Tat schildern. Sie sind ein sympathisches, herzliches, modernes Paar in den Fünfzigern, mit dem man auf Anhieb befreundet sein möchte. Sie wechseln sich ab, wenn sie berichten, ergänzen sich, man spürt ihre Kraft und ihren Zusammenhalt. Er ist noch größer geworden. Die Extremsituation, in die sie hineinkatapultiert worden sind, hat sie zwar verletzlicher und vorsichtiger gemacht, aber auch stärker. Während Aline und Bastian sofort damit einverstanden waren, mir ihre Geschichte zu erzählen, hat Carole länger gezögert. Jetzt aber berichtet sie offen, ruhig und mit einer ausgesprochenen Erinnerungsgabe fürs Detail über das Verbrechen, das an ihr begangen worden ist.

Carole

»Der Gedanke, dass wir das alle nicht überleben würden, war präsent. Auf der einen Seite war ich mit dem Verbrecher konfrontiert, der unser Leben bedrohte – auf der anderen Seite musste ich meinen Mann bändigen, der sich nicht beruhigen konnte und den Kerl immer weiter reizte. Ich sagte Bastian, er solle still sein, aber er hat einfach nicht auf mich gehört. Ich habe zu ihm gesagt, er solle aufhören, das bringe nichts, im Gegenteil, er bringe uns nur in eine noch schwierigere Situation, wenn er sich so aufführe. Ich schnauzte ihn an: ›Schweig, halt dein Maul!‹ Ich war sehr damit beschäftigt, dass er endlich Ruhe gab. Ich wollte um jeden Preis meine Familie hier heil rausbringen. Das war das Einzige, das zählte. Meine Haltung gegenüber dem Typen war: Nimm alles, was du willst, und verschwinde wieder. Gleichzeitig dachte ich aber auch: Damit kommst du nicht ungeschoren davon! Darum habe ich mir alles genaustens eingeprägt. Ich wusste, dass ich schon immer gut darin war, mir Dinge zu merken – das wollte ich mir nun zunutze machen. Auch mir hat er die Augen zugeklebt, aber wenn ich den Kopf in den Nacken legte, konnte ich unter dem Klebeband durchschielen. Ich war in dem Moment ganz hell, absolut klar, es ist schwierig zu beschreiben ... ich war einfach auf Zack! Ich habe so viel wie möglich aufgenommen und mir alles gemerkt. Ich wusste: Das lassen wir nicht einfach so stehen – der Typ wird dafür bezahlen müssen!

Irgendwann habe ich dann Aline über uns gehört. Wir wohnten in einem alten Haus, man spürte und hörte ihre Schritte, wenn sie oben durch das Dachzimmer ging. Der Kerl hat das zum Glück nicht wahrgenommen, wir aber schon. Ich dachte: Scheiße, jetzt kommt Aline herunter. Ich hatte so sehr gehofft, dass sie eingeschlafen war oder laut Musik hörte und nichts mitbekam, ich wünschte mir so sehr, dass Aline nicht zu uns in die Wohnung herunterkommen würde. Und dann kam sie doch.«

Aline

Als Aline hört, dass ihre Mutter nach Hause gekommen und die Tasche auf den Boden geknallt ist, will sie hinuntergehen, doch sie hält noch einmal inne. Sie trägt an diesem Abend sehr kurze Shorts.

»Ich weiß nicht, warum, aber da war etwas, es war sehr speziell; plötzlich fand ich, ich müsse unbedingt die lange Trainingshose anziehen. Also nahm ich sie aus dem Schrank und schlüpfte hinein. Gott sei Dank!«

Erst jetzt steigt sie die Treppe hinab.

»Meine Mutter und Bastian wussten in dem Augenblick, dass ich herunterkomme. In der Wohnung hört man wegen des knarrenden Bodens meine Schritte, sie kannten die Geräusche.«

Als Aline die Tür unten an der Treppe öffnet, steht sie direkt vor der Wohnungstür, die nach draußen führt. In dem Moment, als sie in die Wohnung tritt, hört sie Bastian laut schreien: »Aline, hau ab!«

Nur ein paar Schritte geradeaus, und sie wäre im Freien. Ihre Flucht würde dem Geschehen einen Stoß versetzen und es in eine andere Richtung treiben, wahrscheinlich in eine bessere. Doch Aline kann die Gefahr nicht erahnen. Sie verkennt Bastians Warnung.

»Ich dachte: Aber hallo, wie redet der denn mit mir? Das geht schon mal gar nicht!«

Aline geht nicht geradeaus zur Tür hinaus.

»Sondern nach rechts Richtung Wohnzimmer und um die Ecke herum – da kam mir dieser Idiot schon entgegen. Ich habe es im ersten Moment nicht richtig gecheckt. Ich dachte: Wer ist das? Vielleicht ein Arbeitskollege von Bastian, jemand vom Geschäft? Aber warum läuft der in unserer Wohnung herum? Ich befand mich ja bei mir zu Hause, da denkt man sich zunächst nichts Böses. Es waren viele kleine Fragen in meinem Kopf, aber ich kam nicht dazu, sie zu beantworten, es ging alles zu schnell. Meist rutscht einem in solchen Situationen das Herz in die Hose, aber das ist bei mir nicht passiert. Ich war einfach irgendwie blockiert, und im nächsten Moment war er schon bei mir, packte mich am Arm und presste mir die Pistole in den Rücken. Da sah ich meine Mutter und Bastian – sie waren auf den Stühlen gefesselt. Ich geriet in diese Situation hinein, nahm alles wahr, aber ich dachte gar nicht viel. Als er mir die Pistole an den Rücken hielt, war da nur ein Gedanke: Okay, was jetzt, was kommt als Nächstes?«

Sie hört ihre Mutter sagen: »Mach einfach, was er verlangt, sonst passiert uns was.« Daran zweifelt auch Aline keine Sekunde.

»Das hat er mir zu spüren gegeben; dass er sehr gefährlich ist.«

Aline fällt es schwer, ihre Empfindungen von jenem Augenblick in Worte zu fassen. Sie habe kein Schreckgefühl empfunden, bei dem sich alles im Körper zusammenziehe. Sie war ganz klar im Kopf.

»Es war wie ein Denken von Moment zu Moment, Schritt für Schritt. Ich dachte: Jetzt habe ich eine Pistole im Rücken – okay. Jetzt gehe ich zu meinen Eltern hinüber – okay. Meine Eltern sind gefesselt – okay. Jetzt geh ich mal mit und schaue, was als Nächstes passiert – okay. Andere Gedanken hatten keinen Platz. Natürlich fragte ich mich, was hier genau läuft, und als ich die Pistole im Rücken spürte, war mir absolut klar, dass die Situation gefährlich ist. Aber ich hatte gar keine Zeit, um Emotionen Platz zu geben. Es ging einzig darum: Was passiert nun, was macht er als Nächstes, was machen wir? Ich war hellwach und rational. Das Adrenalin kickte rein, das war unglaublich. Ich bin ein sehr emotionaler Mensch. Als Kind hatte ich Aggressionsprobleme. Daher wusste ich: Wenn ich einen krassen

Impuls erfahre, geht das nicht gut aus. Da ich bei der Arbeit aber relativ oft mit Notfallsituationen konfrontiert bin, in denen ich einen kühlen Kopf bewahren muss, war es auch in jener Situation für mich nicht allzu schwierig, den Überblick zu behalten. Dadurch, dass auch meine Mutter in dem Moment ruhig blieb, hat sie mir das Gefühl vermittelt, dass ich mich nicht stressen lassen darf. Sie hat sich sehr bemüht, mich und Bastian zu beruhigen.«

Der Mann, der die Familie in seiner Gewalt hat, der nach Bastian und Carole auch deren Tochter Aline an einen Stuhl fesselt und ihr die Augen zuklebt, ist nicht sehr groß gewachsen, aber drahtig und kräftig. Carole dachte unweigerlich an einen Ex-Soldaten, als sie ihn das erste Mal im Garten ihrer Nachbarin sah. Auch jetzt trägt er eine Baseballmütze, und es haftet ihm ein unangenehmer Geruch an, wie man ihn von manchen Obdachlosen kennt; er riecht nach Schweiß und nach Kleidung, die lange nicht gewaschen wurde und nie richtig getrocknet ist. Er ist schon älter, spricht gebrochen englisch und sagt über sich selbst, er sei aus Russland und von Beruf »Verbrecher«.

Aline

»Als ich ihn sah, dachte ich: Das ist ein alter Opa. Und dass er mal duschen sollte, das habe ich auch gedacht. Er stank, roch irgendwie vermodert. Er sagte mir, dass er in einem Lieferwagen lebe und dass er sich im Spital nebenan waschen ging. Er erzählte mir das, weil ich ihn danach gefragt habe. Ich habe fast die ganze Zeit mit ihm geredet, denn mir war klar, dass ich eine Verbindung zu dem Menschen aufbauen musste. Er gab mir das Gefühl, dass er uns umbringt, wenn wir nicht machten, was er verlangte. Wir haben gespürt, dass er das wirklich tun würde. Aber ich sagte mir: Du bringst doch nicht einen Menschen um, den du magst. Also erzählte ich ihm von meinem Beruf; er war beeindruckt, dass ich als junge Frau mit demenzkranken Patienten arbeitete. Er sagte sogar, es brauche mehr Menschen wie mich und nannte mich dreist ›Principessa‹. Aber es war mir egal, was er sagte. Ich wusste: Ich muss mit dem Typen connecten, sonst passiert etwas. Er erzählte mir auch, dass er mich und meine Mutter beschattet hatte, dass er uns bis zur Post gefolgt war. Aufgrund seiner Ausführungen habe ich gemerkt, dass er nicht mit Bastian gerechnet hatte. Er war überrascht, und es hat ihn nervös gemacht, dass ein Mann im Haus war. Das habe ich gespürt.«

Drei Personen sind für den Täter ein Risiko, zumal eine dieser Personen ein groß gewachsener, wütender Mann ist. Also greift er zu neuen Mitteln. Er baut eine Drohkulisse auf und setzt seine Opfer unter massiven psychischen Druck.

Bastian

»Er behauptete, er sei nicht allein. Draußen warte sein Bruder, der sei psychisch krank, ein brutaler Killer, der nicht so viel Geduld habe wie er. Der Bruder, so sagte er, hätte uns längst umgebracht. Ich ging davon aus, dass der Kerl aus dem Ostblock stammte, und dachte mir: Klar, der ist mit seinem Bruder hier. Ich zweifelte nicht an seinen Worten, zumal er mehrmals telefoniert hat: Er stellte eine Nummer ein und sprach mit jemandem, er stand ständig in Kontakt mit der Person und redete beruhigend auf sie ein. Ich selbst war immer noch sehr aufgebracht. Es war nicht die Angst, die mich trieb, es war die Wut. Aber die Angst hat bestimmt auch das Ihre dazu beigetragen. Der Kerl drohte mir, ich solle nicht den Helden spielen, sonst werde er mich erschießen. Dann zwang er mich, Tabletten einzunehmen. Da habe ich richtig Angst gekriegt. Ich dachte: Nein, die schlucke ich nicht. Aber ich konnte es nicht verhindern, er drückte mir die erste Tablette in den Mund und schüttete gleich Wasser hinterher, ich musste sie schlucken, es ging nicht anders. Anschließend riss er mir den Mund auf und kontrollierte, ob die Tablette weg war. Später zwang er mich, weitere Tabletten zu schlucken – und ich hatte keine Ahnung, was das für welche waren.«

Es ist Rohypnol, ein starkes Beruhigungs- und Schlafmittel, das der Täter Bastian gewaltsam zufügt. Auch Aline zwingt er, eine Tablette zu schlucken. »It makes you down«, sagt er zu ihr.

Das Rohypnol ist echt, den Bruder aber, der angeblich draußen Wache steht, den gibt es nicht. Der Täter hat die Tastentöne seines Handys eingeschaltet, sodass man hört, wenn er darauf herumtippt. Er spricht gebrochen englisch in das Telefon, bittet den imaginären Bruder um Geduld. Für seine drei Gefangenen wirken die Anrufe echt.

Dann beginnt er, die Wohnung zu durchsuchen, steckt Wertgegenstände ein, stiehlt Caroles Uhren, Bastians Handy, doch er hat nicht genug. Er droht seinen Gefangenen, er werde sie erschießen, wenn sie seinen Anweisungen nicht Folge leisteten. Er warnt Bastian, er sei für das Leben von Aline verantwortlich. Dann bindet er Alines Füße los.

Aline

»Ich dachte, wir überleben das nicht, ganz ernsthaft. Ich weiß nicht, ob man das Nahtoderfahrung nennen kann – aber mein Leben ist an mir vorbeigezogen. Während meine Augen zugeklebt waren, sah ich Erinnerungen, auch solche von ganz früher, die ich längst vergessen hatte. Plötzlich tauchte alles vor mir auf. Gleichzeitig überlegte ich, was passieren wird, wenn ich morgen nicht zur Arbeit erscheine, was meine Arbeitskollegen denken werden, ob sie anrufen oder vorbeikommen würden, um nach mir zu sehen. Ich dachte darüber nach, was ich noch alles hätte erleben können. Und ich fragte mich, was mit meiner Schwester passieren wird, wenn der Rest der Familie tot ist. All das ging mir durch den Kopf, als ich gefesselt auf dem Stuhl saß.

Irgendwann kam er zu mir und machte mich los, das heißt: Er löste das Klebeband von meinen Beinen, die Arme blieben hinter meinem Rücken gefesselt. Er zwang mich hinüber ins Schlafzimmer und stellte mich gegen das Fenster. Er stand hinter mir, packte mich an den Haaren und an der Schulter und fragte mich, wo meine Mutter Geld und Schmuck versteckt habe. Der

Typ hatte tatsächlich geglaubt, dass irgendwo eine halbe Million in einem Bunker lag. Ich sagte ihm, ich wisse nicht, wo der Schmuck sei. Da hat er mich zuerst auf den Hinterkopf, dann ins Gesicht geschlagen und an den Haaren gezerrt.« Aline macht eine Pause, blickt mich an, verändert ihre Stimme, bevor sie leise weiterspricht. »By the way, ich wusste natürlich schon, wo meine Mutter ihre Sachen versteckte, aber ich dachte: Falls wir hier möglicherweise doch noch lebend rauskommen sollten, wird meine Mutter bestimmt wütend sein, wenn ich es ihm verrate. Genau das habe ich in dem Moment gedacht. Ich weiß nicht, warum ich so viel dachte, es ist erstaunlich, zu was ein Mensch in einer solchen Situation fähig ist.«

Es ist mehr als erstaunlich. Es ist zutiefst beeindruckend, zu was Aline an jenem Abend fähig ist. Wie klar und rational sie denkt und handelt in dieser absoluten Extremsituation, wie stark sie bleibt, wie gefasst und überlegen, selbst dann noch, als er ihr Schreckliches antut.

»Vielleicht hat er geahnt, dass ich ihn angeschwindelt habe. Er fand eine Kassette im alten Sekretär, die wollte er unbedingt aufschließen. Der Schlüssel lag eigentlich direkt daneben, aber er hat ihn dann wohl verlegt und rastete total aus, weil er dachte, in der Kassette liege Schmuck und Geld. Dabei befanden sich darin nur Dokumente wie Pässe und Geburtsurkunden. Anschließend zwang er mich, mich im Wohnzimmer auf den grünen Stuhl zu setzen, und da ist es dann passiert.«

Er stellt sich vor sie hin. Alines Augen sind noch immer fast vollständig zugeklebt, sie kann nur wenig erkennen. Sie hört, wie der Mann seinen Hosenschlitz öffnet. Er bedroht sie mit der Pistole, hält sie mit einer Hand am Hinterkopf und sagt: »Suck! Suck!«

»Er sagte es so leise, dass man es im Zimmer nebenan nicht hören konnte, obwohl es keine Tür dazwischen gibt. In der schwierigsten Situation meines Lebens habe ich gedacht: Mama und Bastian dürfen nicht mitkriegen, was hier abgeht. Denn ich wusste, dass die beiden sonst vollends durchdrehen würden und das Ganze eskalieren könnte. Ich bin selbst erstaunt über mich, noch heute, dass ich während dieser Situation so rational überlegt habe. Ich glaube, so klar wie in diesem Augenblick war ich noch nie in meinem Leben. Irgendwann ist er dann gekommen, die Sache war zum Glück relativ schnell vorbei. Er verließ das Zimmer, und ich blieb auf dem Stuhl sitzen. Ich habe alles ausgespuckt, auf den Boden, auf meine Hosen, ich habe sein Sperma ganz bewusst an verschiedene Stellen hingespuckt, weil ich mir überlegt habe: Das hier ist seine DNA, krasse DNA – wenn wir hier jetzt also sterben müssen, dann findet die Polizei wenigstens seine Spuren. Dann wird sie ihn fassen. Ich habe mir noch in diesem Moment bildlich vorgestellt, wie die Polizei CSI-mäßig die Spuren sichern und mit speziellen Instrumenten nach DNA suchen wird – und sie hier auf dem Boden dann findet.«

Carole

»Eine Zeit lang haben sie nichts gesprochen, Aline und der Typ. Ich wusste nicht, was vor sich ging. Ich habe etwas gehört und konnte es nicht zuordnen. Ich habe einzig mitgekriegt, dass er Aline geschlagen hat, da wurde ich wahnsinnig wütend. Als Mutter willst du nicht, dass jemand dein Kind schlägt. Aber was danach passierte, konnte ich nicht deuten. Ich hörte, dass sie sich im anderen Raum aufhielten, aber ich war gefesselt, ich wusste nicht, was er gemacht hat. Ich habe dann mitgekriegt, dass Aline nach Wasser fragte. Ich erkannte an ihrer Stimme, dass etwas nicht stimmte, aber ich wusste nicht, was los war, und als wir Aline danach fragten, meinte sie, es sei alles okay.«

Nichts ist okay. Und es ist noch lange nicht vorbei. Der Täter bringt Aline zurück ins Esszimmer, fesselt sie erneut an den Stuhl und zwingt sie ein zweites Mal, eine Beruhigungstablette zu schlucken. Auch Bastian erhält weitere Tabletten, er ist mittlerweile stark beeinträchtigt.

Bastian

»Ich stand unter dem Einfluss des Betäubungsmittels. Ich weiß nicht mehr, wie viel ich davon schlucken musste. Ich habe zwar noch wahrgenommen, was passierte, aber ich konnte keinen Einfluss mehr darauf nehmen. Ich war enorm müde und langsam. Alles hat ewig gedauert – obwohl die Zeit schnell verstrichen ist, kam es mir unendlich lange vor. Irgendwann wollte er dann aufbrechen und in die Stadt gehen, zum Geschäft von Carole. Doch vorher kam er noch mit dem Scheißsprengstoff an.«

»Er wollte zuerst mit mir allein in die Bijouterie gehen. Ich sagte zu ihm: Vergiss es! Nie hätte ich Aline und Bastian in der Wohnung zurückgelassen. Das war keine Option. Ich erklärte dem Typen, ich würde es nicht zulassen, dass die beiden hierblieben, um dann von seinem irren Bruder umgebracht zu werden. Ich habe ihm das so vehement gesagt, dass er einlenkte. Er hat wohl gemerkt, dass ich ohne die beiden keinen einzigen Schritt gemacht hätte, egal, wie sehr er mich bedroht hätte. Ich hätte ihm gesagt: Erschieß mich, aber ich lasse die beiden nicht allein zurück. Ich habe ihm die Geschichte mit dem Bruder geglaubt und musste damit rechnen, dass dieser Bastian und Aline tötete, sobald ich weg war.«

Wenn Carole erzählt, wie sie sich weigerte, ohne Aline und Bastian loszuziehen, sind ihre Wut und ihre Entschlossenheit noch heute spürbar. Obwohl der Täter immer wieder droht, sie alle zu erschießen, setzt sie sich durch. Doch Caroles Weigerung stellt ihn vor Probleme: Es ist schon schwierig, ein Opfer in Schach zu halten – mit drei Personen durch eine belebte Stadt zu spazieren, ohne dass jemand mitkriegt, was abgeht, ist eine ganz andere Herausforderung.

»Weil ich mich weigerte, allein mit dem Typen mitzugehen, kam er wohl auf die Idee mit dem Sprengstoff. Damit er uns alle unter Kontrolle behalten konnte.«

Aline

»Als er schließlich aufbrechen wollte, dachte ich, es sei etwa sechs Uhr morgens, dabei war es noch nicht mal neun. Bevor wir losgingen, hat er etwas in der Küche gemacht. Ich bin sicher, dass er etwas erwärmt hat, er hat dazu eine Pfanne benutzt.«

Bastian

»Er hat in der Küche herumgebastelt, aber ich war in meinem eigenen Film, ich nahm das nur verschwommen wahr. Dann kam er wieder zu uns und befestigte uns etwas am Rücken. Ich dachte: Okay, klebe mir etwas an den Rücken, das kratze ich sofort wieder ab. Doch dann sagte er, er habe ein Kästchen, und wenn er dort auf das Knöpfchen drücke, explodiere alles. Da dachte ich, ich kratze es besser doch nicht ab.«

Aline

»Er hat mir das T-Shirt hochgehoben und etwas an den Rücken geklebt. Er sagte, es handle sich dabei um Sprengstoff und er habe einen Fernzünder. Wir würden nun zur Bijouterie gehen. Wenn wir versuchten wegzurennen, würde er den Zünder drücken. Wir würden wegen der Explosion zwar nicht sterben, aber wir würden schwer verletzt und unser späteres Leben würde stark eingeschränkt sein. In einem Moment wie diesem glaubst du alles, was man dir sagt.«

Carole

»Ich habe wirklich geglaubt, dass er mir Sprengstoff auf den Rücken klebt. Ich bin sicher, dass es nicht einfach leere Zündholzschachteln waren, wie er später behauptet hat. Ich hätte es gehört, wenn er bei uns in der Küche Streichhölzer aus der Schublade genommen hätte. Das Ding auf meinem Rücken fühlte sich an wie ein sehr kleines Brillenetui, rechteckig, es war von dunkler Farbe. Ich denke auch heute noch, dass da Sprengstoff drin war.«

Der psychische Druck auf die Familie ist gewaltig. Der Täter hingegen will das ganz große Ding drehen; einen Millionenraub. Es ist ein kühner Plan, mit der Familie durch die Stadt zur Bijouterie zu spazieren. Er muss sich unbesiegbar und wahnsinnig clever fühlen.

Aline

»Bevor wir losgingen, musste ich dringend aufs Klo. Er hat mir die Hände nicht losgebunden; er musste mir die Hose runterziehen. Während der gesamten Zeit hatte ich das Handy in meiner Trainingshose. Er hat es nicht gesehen. Als ich auf dem Klo saß, habe ich mir kurz überlegt, ob ich die Polizei anrufen, die Lautstärke leise stellen und das Gerät wieder in die Hosentasche stecken soll, sodass der Anruf heimlich mitläuft. Doch ich habe es nicht gewagt. Später nahm er uns die Fesseln ab, und wir sind ganz normal aus dem Haus gegangen. Er wollte den Weg über einen belebten

Platz einschlagen, aber ich warnte ihn, dass wir eine andere Route nehmen sollten, weil uns dort sicher jemand kennen und ansprechen würde. Ich hatte Angst, dass in dem Fall die Situation eskalieren könnte. Als wir loszogen, war Bastian von den Medikamenten schon ziemlich abgeschossen. Er hat sich an Mama festgehalten, sich auf sie gestützt. Wenn ihn jemand gesehen hätte, hätte er gedacht, Bastian sei stockbesoffen.«

Bastian

»Während des ganzen Weges durch die Stadt hoffte ich, dass wir jemandem begegneten, der uns kannte, ein Freund, jemand, den ich alarmieren könnte. Ich wäre ihm wahrscheinlich einfach in die Arme gefallen. Ich dachte, ich könnte jemandem ein Zeichen geben, das war meine letzte Hoffnung. Aber das ist nicht passiert. Ich konnte fast nicht mehr gehen. Es hing letztlich alles an Carole, ich konnte ihr kein Stück weit mehr helfen.«

Während Aline um jeden Preis niemandem begegnen will, damit die Lage nicht eskaliert, will Bastian unbedingt auf jemanden treffen, um ihm ein Zeichen zu geben. Carole hingegen überlegt sich weder das eine noch das andere. Sie treibt auf dem Weg zur Bijouterie etwas ganz anderes um.

Carole

»Mein einziger Gedanke auf dem Weg zum Geschäft war: Hoffentlich vertippe ich mich nicht mit dem Zahlencode bei der Alarmanlage. Ich fürchtete, dass ich vor lauter Herrjesses die Tasten nicht treffe, das passiert manchmal, man löst dadurch sofort einen Alarm aus. Ich hatte Angst, dass mir das passieren könnte, wenn ich unter dieser Anspannung vor dem Geschäft stand. Ich hatte das Gefühl, es hänge alles nur an mir. Der Druck, dass ich in die Bijouterie gelangen musste, ohne einen Alarm auszulösen, war riesig – trotzdem war ich froh, dass ich Bastian und Aline bei mir hatte. Wir brauchten etwas länger für den Weg, weil wir mit Bastian nur langsam vorwärtskamen, wohl etwa zehn bis zwölf Minuten. Er konnte kaum mehr gehen und auch kaum mehr sprechen, das hat mich enorm belastet, weil wir nicht wussten, was er geschluckt hatte. Ich fürchtete, das Mittel könnte einen Herzinfarkt verursachen.«

Diverse Videos von Überwachungskameras in der Stadt zeichnen den Weg nach, den Aline, Carole und Bastian an diesem Abend unter Zwang zu gehen haben. Die Bilder zeigen eine kleine Gruppe von vier Menschen, die durch die Stadt spazieren. Es könnte sich dabei auch um Touristen handeln, wobei einer der vier nicht besonders stabil auf den Beinen ist. Die Routenwahl von Aline geht auf: Sie begegnen niemandem, der sie kennt. Keiner schöpft Verdacht. Niemand schlägt Alarm.

»Als wir bei der Bijouterie ankamen, nahm er Aline als Geisel und schickte mich und Bastian in den Laden. Er befahl mir, den teuersten Schmuck und Uhren einzupacken, und drohte, Aline zu erschießen, wenn ich Dummheiten machen würde. Dann begab er sich mit meiner Tochter etwas weiter die Straße hinab, wohl um nicht von den Überwachungskameras erfasst zu werden. Ich sah nicht genau, wo sie standen. Zum Glück schaffte ich es, den Code fehlerfrei einzugeben und das Geschäft zu betreten. Als Erstes setzte ich Bastian auf einen Stuhl und wies ihn an, sich stillzuhalten. Da sah er auf der Theke die Schüssel mit den kleinen Schokoladen-Snacks für unsere Kunden, die er wie ein Irrer eines nach dem anderen in sich hineinstopfte. Ich machte mir Sorgen, dass ihm schlecht wird und er sich übergeben muss. Doch ich hatte keine Zeit, mich darum zu kümmern. Ich stand im Laden und überlegte: Ich soll für den Typen das Teuerste einpacken? Das mache ich sicher nicht! Die teuerste Ware befand sich sowieso im Tresor, und er wusste nicht, dass es einen gibt. Tatsächlich packte ich die billigste Ware in den Plastiksack, fast ausschließlich Fingerringe. Da klingelte das Telefon.«

Gibt Carole außerhalb der Öffnungszeiten den Code ein, um ins Geschäft zu gelangen, geht bei der Alarmzentrale eine Meldung ein. Ein Mitarbeiter der Zentrale ruft daraufhin umgehend im Laden an, um nachzufragen, warum sie sich Eintritt verschafft habe und ob alles in Ordnung sei. Geht niemand ans Telefon, wird die nächsthöhere Alarmstufe ausgelöst.

»Ich sah auf dem Display, dass die Alarmzentrale anrief, und ich wusste: Wenn ich den Anruf jetzt nicht entgegennehme, leiten sie den Alarm an die Polizei weiter, und die schickt dann eine Streife vorbei. Ich ging nicht ans Telefon. Stattdessen begab ich mich nach draußen und sagte dem Typen, dass der Alarm automatisch ausgelöst worden sei und dass ich nichts dafürkönne. Ich erklärte ihm: Jetzt kommt die Polizei, also lass uns drei in Frieden und mach, dass du wegkommst. Ich hätte auch nichts sagen und einfach warten können, bis die Polizei da war, das wäre vielleicht die einfachste Variante gewesen. Aber ich konnte nicht wissen, wie er reagieren würde: Er hatte draußen Aline in seiner Gewalt, er hatte eine Waffe, und da war ja noch die Drohung mit dem Sprengstoff. Bastian war bei mir im Laden, der war sicher, wir hätten uns hinter dem Korpus verstecken können – aber ich konnte nicht riskieren, dass der Typ Aline etwas antat. Also habe ich ihn gewarnt. Er befahl mir, Bastian zu holen und den eingesammelten Schmuck rauszubringen. Ich tat, was er von mir verlangte, schloss hinter mir das Geschäft ab und stellte die Alarmanlage wieder scharf; so bin ich, ich wollte nicht, dass da quasi noch ein Trittbrettfahrer in den Laden spaziert und sich bedient. Als wir draußen waren, zwang er uns, mit ihm Richtung Bahnhof zu gehen. Bei der Brücke stoppte er und entfernte die Kästchen, die er uns auf den Rücken geklebt hatte. Dann ließ er uns frei und verschwand. Aline weinte und wollte nur noch nach Hause, Bastian konnte kaum noch stehen, ich aber sagte: Wir gehen zurück in den Laden, die Polizei ist gleich da. Erneut gab ich den Code ein, dann rief ich erst die Rettung und dann meinen Chef an.«

Es ist 20.34 Uhr. Ein Mittwochabend im September, der zum schlimmsten Tag im Leben dreier Menschen geworden ist. Zwei Stunden sind vergangen, seit der Täter Carole vor der Haustür die Pistole an den Kopf gesetzt und ihre Familie in seine Gewalt gebracht hat. Zwei Stunden voller Todesangst. Endlich ist die Gefahr gebannt. Aber vorbei ist es nicht – weil es nie ganz vorbei sein wird. Die Tat geht nicht mehr weg.

Aline

»Als wir zurück im Geschäft waren, rief ich noch einmal selbst die Polizei an und sagte, sie müsse sofort kommen. Ich rief auch meinen Freund an und erzählte ihm, dass wir gerade überfallen worden waren. Bis dahin hatte ich noch geglaubt, dass die Beruhigungsmittel bei mir nicht angeschlagen hatten – doch als die Polizei schließlich eintraf, stellte ich fest, dass ich auf einmal völlig distanzlos wurde. Ich bin hingestanden und habe geradeheraus erzählt, was passiert war: Dass der Typ mich zu Oralsex gezwungen hat und dass die Polizei ihn deshalb sofort kriegen müsse. Daraufhin folgte genau die Reaktion, die ich erwartet hatte: Meine Mutter und Bastian rasteten völlig aus.«

Carole

»Ich war außer mir vor Wut! Der Typ hatte Glück, dass er nicht mehr in der Nähe war, als Aline uns erzählte, was er ihr angetan hatte. Hätte ich es früher erfahren, ich wäre auf ihn losgegangen, es wäre mir egal gewesen, wenn er mich erschossen hätte! Denn das geht gar nicht, was er getan hat. Ich weiß nicht, was ich mit dem gemacht hätte. Aber Aline hat es richtig eingeschätzt: Wir wären ausgeflippt vor Wut, wenn wir die sexuelle Nötigung mitgekriegt hätten.«

Aline

»Aus exakt diesem Grund hatte ich es nicht früher gesagt und mich darum bemüht, dass sie nichts von dem Missbrauch mitbekamen; ich wollte eine Eskalation verhindern. Das wäre lebensgefährlich geworden. Die Polizisten nannten mich deswegen eine Heldin. Aber ich sehe mich nicht als Heldin. Wenn, dann sind wir alle drei Heldinnen und Helden. Im Nachhinein bin ich überrascht, wie wir in der Situation reagiert haben, wie wir damit umgegangen sind. Es ist nicht so, dass ich mir das nicht zugetraut hätte. Aber man weiß im Voraus nie, wie man in einer solchen Extremsituation reagiert – es passiert einfach.«

Unmittelbar nach der Tat beginnen die Ermittlungen. Einer der Polizisten, die aufgeboten werden, ist Michael Wyss von der Kantonspolizei Bern. Zwanzig Minuten, nachdem sein Pager losgeschrillt hat, ist er vor Ort. Er trifft zeitgleich mit dem Rettungswagen bei der Bijouterie ein.

»Im ersten Moment konnten wir fast nicht glauben, was uns die Opfer erzählten«, räumt er ein.

Er realisiert schnell, dass Bastian unter Drogen gesetzt worden ist, ebenso Aline; Carole aber berichtet nüchtern und klar, was passiert ist.

Die Polizei leitet sofort die Fahndung in der Umgebung ein.

»Das heißt, dass verschiedene Posten besetzt und Patrouillen losgesandt wurden«, erzählt Michael Wyss. »Doch in dem Moment hatten wir so gut wie nichts in der Hand – es waren Fahndungsmaßnahmen ohne konkrete Anhaltspunkte.«

Auch die Spurensicherung wird aufgeboten. Die Maschinerie setzt sich in Gang. Aline und Bastian sollen mit dem Rettungswagen nach Bern ins Inselspital gefahren werden; einerseits wegen des sexuellen Missbrauchs, andererseits, weil niemand weiß, welche Drogen der Täter ihnen verabreicht hat. Carole soll die Polizisten derweil aufs Revier begleiten und ihre Aussage machen.

Aline

»Das kam für mich im ersten Moment überhaupt nicht infrage! Ich wurde wütend und erklärte dem Polizisten, dass er uns drei unmöglich trennen könne. Das meine ich mit ›distanzlos‹ – ich kam ihm wörtlich sehr nahe, ich verbot ihm, meine Mutter mitzunehmen. Überdies war ich aufgebracht, weil sie Mutters Arme bis zu den Schultern in Plastiksäcke steckten, das konnte ich kaum ertragen. Bis gerade eben waren wir von dem Typen dreckig behandelt worden – und jetzt fiel den Polizisten nichts anderes ein, als Mamas Arme in Plastiksäcke zu stecken! So behandelt man doch keine Menschen!

Ich war außer mir, Mama musste mich beruhigen. Sie versicherte mir, es sei alles in Ordnung, und wir sollten ins Krankenhaus fahren.«

Carole

»Es war unangenehm, als sie meine Arme in Plastiksäcke steckten, aber sie haben mir erklärt, dass dies für die Spurensicherung wichtig sei, darum habe ich es geschehen lassen. Sie sicherten später auch die Spuren an meiner Kleidung und auf meinem Körper. Ich fand es ebenfalls nicht toll, dass sie uns trennten – ich hatte kein gutes Gefühl dabei, Bastian und Aline gehen zu lassen. Dennoch sagte ich zu Aline, sie sollten fahren, um herauszufinden, was in diesen Tabletten war. Ich bat die Polizisten, mich auf dem Laufenden zu halten, wie es um Aline und Bastian stand, und das taten sie dann auch. Sie haben immer wieder mit dem Spitalpersonal kommuniziert. Die Polizisten holten für mich frische Kleidung aus unserer Wohnung, und ich begab mich mit ihnen aufs Revier, wo ich dann befragt wurde.«

Bastian

»In dem Moment, als mich die Sanitäter mit dem Rettungswagen mitnahmen, habe ich mich total ergeben. Ich erinnere mich, dass sie mich auf eine Trage schnallten, dann fuhren wir los, kamen irgendwann an, ich musste mich hinsetzen, und sie haben sich meinen

Körper angeschaut, haben exakt aufgeschrieben, was sie fanden, jede Narbe haben sie notiert. Aber mehr weiß ich nicht, meine Erinnerungen sind verschwommen.«

Aline

»Als ich im Krankenwagen saß, konnte ich endlich loslassen. Bis dahin stand ich unter enormer Anspannung, weil ich das Gefühl hatte, meine Mutter und Bastian beschützen zu müssen. In diesem Punkt sind meine Mutter und ich uns ähnlich: Wir haben einen ausgeprägten Beschützerinstinkt. Solange man sich in diesem Beschützermodus befindet, ist man voll darauf konzentriert, dass die Sache am Laufen bleibt, dass die Situation nicht eskaliert, dass man überlebt. Nachdem sich die Tür des Krankenwagens schloss, sehe ich in meiner Erinnerung nur noch Fetzen. Es war dunkel. Ab und zu sah ich durchs Wagenfenster eine Straßenlampe aufblitzen. Ich wusste, die Gefahr war vorbei, die Leute würden sich jetzt um mich kümmern. Als wir im Spital ankamen, konnte Bastian kaum gehen.«

Nicht nur Bastian und Aline sind nach Bern ins Universitätsspital gefahren. Auch Alines Freund und ihr leiblicher Vater sind sofort los, als sie hörten, was passiert war. Alines Freund ist bereits vor Ort, als der Krankenwagen mit Aline und Bastian eintrifft, doch Aline geht an ihm vorbei, ohne ihn zu erkennen.

»Bei mir war total Feierabend. Sie brachten Bastian und mich auf die Notfallstation. Dort mussten wir Urinproben abgeben, ich weiß noch, dass Bastian es allein fast nicht schaffte. Danach ist wieder alles schwarz, ich habe Gedächtnislücken. Plötzlich war die Kriminalpolizei bei uns im Raum, sie machten Fotos, ich erinnere mich, dass sie Kärtchen mit Nummern aufstellten, genauso wie im Krimi, aber ich bin nicht sicher, ob das wirklich so war oder ob mich meine Erinnerung täuscht. Was ich noch ganz genau weiß: Irgendwann wollte ich eine Zigarette rauchen, doch das haben sie mir nicht erlaubt. Das Rauchverbot kam bei mir gar nicht gut an. Ich hatte bis dahin alles getan, was sie verlangt hatten, und ihnen bei allem geholfen, jetzt aber wollten sie mir verbieten, eine Zigarette zu rauchen? Auch haben sie meinen leiblichen Vater nicht zu mir reingelassen, der mittlerweile auch eingetroffen war. Die Spurensicherung wollte vorher ihre Arbeit zu Ende bringen, aber da machte ich nicht mit. Sie kriegten von mir was zu hören! Ich wollte meinen Vater sehen, und ich wollte eine Zigarette rauchen. Ich erklärte ihnen, dass ich ab sofort jede Mitarbeit verweigerte – wenn sie nicht mit mir kooperierten, war ich auch nicht länger bereit, mit ihnen zu kooperieren. Mein Vater durfte dann doch zu mir und hat irgendwo Zigaretten organisiert. Ich habe mir drei Kippen hintereinander reingezogen. Was danach war, weiß ich nicht mehr. Die Erinnerung ist weg.«

Nach der Untersuchung im Spital fährt Aline nicht zurück nach Hause in die Wohnung, die zum Tatort geworden ist. Sie zieht vorübergehend zu ihrem Freund und dessen Familie. Bastian wird zurück zu Carole aufs Polizeirevier gebracht. Er steht noch immer unter dem Einfluss des Betäubungsmittels. Mittlerweile ist bereits der nächste Tag angebrochen; es ist fast vier Uhr früh, als Carole und Bastian endlich nach Hause gehen können – an den Ort, wo das Verbrechen seinen Anfang genommen hat.

Carole

»Als Bastian zurück war, sagten uns die Polizisten, wir sollten nicht nach Hause fahren, sondern zu Freunden oder in ein Hotel. Aber ich wollte nur noch heim. Dort angekommen, habe ich erst mal aufgeräumt, ich brauchte das irgendwie. Was der Typ da bei uns angerichtet hatte ... Die Spurensicherung war vor uns da gewesen, hat aber einige Dinge übersehen. Ich habe einen Bogen darum herum gemacht und nichts angefasst. Am nächsten Tag rief ich bei der Polizei an und sagte ihnen, sie müssten noch einmal kommen. Aber abgesehen davon, musste ich noch in derselben Nacht Ordnung schaffen, um das Ganze wieder ins Gleichgewicht zu bringen. Oder um es zumindest versucht zu haben.«

Der Täter ist derweil auf der Flucht. Er hat Bastians Handy mitgehen lassen: einer von mehreren Fehlern, die ihm unterlaufen sind. Die Polizei wird mit der nachträglichen Rückverfolgung der Handydaten zumindest den ersten Teil seiner Fluchtroute nachverfolgen können. Der Täter selbst hat Aline erzählt, dass er in einem Lieferwagen lebt, den er auf dem Parkplatz bei der Kirche abgestellt hatte. Auch das ist ein wichtiger Hinweis.

»Überdies hat der Täter am Tatort die Rolle des Klebebandes zurückgelassen, das er aufgebraucht hat, um die Opfer zu fesseln«, erzählt Polizist Michael Wyss. »Auf der Kleberolle befand sich eine Aufschrift, die ich noch nie gesehen hatte; es war Spanisch. Diese Kleinigkeit brachte uns einen Schritt weiter: Wir begannen, auf Radarfallen- und Kameraaufnahmen nach Autos mit ausländischen Nummernschildern zu suchen.«

Die Nachlässigkeit des Täters bringt die Polizei auf seine Fährte: Sie kann rekonstruieren, was für ein Auto er benutzt. In der Tatnacht fährt er zu schnell, sein Lieferwagen wird von einem Blitzer erfasst; in der Nähe jener Mobilfunkantenne, mit der Bastians Handy in dem Moment verbunden ist. Der Lieferwagen ist auf eine Frau registriert – später wird sich herausstellen, dass sie die Ex-Frau des Täters ist. Die Auswertung weiterer Verkehrskameras zeigt, dass der Lieferwagen drei Tage später zwei verschiedene Tunnel passiert hat. Am vierten Tag filmt eine Kamera an der Grenze in Chiasso, wie der Lieferwagen die Schweiz Richtung Italien verlässt. Danach verliert sich seine Spur.

Carole

»Gemeinsam mit Aline haben wir bei der Polizei ein Phantombild erstellt. Im Fernsehen sieht das immer einfach aus, aber das war es nicht. Man muss jedes Detail genau angeben, hier etwas hinsetzen, da etwas weglassen. Zum Beispiel allein die Baseballmütze des Kerls: Sie hielten uns viele verschiedene Muster und Arten von Baseball-Caps in vielen Farben vor, für mich aber war es einfach ein Cap gewesen. Obwohl ich mir Details und insbesondere Gesichter schon immer gut merken konnte, war das Erstellen des Bildes sehr anspruchsvoll. Als wir eine erste Version vorgesetzt erhielten, dachte ich: Es stimmt, doch irgendwie stimmt es auch nicht. Mein größtes Problem war, dass er mir auf dem Bild immer zu jung erschien. Es gelang ihnen einfach nicht, ihn älter wirken zu lassen. Schließlich haben wir gemeinsam aber doch noch ein Bild hingekriegt, das, wie sich zeigen sollte, ziemlich genau mit dem Aussehen des Typen übereinstimmte.«

Die Polizei veröffentlicht das Phantombild, das den Täter zeigt, und sucht nach Zeugen, die den Mann kennen. In einer Pressemitteilung schreibt sie: »Laut den Aussagen der drei überfallenen Personen ist er zwischen fünfzig und sechzig Jahre alt, 175 bis 180 Zentimeter groß und von schlanker bis hagerer Statur. Er hat ein eingefallenes Gesicht mit ausgeprägten Wangenknochen, schmale Lippen, helle Haut sowie auffällig helle Augen mit spärlichen hellen Augenbrauen und -wimpern. Beim Überfall hatte er kurze graue Haare und war schlecht rasiert. Der Mann sprach englisch mit Akzent. Er trug eine dunkle Schirmmütze und eine dunkle, weite Jacke, welche ihm bis über den Po reichte, sowie dunkle Handschuhe mit Noppen. Unten trug er verwaschene helle Bluejeans mit einem dunklen Gürtel mit silberner Schnalle. Auch trug er graue oder dunkelblaue Turnschuhe mit Streifen und weiß umrandeter Sohle.«

Trotz der detailgenauen Beschreibung des Täters ist es nicht ein Zeuge, der den nächsten Hinweis bringt – es sind die Aufnahmen einer Überwachungskamera, die in den Tagen *vor* dem Raubüberfall gemacht worden sind.

In den Wochen nach der Tat geht der Polizist Michael Wyss regelmäßig mit Fotos bei Carole vorbei. Eines davon stammt von einer Aufnahme der Überwachungskamera der Bijouterie, das einen Mann mit einem Baseball-Cap vor dem Schaufenster zeigt.

»Da sagte ich: Der ist es«, erzählt Carole.

Die Videoaufnahmen belegen, dass der Täter Carole bereits fünf Tage vor der Tat in der Bijouterie beobachtet hat. Erneut geht die Polizei mit einem Zeugenanruf an die Öffentlichkeit: Dieses Mal mit der Fotografie des Täters. Auch ein Bild der Tragetasche, die er auf der Flucht bei sich hatte, wird publiziert.

Während die Polizei ermittelt, versuchen Aline, Carole und Bastian, nach dem erlebten Trauma den Weg zurück in ein normales Leben zu finden.

Aline

»Am nächsten Morgen musste ich im Betrieb anrufen, um meiner Chefin mitzuteilen, dass ich nicht zur Arbeit kommen würde. Das war hart. Das war der Moment, in dem ich zum ersten Mal geweint habe. Ich habe angerufen und geweint und geweint und geweint, ich konnte kein Wort sagen, sie wussten nicht einmal, wer da anrief. Irgendwann haben sie mich dann direkt mit der Heimleiterin verbunden, sie ist eine großartige Frau, und sie sagte: Kommen Sie erst dann wieder zur Arbeit, wenn es für Sie stimmt. Sie hat meinen Kolleginnen und Kollegen einen Artikel über den Raubüberfall zu lesen gegeben und ein Care-Team organisiert, an das sie sich wenden konnten.

Noch am gleichen Tag wurde ich von der Polizei befragt. Es war schrecklich. Ich saß eine gefühlte Ewigkeit in dem Büro und erhielt nicht einmal etwas zu essen. Ich konnte dann eine Cola haben, die ich selbst bezahlen musste. Ich fühlte mich sehr eingeschüchtert. Es ist schon klar: Sie wollten mich so früh wie möglich befragen, weil in den ersten vierundzwanzig Stunden nach einer Tat viel passiert, sie wollen alles wissen, bevor man etwas vergisst. Das verstehe ich – aber die Befragung zu diesem Zeitpunkt war ... sehr unangenehm. Mein Vater hat mich zu der Aussage begleitet, aber als ich den sexuellen Missbrauch schildern musste, ist er rausgegangen, das war zu viel für ihn.

In den nächsten zwei Wochen kehrte ich nicht nach Hause zurück, ich blieb bei meinem Freund und seiner Familie. Ich konnte keinen Schritt mehr in unsere Wohnung machen.«

Aline schweigt nicht. Nach der Tat spricht sie offen über das, was ihr zugestoßen ist. Mit der Polizei, mit Freunden, manchmal auch mit völlig Fremden, die sie im Ausgang trifft.

»Es war von Anfang an klar, dass ich bei der Polizei alles sage – und dass ich auch sonst davon erzählen würde. Für mich war es wie eine Therapie: Je mehr ich darüber rede, desto besser kann ich darüber reden, und desto besser kann ich im Alltag damit umgehen.«

Einzig mit Bastian und mit Carole, da funktioniert das Reden nicht. Mit ihnen, die dabei waren, über die Tat zu sprechen, fällt Aline schwer, bis heute.

»Aber wir sind als Familie durch das Erlebte noch stärker geworden. Wir hatten schon vorher einen starken Zusammenhalt, das hat sich intensiviert. Wir sind nicht an der Tat zerbrochen.«

Aline findet Hilfe bei einer Therapeutin. Gleichzeitig sucht sie sich einen eigenen Weg, um mit der Welt auf eine gewisse Weise Frieden zu schließen: Sie plant eine längere Reise nach Australien und Neuseeland – mit dem Ziel, wieder Vertrauen in die Menschen zu finden.

Carole und Bastian beginnen ebenfalls eine Therapie, doch sie merken schnell, dass es für sie nicht der richtige Weg ist.

Bastian

»Wir haben uns zunächst an die Opferhilfe gewandt, aber das hat nichts gebracht, das war sehr enttäuschend. Wir waren auf uns allein gestellt, mussten selbst einen Anwalt organisieren, therapeutische Hilfe suchen … Zum Glück haben wir ein gutes Umfeld, ein Netz, das uns auffing. Eines haben wir dabei aber auch gelernt: Es gibt Freunde, mit denen wir nicht über das Erlebte reden konnten, weil sie nicht damit umgehen konnten. Mit anderen Freunden hingegen führten wir lange Gespräche, was sehr hilfreich war. Carole und ich gingen kurz nach der Tat zu einem Psychologen, aber wir fühlten uns nicht wohl dabei. Wir wollten uns nicht in diese Blase hineinbegeben, wo wir die armen Opfer waren und umsorgt werden mussten. Wir merkten, dass wir das besser miteinander schaffen als mit fremder Hilfe. Wir haben nächtelang durchgeredet, wir haben geweint, wir haben die Wut rausgelassen. Unsere Beziehung wurde dadurch stärker, vertieft, noch enger.«

Carole

»Wir zwei haben uns besser getan, das haben wir sehr genau gespürt. Am Anfang gab es keinen Tag, an dem die Tat nicht da war. Es gab keinen Abend, an dem wir nicht darüber geredet haben. Wir haben uns gegenseitig therapiert. Und wir sind immer noch dran. Es gibt Abende, an denen die Tat unser Thema ist. Dann öffnen wir eine Flasche Wein und reden darüber.«

Es ist Anfang November 2016. Die Ermittler haben die Spuren ausgewertet, die sie in der Wohnung der Familie Baumgartner gesichert haben. Im Bericht des Kriminaltechnischen Dienstes steht, dass an Alines Trainingshose ein DNA-Mischprofil sichergestellt wurde; eine Spur, die sowohl Anteile von Alines DNA wie jener des Täters enthält. DNA-Mischprofile von Opfer und Täter wurden auch an Alines Gesicht, am Kiefer, am Kinn und in ihrem Mund gefunden. Der Täter hat seinen genetischen Fingerabdruck zurückgelassen – doch noch überführt ihn das nicht: Das sichergestellte DNA-Profil kann keiner Person zugeordnet werden, die in der nationalen Datenbank verzeichnet ist. Einen Treffer gibt es aber doch: Die DNA des unbekannten Täters wurde schon einmal an einem Tatort gefunden. Damals, als vor über fünfundzwanzig Jahren eine reiche, alte Dame in ihrer Villa im zürcherischen Küsnacht brutal ermordet worden ist. Die Berner Kantonspolizei informiert die Staatsanwaltschaft des Kantons Zürich, und die Akte des Cold Cases wird wieder geöffnet.

Carole

»Als wir erfuhren, dass er in einen schlimmen Mordfall verwickelt sein könnte, hat mir das gezeigt, dass mich mein Gefühl nicht getäuscht hat. Ich war überhaupt nicht erstaunt, als ich hörte, dass er ein Mörder sein könnte. Genau so habe ich ihn wahrgenommen. Ich wäre auch nicht überrascht, wenn er noch weitere Menschen getötet hätte.«

Aline

»Die Nachricht, dass er in Verdacht stand, eine Frau umgebracht zu haben, war für mich eine Bestätigung – die Bestätigung, dass er auch uns hätte töten können. Das hat er uns zu spüren gegeben, und wir haben das von Anfang an gesagt: Das ist ein Mörder.«

Die einzelnen Puzzlestücke setzen sich langsam zu einem schemenhaften Bild zusammen: die Fotografie des Täters, die Nummer des Lieferwagens, der auf die Ex-Frau eingelöst ist …

»Es war eine Sisyphusarbeit«, erzählt Polizist Michael Wyss. »Mit vielen kleinen Schritten kamen wir dem Ziel näher.«

Der Durchbruch erfolgt, als die Polizei die Bilder des Gesuchten und die Fahrzeugangaben in das internationale Fahndungssystem des Schengenraums eingibt. Die Schweizer Polizisten erhalten Antworten aus Italien und aus Belgien.

»Jetzt hatten wir einen Namen«, sagt Michael Wyss. »Jetzt wussten wir, wer er ist!«

Carlo Alberto F., der schon in mehreren Ländern im Gefängnis gesessen hat. Nur: Wo hält er sich auf? Es wird international nach ihm gefahndet. Eine Spur führt nach Teneriffa, wo er einen Wohnsitz hat, aber auch da ist er nicht auffindbar. Die Polizei geht jedoch davon aus, dass er irgendwann nach Hause zurückkehrt.

Am 25. Januar 2017 wird Carlo F., zu dem Zeitpunkt 73 Jahre alt, bei seiner Ankunft mit der Fähre in Arona auf Teneriffa verhaftet.

»Das war ein großartiger Moment«, erinnert sich Polizist Michael Wyss. »Daraufhin gingen wir etwas trinken, und zwar kein Mineralwasser.«

Nicht nur beruflich, auch emotional ist die Festnahme von Carlo F. für Michael Wyss eine enorme Befriedigung. Der Fall geht ihm nahe, der Kontakt zu den Opfern ist eng.

»Es handelte sich um ein außerordentliches Verbrechen, eine Herausforderung für mich und meine

Kollegen«, sagt Wyss. »Am Ende ging es genau darum, weshalb ich Polizist geworden bin: Um schlechte Menschen festzunehmen und guten Menschen zu helfen.«

Knapp vier Monate später reisen Beamte der Kriminalabteilung der Kantonspolizei Bern auf die Insel Teneriffa und überführen den Täter in die Schweiz, wo er sofort in Untersuchungs- beziehungsweise in Sicherheitshaft genommen wird.

Bastian

»Seine Verhaftung war für mich im ersten Moment keine Erlösung. Ich dachte: Jetzt ist er zwar festgenommen, aber nun muss man ihm noch das Handwerk legen. Das war für mich erst ein Anfang; ich konnte die Sache noch nicht abhaken und sagen: Super!«

Carole

»Als er verhaftet wurde, hatte ich auf einmal Angst. Ich fragte mich: Was, wenn die den nicht verurteilen können und er plötzlich in meinem Laden steht? Er weiß ja, wo ich arbeite, und dass wir ihn angezeigt haben. Das war für mich von Anfang an ein Problem: Was mache ich, wenn der wieder rauskommt? Die Frage hat mich immer beschäftigt.«

Am 4. Februar 2018 erhebt die Berner Staatsanwaltschaft in einem separaten Verfahren Anklage gegen Carlo F. Er muss sich wegen Raubes, Freiheitsberaubung, Geiselnahme, sexueller Nötigung und Hausfriedensbruch verantworten. Der Gerichtsprozess ist auf den 4. Juni 2018 angesetzt, eineinhalb Jahre nach der Tat, und bedeutet für die Opfer eine erneute Belastungsprobe. Denn während des Prozesses kommt alles wieder hoch.

Aline

»Ich war zurück von meiner viermonatigen Reise. Es ging mir gut. Es war mir gelungen, das Vertrauen in die Menschen zurückzugewinnen. Ich hatte eine wunderbare, zufriedene Zeit und habe zu mir selbst gefunden. Doch kaum zu Hause, wurde ich erneut mit dem Fall konfrontiert: Ich erhielt die Vorladung für den Gerichtsprozess. In dem Moment bin ich wieder in ein riesiges Loch gefallen.«

Trotzdem entscheidet sich Aline, dem gesamten Prozess beizuwohnen, sie wird vom Polizisten Michael Wyss begleitet. Carole und Bastian fahren einzig für ihre Befragung hin; während sie aussagen, befindet sich der Täter in einem Nebenraum, um die Konfrontation mit ihm im Gerichtssaal zu vermeiden.

Carlo F. gibt den Raubüberfall zu. Doch er gesteht nur das, was man beweisen kann. Er behauptet, er habe keine richtige Pistole verwendet – sondern eine echt aussehende Spielzeugpistole. Er bestreitet, seinen Opfern Sprengstoff auf den Rücken geklebt zu haben – es sollen bloß leere Streichholzschachteln gewesen sein. Auch den sexuellen Missbrauch an Aline streitet er ab. Er habe sie weder geschlagen noch zum Oralsex gezwungen, das würde gegen seinen persönlichen Ehrenkodex verstoßen. Carlo F. behauptet, er habe noch nie im Leben eine Frau geschlagen. Es ist seine schamloseste Lüge überhaupt.

Nicht nur das überhebliche Gebaren des Täters, sein Leugnen und das Fehlen jeglicher Reue sind für seine Opfer ein Affront. Sie erleben das ganze Verfahren als Zumutung, weil das Strafprozessrecht so sehr auf den Täter ausgerichtet ist, dass die Opfer beinahe vergessen werden.

Bastian

»Man fühlt sich als Opfer nicht gerecht behandelt. Während des gesamten Verfahrens hatten wir das Gefühl, der Täter habe mehr Rechte als wir selbst, das zog sich durchs ganze Band. Als der Prozess schließlich begann und wir befragt wurden, fühlten wir uns erniedrigt. Wir wurden als Opfer nicht wirklich gehört.«

Carole

»Als ich im Gerichtssaal saß, erzählten sie mir, wie gut integriert der Typ im Gefängnis sei, dass er Sport treibe, die Bibliothek aufsuche – und im gleichen Atemzug sagte eine Richterin zu mir: ›Für Sie ist der Überfall wohl nicht so schlimm gewesen, wenn Sie am nächsten Tag wieder zur Arbeit konnten.‹ Ich dachte: Das ist jetzt nicht ihr Ernst! Es schien mir unmöglich, dass die hier und jetzt so etwas zu mir sagten! Dann die unsägliche Diskussion um die Waffe. Auf die Frage des Gerichts bestätigte ich, dass ich die Pistole für echt hielt: ›Ja, ich hatte das Gefühl, es war eine echte Waffe.‹ Da kritisierte mich die Richterin, dass ich ihr die Referenznummer der Waffe nicht nennen konnte. Entschuldigung? Ich war wie vor den Kopf gestoßen. Erwartete die Frau tatsächlich, dass ich den Typen nach der Referenznummer der Waffe frage, die er mir gerade an den Kopf hält? Ich weiß nicht einmal, wo sich die Nummer befindet! Ich fühlte mich schrecklich. Ich konnte schließlich nichts dafür, dass ich in diese schlimme Geschichte hineingerutscht war. Er ist der Verbrecher – aber sein Wort galt mehr als unseres. Sie hätten uns wohl erst dann geglaubt, dass die Waffe echt war, wenn jemand von uns erschossen worden wäre. Unsere Befragung vor Gericht fühlte sich nicht richtig an. Ich fragte mich mehrmals, warum uns das Gericht weder Ethik noch Moral entgegenbrachte. Das hat mir ganz klar gefehlt.«

Im Zweifel für den Angeklagten geht das Gericht davon aus, dass Carlo F. nur mit einer Spielzeugwaffe unterwegs gewesen war. Auch, dass er seinen Opfern bloß leere Streichholzschachteln auf den Rücken geklebt und keinen Sprengstoff verwendet habe, nimmt das Gericht zu seinen Gunsten an. Seine Behauptung hingegen, dass er Aline weder geschlagen noch missbraucht habe, kaufen ihm die Richter nicht ab. Alines Kleidung war auch auf Sperma untersucht worden. Mehrere Samenflüssigkeitstests fielen positiv aus. Die Spuren, die Carlo F. hinterließ, belegen, dass er Aline missbraucht hat.

»Im Gegensatz zum kargen Aussageverhalten des Beschuldigten sind die Aussagen der Privatklägerin detailreich und glaubwürdig«, hält die Gerichtspräsidentin in ihrer Urteilsbegründung fest. »Es gibt keine Anhaltspunkte für falsche Beschuldigungen.« Zudem habe das Opfer nach der Tat über einen Zeitraum von vier Wochen eine HIV-Prophylaxe mit den entsprechenden Nebenwirkungen über sich ergehen lassen, was ebenfalls gegen eine Falschbezichtigung spreche. Die Richterin kommt zum Schluss, dass der Täter insgesamt brutal und besonders gefährlich gehandelt und die Familie in Todesangst versetzt habe. Dabei sei er äußerst geplant vorgegangen: Er habe die Tat genau vorbereitet, die Familie zuvor ausspioniert und den Laden ausgekundschaftet, gleichzeitig habe er sich mit den Utensilien für den Raubüberfall ausgestattet.

Das Gericht verurteilt Carlo F. wegen mehrfachen qualifizierten Raubes, Freiheitsberaubung, Geiselnahme, sexueller Nötigung und Hausfriedensbruch zu sieben Jahren Freiheitsstrafe. Aline sitzt bis zum Schluss im Saal, bis die Gerichtspräsidentin die Verhandlung schließt.

Aline

»Ich wollte und ich musste am Prozess teilnehmen, für mich. Ich musste mit eigenen Ohren hören, dass er hinter Gitter kommt. Das war Teil meines Weges, wie ich mit der Tat umgehe.«

Das Urteil ist kein Ende. Nicht für Aline, Carole und Bastian, weil es das Geschehene nicht wiedergutmachen kann und der Weg der Verarbeitung lang und steinig ist. Auch nicht für Carlo F., für den es nur das erste Kapitel der juristischen Aufarbeitung seiner Verbrechen darstellt. Im Kanton Zürich erwartet ihn ein weiterer Gerichtsprozess. Dieses Mal geht es um Mord – um jene brutale Tat, von der kaum jemand mehr dachte, dass sie je aufgeklärt werden kann.

Es ist das Jahr 1997, ein Freitagnachmittag im Juli. Um 13.09 Uhr geht bei der Rettungsleitstelle Zürich ein Notruf ein. Ein aufgeregter Mann ruft in gebrochenem englisch etwas ins Telefon, er ist kaum zu verstehen.

»Hello, eleven is a …« Der Mann stockt. »Kusnacht, Kuschnacht, Hornweg eleven, Kuschnacht. One one. Eleven. Hornweg. Ist unten, in the sea. An old one.«

Der Beamte in der Zentrale fragt mehrmals nach, wo sich die Person in Not befinde. »On the road?«, will er wissen.

»No, in the sea!«

Mehr ist aus dem anonymen Anrufer nicht rauszukriegen. Sofort rücken Rettungssanitäter aus. Sie glauben, jemand sei in Küsnacht im Zürichsee in Not geraten, und suchen im Bereich der angegebenen Adresse am Hornweg die gesamte Uferumgebung ab. Ohne Erfolg. Also klingeln sie an der Tür der Villa von Ella C. am Hornweg 11, die sich in unmittelbarer Nähe des Seeufers befindet. Niemand öffnet, nichts regt sich, und die Sanitäter ziehen unverrichteter Dinge wieder ab.

Vielleicht hätten sie Ella, die zu diesem Zeitpunkt schwer verletzt und gefesselt im Keller des Hauses liegt, noch retten können. Doch sie ahnen nicht, dass ihre Hilfe gebraucht wird. Auch ist ihnen nicht erlaubt, einfach so in ein Haus einzubrechen.

Am nächsten Tag macht sich Ellas Nichte Sorgen; sie hat schon mehrmals versucht, ihre Tante anzurufen, doch die alte Dame, die allein und zurückgezogen in der Villa lebt, geht nicht ans Telefon. Also alarmiert die Nichte die Polizei.

Die Polizisten dringen am Samstag, dem 5. Juli 1997, um 15.45 Uhr in die Villa ein und machen einen schrecklichen Fund: Ella liegt gefesselt in ihrem Keller und ist seit vielen Stunden tot. Die alte Frau wurde mit großer Brutalität ermordet. In fünf Tagen wäre sie siebenundachtzig Jahre alt geworden.

»Die Tat ist nicht nur nicht nachvollziehbar, sondern erscheint auch völlig sinnlos und grausam«, wird später eine Richterin sagen.

Tatsächlich ist die Tat nicht zu verstehen. Nicht die Tötung der alten Frau und erst recht nicht die Art und Weise. Der Obduktionsbericht des Rechtsmedizinischen Instituts macht deutlich, welche Qualen Ella am Ende ihres Lebens erleiden musste. Ihre rechte Schulter ist ausgekugelt und gequetscht, auf der gleichen Seite sind die dritte und die vierte Rippe gebrochen, wie auch der große Zeh des linken Fußes. Ella weist offene Wunden auf der linken Seite des Hinterkopfs, an der Ober- und Unterlippe sowie zwischen dem Daumen und dem Zeigefinger der rechten Hand auf. Sie erlitt Hautverletzungen am Kinn, auf den Unterarmen, am rechten Knie, am Oberschenkel, am linken Fußgelenk und an beiden Fersen. Schließlich stellen die

Rechtsmediziner diverse Hautunterblutungen auf der Stirn rechts fest, massive Unterblutungen bei beiden Augenhöhlen und darum herum, auf der Ober- und Unterlippe, am Kinn und am linken Kieferwinkel, an beiden Seiten des Halses und über dem Brustansatz, am Oberarm und auf beiden Unterarmen, über beiden Beckenkämmen, am Gesäßrand unten, an beiden Knien, innen am Knöchel und auf der linken Zehe.

Der Täter muss wie von Sinnen auf Ella eingeschlagen haben. Doch selbst als sie bereits schwer verletzt war, ließ er nicht von ihr ab. Er fesselte sie im Gang vor der Kellertür »in einer Rücken-/Linksseitenlage am Boden, indem er ihr die Arme mittig mit weißen Schuhbändeln, Packschnüren und einer abgeschnittenen Wäscheleine aus der Waschküche mehrfach umschlungen verknotet auf den Rücken band«, wie es der ermittelnde Staatsanwalt beschreibt. »Zudem schnürte er eine weitere zurechtgeschnittene Wäscheleine an dieser Verknotung fest und führte die Leine dann aus diesem Knoten in einem nach oben verlaufenden Winkel von circa fünfundvierzig Grad zur über dem Kopf befindlichen Türfalle der Kellertür und fixierte sie dort mit einem Knoten.«

Als er mit seiner Fesselung fertig war, verließ der Täter das Haus und ließ die schwer verletzte Frau einfach liegen. Erst später, als er schon ein paar Dörfer weiter ist, setzt er aus einer Telefonkabine einen schwer verständlichen Notruf ab, der die Leitstelle vor ein Rätsel stellt.

Als die Polizisten Ella finden, sind ihre Oberarme straff auf ihren Rücken gebunden, während sie an der

Kellertür fixiert ist. Die Fesselung behinderte die Atmung der Schwerverletzten außerordentlich stark, und die Rechtsmediziner gehen davon aus, dass Ella in dieser elenden Lage eine oder zwei Stunden, allenfalls noch etwas länger überlebte, bevor der Tod eintrat. Die Blutspuren im Keller, die durchgescheuerten Strümpfe und die aufgeschürften Beine und Arme des Opfers lassen darauf schließen, dass sie noch versuchte, sich zu befreien. Das konnte nicht gelingen, Ella hatte keine Chance.

»Allmählich zu ersticken gehört mitunter zu den grausamsten Todesarten, wozu hier nebst den Schmerzen, herrührend von den massiven Schlägen unter anderem gegen den Kopf, auch die folterähnliche Fesselung kam«, sagt später eine Richterin. »Wer einer fast siebenundachtzigjährigen Person diese Verletzungen zufügt und sie anschließend in der folterähnlichen Position und Art fesselt, der will, dass das Opfer stirbt.«

Gemäß dem Obduktionsbericht führten alle Verletzungen in ihrer Gesamtheit zum Tod. Die massive stumpfe mechanische Gewalt und die Behinderung der Atmung hatten eine schwere Lungenembolie mit Kreislaufversagen zur Folge, was letztlich zum Herzstillstand führte. Die Rechtsmediziner betonen, dass die Verletzungen sowie die Fesselung auch bei einem jüngeren Opfer den Tod verursacht hätten.

Der Mord an der alten Dame schockiert weit über die Ortsgrenze hinaus. In den ersten Tagen nach der Tat mutmaßt die Boulevardpresse, dass die sogenannten Schlafzimmerräuber wieder zugeschlagen haben könnten; eine Bande, die in diesen Jahren umgeht, in Häuser eindringt, ihre Opfer fesselt und ausraubt. Doch es gibt einen entscheidenden Unterschied: Bei den Raubüberfällen zuvor wurde nie jemand getötet. Auch ist im Fall Ella C. unklar, was und wie viel aus ihrer Villa entwendet worden ist. Die betagte Frau hatte wenige Bekannte und selten Besuch. Alle befragten Zeugen sagen aus, sie habe sich selbst von den wenigen, entfernteren Verwandten zurückgezogen und sehr sparsam, um nicht zu sagen, geizig gelebt. Einzig die Putzfrau hatte regelmäßig Zugang zur Villa. Niemand weiß über ihre Besitztümer genau Bescheid. Nach der Einsicht der Konten wird aber klar: Ella verfügte über ein Vermögen von mehr als zehn Millionen Franken. Sie hob selten Geld ab, obwohl sie die Putzfrau, den Gärtner und anfallende Rechnungen meistens in bar bezahlte.

Die Polizei ermittelt in alle Richtungen und ist zu Beginn der Untersuchungen recht zuversichtlich, dass sie den Fall lösen kann. Denn der Täter hat Spuren hinterlassen. Zum einen glaubt die Polizei, seine Stimme zu kennen: Sie geht davon aus, dass der anonyme Anrufer, der aus einer Telefonkabine eines Seebades den verwirrenden Notruf abgegeben hat, etwas mit der Tat zu tun hat. Also veröffentlichen die Behörden die Aufnahme und erlassen einen Zeugenaufruf: Innerhalb von acht Tagen kann die Bevölkerung unter einer Telefonnummer den Notruf abhören, der am Tag der Tat bei der Rettungsleitstelle Zürich eingegangen war. Für nützliche Hinweise wird eine Belohnung von 20 000 Franken ausgeschrieben. Auch eine Sprachanalyse wird erhoben: Der Mann, der gebrochen englisch spricht, ist mit großer Wahrscheinlichkeit romanischer Muttersprachler. 4784 Menschen hören sich die

Aufnahme an, vier Personen glauben, die Stimme erkannt zu haben. Die Polizei geht den Hinweisen nach, doch sie führen nicht zum Täter.

Auch die zweite Spur weckt falsche Hoffnungen: Die Experten finden an zentralen Teilen des Fesselungsmaterials DNA-Spuren einer unbekannten, männlichen Person, konkret an einem Schuhbändel, am Strick und an Stoffstreifen sowie an der Spitze und an der Schneidefläche der Schere und am Jackett des Opfers. Es scheint klar, dass die DNA-Spur dem Täter zuzuordnen ist. Doch als die Ermittler das Profil in die nationale DNA-Datenbank eingeben, folgt die Enttäuschung: kein Treffer.

Zwei Jahrzehnte lang bleibt der Mord an Ella C. ein Rätsel. Bis dieselbe DNA-Spur erneut an einem Tatort gesichert wird – auf Alines Trainingshose.

Ich begegne Carlo F. zum ersten Mal am 9. Mai 2022 im großen Saal des Obergerichts des Kantons Zürich, das in zweiter Instanz über den Mord an Ella C. urteilt. Carlo F. hat – wie bereits nach dem Raubüberfall in Thun – den ersten Schuldspruch nicht akzeptiert und Berufung eingelegt. Er trägt ein violett-rotes Hemd, eine dunkelbeige Hose mit Seitentaschen und wirkt in seiner Kleidung eher wie ein Reisender als wie ein Beschuldigter in einem Mordprozess. Das spärliche weiße Haar ist kurz geschoren, er ist schlecht rasiert. Eine Hakennase in seinem länglichen Gesicht, die Wangen eingefallen, die Augen liegen etwas zu hoch. Doch seine neunundsiebzig Jahre sieht man ihm nicht an. Er wirkt fit, sein Körper trainiert und drahtig.

Oft werde ich als Gerichtsreporterin gefragt, wie die Täter auf mich wirken, die Mörder, was sie bei mir für einen Eindruck hinterlassen, wenn ich ihnen im Gerichtssaal gegenübersitze. Stets lautet meine Antwort: Man sieht ihnen niemals an, dass sie Täter sind. Meist sitzen auf der Anklagebank Menschen wie Sie und ich, sie könnten unsere Brüder, Freunde, Nachbarn sein. Doch als ich Carlo F. an jenem Morgen ins Gesicht blicke, denke ich unwillkürlich: Er sieht aus wie ein Verbrecher. Wäre in einem Mafiafilm die Rolle des üblen Gangsters zu vergeben, er wäre die perfekte Besetzung. Sein Verhalten vor Gericht entspricht eins zu eins seiner unsympathischen äußeren Erscheinung, und zwar ab dem ersten Augenblick.

»Ist es richtig, dass Sie sich derzeit in der Strafanstalt Regensdorf befinden?«, fragt der Gerichtspräsident nach der Eröffnung der Verhandlung.

»Das ist kein Gefängnis!«, ruft Carlo F. polternd. »Ich bin in Auschwitz gelandet!«

Unflätig und unanständig sind beschönigende Ausdrücke für sein Benehmen. Carlo F. reklamiert bei jeder Frage, schimpft über den Gerichtspräsidenten, weist mit dem Zeigefinger auf ihn, als wolle er ihn erstechen. Selbst jetzt, als er im großen Saal des Obergerichts auf dem Stuhl des Beschuldigten sitzt, direkt vor dem erhöhten Podest der drei Richter, wirkt Carlo F. einschüchternd. Wie furchteinflößend muss er gewesen sein, als er Aline, Carole und Bastian mit der Waffe und mit dem Sprengstoff bedroht hat?

Carlo F. sagt von sich: »Ich bin Berufsverbrecher.« Wer er wirklich ist, darüber ist nur so viel bekannt, wie er während der Einvernahmen selbst erzählt hat: 1943 geboren in Ferrara in Italien, aufgewachsen bei seiner alleinerziehenden Mutter, ledig. Vater von zwei erwachsenen Kindern, in Belgien, zu denen er nie Kontakt hatte. Er ging ohne Abschluss von der Mittelschule ab, verdiente sein Geld zehn Jahre lang als Schmuggler, versuchte sich als Mechaniker, kaufte, reparierte und verkaufte alte Autos. Und überfiel Banken und Juweliergeschäfte. Zuletzt die Bijouterie von Carole.

Carlo F. behauptet, erst nach seiner Verhaftung von Ellas Tod erfahren zu haben. Der Berner Staatsanwalt konfrontiert ihn im Juli 2017 kurz nach seiner Überführung in die Schweiz mit der Tatsache, dass seine DNA nicht nur nach dem Raubüberfall auf die Bijouterie, sondern vor zwanzig Jahren auch am Tatort und an der Leiche der ermordeten Ella C. gefunden worden ist. Carlo F. streitet von Beginn an alles ab. Er behauptet, Ella weder gekannt noch etwas mit ihrem Tod zu tun zu haben.

Die angebliche Erinnerung kommt erst zweieinhalb Jahre später zurück. Am 23. Januar 2020 greift Carlo F. zu einem Stift und schreibt einen langen Brief, den er sowohl an das spanische Justizministerium wie an den Zürcher Staatsanwalt adressiert. Der Brief liest sich wie eine geschmacklose Kurzgeschichte aus einem Erotiksammelband der billigsten Sorte. Vor dem Hintergrund des Mordes an der betagten Frau kommt mir die abstruse Erzählung des Täters wie ein weiterer Gewaltakt gegenüber dem Opfer vor. Meines Erachtens handelt es sich bei Carlo F.s Schilderung um eine posthume Ehrverletzung jener Frau, der er auf brutalste Weise das Leben und das Recht auf Würde geraubt hat. Darum will ich hier nur bruchstückhaft wiedergeben, was Carlo F. in dem Brief fabuliert und wie er seine Spuren am Tatort zu erklären versucht.

In seinem Schreiben vom 23. Januar 2020 behauptet Carlo F. entgegen seiner früheren Aussagen, das Opfer doch gekannt zu haben. Mehr noch: Er will 1997 eine Sexaffäre mit der fast neunzigjährigen Ella geführt haben. Er selbst war damals vierundfünfzig. Es habe sich um ein zufälliges Kennenlernen gehandelt. Ella habe am Ufer des Zürichsees Schwäne gefüttert, er habe sie auf Italienisch angesprochen. Sie hätten ein paar Worte gewechselt, dann soll sie ihn sogleich zu sich nach Hause gebeten haben, um sich ihre speziellen Haustiere anzusehen: Schildkröten. Sie habe ihn gewarnt, sie seien bissig. Als er dann in ihrer Villa eines der Tiere in den Händen hielt, soll sich Ella plötzlich vor ihn hingekniet, ihm die Hose heruntergezogen und ihn oral befriedigt haben. Danach habe sie ihn gebadet, eingeschäumt, abgetrocknet und schließlich, nach einem Nickerchen, erneut verführt, indem sie sich während er noch schlief auf ihn gesetzt habe. Die ganze Nacht lang will er mit ihr Sex gehabt haben. Was er im Brief als lustvolle Verführung schildert, wird er später als Quasi-Vergewaltigung durch die alte Dame darstellen.

Doch all das soll erst der Anfang einer neunmonatigen Liaison gewesen sein. Er sei ihr Loverboy gewesen, ihr Sexspielzeug. Sie habe etwa zweimal im Monat seine Mutter in Italien angerufen, um ihn herzubestellen. Die eigene Nummer habe er ihr nicht gegeben, weil er dazumal in Monza in einer Beziehung gelebt habe. Seine Mutter habe ihm jeweils mitgeteilt, dass die Schildkrötenfrau ihn sehen wolle, worauf er sogleich für ein, zwei Tage in die Schweiz in die Villa nach Küsnacht gefahren sei. Für seine Dienste will er jedes Mal zwischen zwölf- und achtzehntausend Schweizer Franken von Ella erhalten haben. In späteren Versionen streut Carlo F. – wohl wegen der Fesselung des Opfers – auch noch SM-Fantasien in seine Geschichte ein. Plötzlich seien die Anrufe seiner betagten Nymphomanin ausgeblieben – er habe weder von ihrem Tod erfahren noch etwas damit zu tun gehabt.

»Die Frau hat Sie also nach dem Füttern der Schwäne einfach so zu sich nach Hause eingeladen und Ihnen die Schildkröten gezeigt«, fragt der Gerichtspräsident nach, als Carlo F. im großen Saal des Zürcher Obergerichts seine abstruse und völlig lebensfremde Geschichte ein erneutes Mal zum Besten gibt.

»Ja«, antwortet Carlo F.

»Als Sie die Schildkröte in den Händen hielten, ist sie vor Ihnen auf die Knie gegangen, hat Ihre Hose geöffnet und Ihren Penis in den Mund genommen. Stimmt das?«

»Normal.«

»Sie sagten, das sei normal, weil Ihnen das auf der Europareise mehrmals passiert sei?«

»Ja, das ist nicht meine Schuld.«

»Haben Sie denn eine besondere Anziehungskraft auf Frauen zwischen fünfundachtzig und neunzig Jahren, wenn Ihnen das schon öfter passiert ist?«

»Ich weiß nicht, wenn man allein reist, passiert vieles, wenn man mit der Freundin reist, passiert einem das nicht.«

»Sie haben in den buntesten Farben geschildert, welche sexuellen Praktiken Sie ausgeführt haben. Ich will das hier jetzt nicht wiederholen. Hat sich das so abgespielt, wie Sie in dem Brief geschrieben haben?«

»Sogar noch schlimmer.«

Der Richter zögert, blickt Carlo F. in die Augen und fragt: »Hand aufs Herz: Wie fühlt sich das an, derart wilder Sex mit einer Sechsundachtzigjährigen?«

»Das war nicht ich, das war sie.«

»Also, Sie haben das ja zusammen gemacht. Hatten Sie Spaß dabei?«

»Ich denke, sie war voller Komplexe und konnte sich so befreien und entspannen, das war bestimmt so.«

In den polizeilichen Einvernahmen im März 2020 wiederholt Carlo F. die Geschichte über die Sexaffäre immer wieder und schmückt sie weiter aus. Dass seine DNA an der Wäscheleine gefunden wurde, mit der Ella gefesselt war, erklärt er damit, dass Ella öfter seine Unterhosen gewaschen und er die Wäsche an der Leine aufgehängt habe. An der Schere sei seine DNA gefunden worden, weil er für Ella das Altpapier zusammengebunden und die Schnur abgeschnitten habe.

Carlo F. zaubert für alles eine fadenscheinige Antwort hervor und verstrickt sich mehr und mehr in Widersprüche. Während er sich überaus detailliert an die sexuellen Begegnungen erinnern will, kann er nicht beschreiben, wie die Räume in Ellas Villa aussehen. Auch fällt den Ermittlern auf, dass im Brief an den

Staatsanwalt der Name der »Frau mit den Schildkröten« zunächst – also beim Verfassen des Briefes – weggelassen worden war, nur um später auf dem noch vorhandenen Platz in der Zeile eingefügt zu werden. Erkennbar ist das nachträgliche Einsetzen des Namens daran, dass er mit einem leicht andersfarbigen Kugelschreiber geschrieben wurde. Überdies wurde nicht etwa der Name Ella eingefügt – sondern Leonor.

»Sie haben bis jetzt in der Verhandlung oft von der ›Frau mit den Schildkröten‹ gesprochen«, sagt der Gerichtspräsident zu Carlo F. »Wie hieß denn die Frau mit Vornamen?«

»Ella. Aber ich nannte sie Chris. Neun Monate lang nannte ich sie Chris.«

»Wer ist denn Leonor, von der Sie im Brief schreiben?«

»Was?«

»In dem Brief, den Sie an den Staatsanwalt geschrieben haben, in der Sie die ganze Geschichte erzählt haben, da schreiben Sie: die Dame mit den Schildkröten, Leonor.«

Carlo F. tut so, als ob er die Frage des Richters nicht verstanden hat. Also legt ihm der Gerichtsschreiber eine Kopie des Briefes vor. Carlo F. kratzt sich am Kopf, wiederholt leise den falschen Namen, lacht.

»Das muss ein Lapsus sein, ich verstehe nicht, warum ich Leonor geschrieben habe.«

»Man sieht, dass der Name Leonor mit einem anderen Kugelschreiber geschrieben wurde, also dass er erst später eingesetzt worden ist – mussten Sie sich zuerst nach dem Namen erkundigen?«

»Ich bin sicher, wenn man sucht, findet man im Brief auch den Namen Chris.«

»Mussten Sie sich nach dem Namen erkundigen?«, hakt der Gerichtspräsident nach.

Carlo F. verwirft die Hände. »Das ist komisch. Es gibt keinen Zusammenhang.«

Ähnlich ungeschickt wie Carlo F. argumentiert auch seine Verteidigerin, wohl weil sie mit Waffen ohne Schlagkraft kämpfen muss. Als angeblichen Beweis dafür, dass Carlo F.s Sexgeschichte stimme, legt sie Auszüge eines Romans vor, den Ellas Nachbarin Ursula Isler drei Jahre nach dem Mord publiziert hat: *Der Nachbar – Roman eines Delikts* erzählt eine Geschichte, die in England spielt. Die Romanheldin verliebt sich in ihren um zehn Jahre jüngeren Nachbarn, einen Journalisten, und wird von einer Drittperson umgebracht, weil sie ihr Testament kurzfristig geändert hatte. Die Verteidigerin gibt sich überzeugt, dass Ursula Isler über Ellas Affäre Bescheid wusste und ihre Geschichte nicht Fiktion, sondern ein Tatsachenroman ist – nur habe die Polizei in dieser Richtung nicht genügend ermittelt.

Die Buchautorin kann zur gewagten These der Verteidigung nicht mehr Stellung nehmen: Ursula Isler ist im Jahr 2007 gestorben. Als entfernte Bekannte und Nachbarn sind sie und ihr Mann 1997 nach dem Mord an Ella allerdings sehr wohl von der Polizei befragt worden. Dabei haben sie kein Wort über eine angebliche oder vermutete Affäre ihrer Nachbarin verloren. Auch mutmaßten sie nicht über ein Tötungsmotiv in Zusammenhang mit einer Erbschaft.

»Hätte die Autorin diesbezüglich irgendeine Kenntnis, Vermutung oder einen Verdacht gehabt, hätte sie dies gegenüber der Polizei mit Sicherheit ausgesagt und nicht stattdessen drei Jahre später ein Buch darüber geschrieben«, stellt der Gerichtspräsident fest. »Dass der Roman relevante Parallelen zur behaupteten Story des Beschuldigten aufweisen soll, klingt doch sehr weit an den Haaren herbeigezogen.«

»Man hat Ihnen die Bilder der grausam misshandelten und gefesselten und getöteten Frau gezeigt«, sagt der Gerichtspräsident während der Verhandlung zu Carlo F. »Sie erklärten, das sei unglaublich, schlimmer als Sadismus. Sind Sie immer noch dieser Meinung?«

»Ja, wenn man die Fotos anschaut, ist das schrecklich. Sie war nicht mehr erkennbar.«

»Sie war mit der Wäscheleine gefesselt und an die Türfalle der Waschküche festgebunden. Sie wies zahlreiche Verletzungen auf. Sie hat noch gelebt, als sie gefesselt wurde und ist dann an einem Herzversagen und akuter Lungenembolie gestorben. Wollen Sie dazu etwas sagen?«

»Perché cosa!«, poltert Carlo F. »Wofür? Ein Drogenabhängiger würde so etwas machen, ich würde doch nie eine alte Frau schlagen, die mir so viel Geld gibt!« Seine Stimme wird noch lauter. »Das ist ein Delikt, das nur ein Dummkopf begehen würde – ein Dummkopf wie dieser Staatsanwalt, der mich beschuldigt, das getan zu haben. Wo liegt die Logik darin, eine Frau so zu schlagen? Nur ein Junkie würde so etwas machen. Wenn man eine so alte Frau nur stößt, stürzt sie schon zu Tode, es besteht keine Notwendigkeit, eine Frau so zu schlagen, das würde nur ein Wahnsinniger tun.«

Niemand glaubt ihm seine Lügen. Nicht die Staatsanwaltschaft, nicht das Gericht, nicht die anwesenden Journalisten. Vielleicht nicht einmal er selbst.

»Man halte sich eine hochbetagte, sechsundachtzig Jahre alte Dame, wie man sie vielleicht aus der Verwandtschaft oder dem sozialen Umfeld kennt, vor Augen«, sagt der Gerichtspräsident, »und dann stelle man sich vor, diese Dame schleppe einen völlig unbekannten, vierundfünfzig Jahre alten Mann vom Seeufer nach Hause, um sich umgehend sexuell über ihn herzumachen und ihn anschließend über neun Monate als Sextoy für die explizitesten sexuellen Handlungen zu benutzen. Diese Vorstellung – und damit die nachgeschobene Schutzbehauptung des Beschuldigten – ist an Lebensfremdheit kaum zu überbieten.« Der Gerichtspräsident räumt zwar ein, dass auch bei einer Dame im Alter des Opfers durchaus noch eine sexuelle Lust vorhanden sein könne. »Die vom Beschuldigten geschilderten Sexpraktiken sind aber von einer Art … es ist abwegig, dass eine Person im Alter des Opfers diese verlangt. Und sie sind dermaßen körperlich anstrengend, dass ebenso abwegig ist, dass eine Person im Alter des Opfers solche über eine derart lange Zeit mitmachen kann.«

Oder, wie es der Staatsanwalt formuliert: »Diese unsägliche Sexgeschichte, die er hier behauptet … Ich weiß nicht, wie es Ihnen geht; aber ich finde diese frappant arrogante Kaltschnäuzigkeit des Beschuldigten schwer zu ertragen, es beelendet mich im wahrsten Sinne des Wortes.«

Eine sexuelle Affäre hat es nie gegeben – nur einen äußerst brutalen Überfall auf eine alte, wehrlose Frau, die letztlich zu Tode gequält wurde.

Das Gericht spricht Carlo F. des Mordes schuldig. Unter Berücksichtigung der sieben Jahre Haft, die Carlo F. wegen des Raubüberfalles auf die Bijouterie kassiert hat, verurteilt ihn das Obergericht des Kantons Zürich zu einer Zusatzstrafe von weiteren dreizehn Jahren Freiheitsstrafe. Carlo F. muss insgesamt für zwanzig Jahre hinter Gitter. Der Gerichtspräsident hegt nicht den geringsten Zweifel, dass die Qualifikation für Mord gleich in mehreren Punkten erfüllt ist. Carlo F. habe Ella C. aus nichtigem Motiv skrupellos und hinterhältig schwer verletzt und auf brutalste Weise gefesselt zurückgelassen. Die alte Frau sei mit einer außergewöhnlichen, gefühllosen Brutalität malträtiert worden.

»Der Mord ist zwar nicht mit direkter Tötungsabsicht begangen worden, aber doch mit einem Eventualvorsatz«, sagt der Gerichtspräsident. »Sie, Herr F., haben damit rechnen müssen, dass die Frau in dem Zustand, in dem Sie sie zurückgelassen haben, in kürzester Zeit sterben wird.« Carlo F. – davon geht der Richter aus – habe zwar später von unterwegs die Sanität angerufen, doch dabei sei es ihm einzig darum gegangen, seine eigene Haut zu retten. »Ihre Angaben auf Englisch waren so irreführend, dass Sie die Schuld daran tragen, dass die Sanitäter das Opfer nicht gefunden haben.« Das Gericht habe leider oft vollendete Tötungsdelikte zu beurteilen – doch zum Glück seien sie selten dermaßen brutal und skrupellos. »In dreißig Jahren als Richter habe ich schon manche Fotografien aus vielen schrecklichen Fällen gesehen – aber hier fiel es mir sehr schwer, die Fotos anzuschauen, die die Gewalt auf eine alte, zierliche sechsundachtzigjährige Frau dokumentierten.«

Als Carlo F. den Schuldspruch und das Strafmaß hört, springt er vom Stuhl auf und flucht über den Gerichtspräsidenten: »Sie brauchen einen Psychiater!« Danach wird er von der Polizei abgeführt. Die Fragen, warum Ella sterben musste und weshalb auf so schreckliche Art und Weise, werden wohl für immer unbeantwortet bleiben.

Carlo F. hat Ellas Leben ausgelöscht – und das Leben seiner anderen Opfer für immer verändert.

Sieben Jahre sind vergangen, seit der Mörder Carlo F. Aline sexuell missbrauchte und sie, ihre Mutter Carole und ihren Stiefvater Bastian als Geiseln nahm.

Als ich Aline treffe, lebt sie weit weg von dem Ort, wo das Verbrechen geschah. Sie hat einen neuen Job und einen anderen Partner. Die Beziehung zu ihrem damaligen Freund hat der Belastung durch die Tat nicht standgehalten.

Ihre Mutter Carole fährt zwar noch immer jeden Morgen in die kleine Stadt am See und schließt dort die Bijouterie auf, deren Sicherheitskonzept verstärkt worden ist. Aber auch sie und Bastian sind aus der Wohnung, die zum Tatort wurde, und aus der Stadt weggezogen. Der Umzug und die vergangene Zeit haben Distanz gebracht. Aber die Folgen des Überfalls sind noch immer spürbar. Die Tat hat insbesondere den beiden Frauen das Sicherheitsgefühl und damit auch ein Stück Freiheit geraubt.

Carole

»Wir wussten von Anfang an, dass wir wegziehen mussten, auch wenn es ein ganzes Jahr dauerte, bis wir dann wirklich ausgezogen sind. Aber es war klar, dass wir nicht in der Wohnung bleiben konnten, es war zu viel passiert. Wenn ich nach Hause kam, hatte ich stets den Geruch des Typen in der Nase, das ging nicht mehr weg, er war dadurch immer anwesend.

Die Arbeit habe ich schon am ersten Tag nach dem Überfall wieder aufgenommen. Eine Zeit lang bin ich jedoch bloß arbeiten gegangen, weil ich wusste: Ich muss das Geschäft aufschließen. Denn hätte ich das nicht getan, hätte ich es wohl nicht geschafft, je wieder dort zu arbeiten. Doch ich wollte mir das, was ich mir in den letzten Jahren aufgebaut habe, nicht kaputt machen lassen. Sobald ich in der Bijouterie ankam, habe ich mich als Erstes immer gleich übergeben müssen. Am Abend hat mich Bastian abgeholt, weil ich nicht mehr allein nach Hause gehen konnte.

Wenn zu Hause jemand überraschend klingelte, zum Beispiel der Postbote, konnte ich ihm nicht öffnen. Es ging einfach nicht. Ich geriet in Panik, wenn es darum ging, jemanden in meinen Bereich, in meine Sicherheitszone hereinzulassen, die zuvor so stark verletzt worden war. Das war für mich ganz schlimm, und das habe ich auch heute noch: Mein Sicherheitsgefühl hat sich verändert.«

Wir sitzen auf der Terrasse der neuen Wohnung, als Carole mir schildert, was die Tat mit ihr gemacht hat. Sie und Bastian mussten lange suchen, bis sie ein neues Zuhause fanden, in dem sie sich einigermaßen sicher fühlen. Die Wohnung befindet sich im obersten Stockwerk eines Mehrfamilienhauses und nimmt die gesamte Etage ein.

»Es käme für mich nicht infrage, mit jemandem auf der gleichen Etage zu wohnen und Geräusche zu hören, die ich niemandem zuordnen könnte, das wäre für mich sehr schwierig. Auch muss die Haustür unten immer geschlossen sein. Das sind Sachen, die heute für mich wichtig sind, das ist neu, das hatte ich zuvor nicht. Ich bin auch viel aufmerksamer als vor der Tat. Früher habe ich mich nie umgedreht, um zu sehen, wer hinter mir geht. Heute mache ich das immer wieder. Ich drehe mich um, um nachzuschauen: Wer ist da hinter meinem Rücken? Es gibt manchmal auch Situationen, in denen ich sagen muss: Das ist mir jetzt unangenehm. Wenn ich zum Beispiel irgendwo hinkomme, dann setze ich mich so hin, dass ich im Rücken durch eine Wand geschützt bin, das mache ich immer so, auch wenn ich dafür mit anderen den Platz tauschen muss. Ich mag auch nicht mehr alleine spätabends weggehen. Wenn ich unterwegs bin, bin ich aufmerksam und trage einen Pfefferspray bei mir. Komme ich zu Hause an, halte ich stets eine Taschenlampe bereit und halte den Schlüssel bereits in der Hand. Ich bin immer präsent. Auch versuche ich, unangenehme Situationen für mich zu lösen: Wenn jemand von hinten schnell auf mich zukommt, mache ich einen Schritt zur Seite und lasse die Person passieren.

Im Geschäft gibt es Tage, an denen ich nicht mehr an die Tat denke. Aber dann gibt es auch immer wieder Dinge, die mich triggern: Wenn jemand, der eine Mütze trägt, vor dem Schaufenster steht, durchfährt es mich eiskalt – oder auch, wenn ich einen bestimmten Geruch wahrnehme.

Ich hoffe, dass die Belastung mit der Zeit geringer werden wird, dass es besser wird. Aber vielleicht wird das so bleiben. Ich versuche, mir immer wieder zu sagen: Ich will mich durch diesen Idioten nicht so stark einschränken lassen. Manchmal zwinge ich mich auch, bestimmte Dinge trotzdem zu tun, weil ich mir dann vorhalte: Es kann doch nicht sein, dass ich das nicht mehr machen kann!

Trotz allem ist für mich klar: Es hätte schlimmer kommen können. Wir hätten alle tot sein können. Ich bin dankbar, dass wir überlebt haben, und ich versuche, all die schönen Dinge in meinem Leben zu sehen. Daran arbeiten wir. Die Wunden heilen, aber die Narben werden immer bleiben.«

Bastian

»Es gibt Zeiten, in denen die Tat sehr präsent ist. Für mich gibt es aber mittlerweile auch längere Zeiten, in denen ich nicht mehr daran denke. Wenn ich aber in die Stadt fahre, in der es passiert ist, dann ist es immer da. Die Tat begleitet dich stets irgendwo. Aber ich bin nicht ängstlicher als zuvor. Ich denke, je mehr Zeit vergeht, desto mehr nimmt die Intensität ab.«

Aline

»Seit der Tat habe ich Angst im Dunkeln. Ich bin mal mit meinem Freund in der Nacht den Fluss entlang nach Hause spaziert. Ich leuchtete mit dem Handy, als uns jemand ohne Lampe entgegenkam. Vor lauter Angst bin ich fast in den Fluss gesprungen. Mein Freund hatte Mühe, es zu verstehen; er meinte, er sei ja bei mir, mir passiere nichts. Aber es könnte *The Rock* Dwayne Johnson neben mir stehen, ein Fels von einem Mann, das wäre mir scheißegal; das Gefühl ist einfach da, niemand kann mir das abnehmen. Auch wenn jemand hinter mir hergeht, muss ich reagieren, mich umdrehen. Das war vor der Tat nicht so.«

Trotz oder gerade auch wegen der Ängste, die zurückbleiben und vielleicht nie mehr weggehen werden: Für mich ist Aline eine Kämpferin. Sie ist aufgestanden, ihren Weg gegangen und hat sich durch die Tat nicht brechen lassen. Aline sagt, es sei besser, dass all dies ihr und ihrer Familie zugestoßen sei – und nicht jemand anderem, der nicht damit klargekommen und daran kaputtgegangen wäre. Sie spricht aus, was auch ich denke: So etwas wünscht man niemandem.

»Uns ist ja von außen betrachtet grundsätzlich nichts passiert – gleichzeitig ist uns aber eben sehr viel passiert. Wir haben psychischen Schaden genommen. Aber das sehen die Leute nicht; was in mir drinnen passiert ist und was für einen Übergriff ich erlebt habe, sieht mir niemand an. Hätte ich einen Arm im Gips, was alle sehen könnten, dann wäre das Verständnis wohl größer.«

Aline wünscht sich, dass sexuelle Übergriffe nicht länger ein Tabuthema sind. Sie möchte versuchen, anderen Opfern zu helfen – um aus dem Negativen, das ihr widerfahren ist, etwas Positives zu machen.

Als ich mit Aline dieses Gespräch führe, geht es ihr gut. Aber das ist nicht immer so, am schwierigsten ist es, wenn die Tat sich wieder jährt.

»Ich bin anfälliger für Kurzzeitdepressionen. Dann geht es mir während einer gewissen Zeit sehr schlecht. Wenn der September naht, wird es für mich horrormäßig. Ich wünschte, ich könnte den Monat aus dem Kalender streichen. Rund um den Tattag, den 28. September, kommt alles wieder. Ich beginne, schlecht zu träumen; teils von der Tat, von Verfolgungen, von Mord, davon, dass ich jemanden aus der Familie verliere. In meinem Unterbewusstsein passiert extrem viel.«

Aline streckt den Arm aus und zeigt mir ihr Tattoo. Sie hat sich das Datum, an dem die Tat geschah, auf den Arm tätowieren lassen, neben einem Anker. Es ist nicht nur ein Datum des Schreckens – sondern auch der Tag, an dem sie nicht gestorben ist, an dem sie überlebt hat.

»Wenn es mir schlecht geht, dann schaue ich das Tattoo an und sage mir: Hey, es ist mir schon mal dreckiger gegangen. Ich bin dankbar für jeden Tag, an dem ich aufstehen darf.«

Der Tod in der Badewanne

In dieser Geschichte gibt es am Ende nur Verlierer. Die zweiundfünfzig Bundesordner voller Fallakten erzählen ein Drama über Liebe, Leben, Gewalt und Tod, das sich liest wie ein absurdes Drehbuch. Zurück bleiben Ungereimtheiten und unbeantwortete Fragen – sowie die Erkenntnis, dass selbst die umfangreichsten Ermittlungen nicht immer die ganze Wahrheit ans Licht bringen. Selten zuvor war ich bei einem Kriminalfall derart hin- und hergerissen; geht es hier um einen skrupellosen Mord oder um die Aneinanderreihung unglücklicher Umstände? Ist ein Streit eskaliert, oder wurde eine Frau eiskalt eliminiert? Oder war es am Ende doch ein Unfall?

Ich greife vor. Lassen Sie mich in dieser Geschichte etwas früher beginnen; an jenem Mittwoch im April 2014, der sich anfühlte, als hätte sich der Sommer in den Frühling verirrt.

Der letzte Tag in Louises Leben ist viel zu mild für diese Jahreszeit. Bald ist Ostern, das verlängerte Wochenende steht kurz bevor. Nur noch viermal schlafen. Louise geht es nicht gut heute. Seit zwei Tagen fühlt sie sich krank. Sie musste sich übergeben, mag noch immer nicht essen, ihr ist übel. Vielleicht liegt es daran, dass sie die Medikamente reduziert hat, die sie seit einem tragischen Vorfall im vorletzten Winter einnehmen muss. Louise, eine elegante, gut aussehende Frau, möchte wieder ohne die vielen Tabletten leben, die ihren Körper schwer und den Kopf träge machen. Vielleicht ist es aber auch bloß eine Grippe. Gestern früh hat sie deswegen ihren Arzt angerufen und ihn hergebeten, doch sie wohnt für einen Hausbesuch zu weit weg. Heute geht es ihr etwas besser, aber gut ist anders. Sie fühlt sich noch immer elend.

Kurz nach Mittag versucht Louise, ihren Ex-Mann Samuel anzurufen, der am Morgen rasch vorbeigeschaut hat. Sie haben sich vor Kurzem scheiden lassen, angeblich, damit die hohen Gesundheitskosten nicht länger die gemeinsamen Ersparnisse auffressen. Auch wohnen die beiden nicht mehr zusammen, Samuel wollte das nicht mehr, aber er kümmert sich um sie und um den gemeinsamen Sohn. Benjamin ist vier Jahre alt, er lebt beim Vater. Benjamin ist Louises Ein und Alles. Vorgestern waren sie zu dritt spazieren. Sie sehen sich immer noch als Paar und als Familie, auch wenn die letzten Monate alles andere als einfach waren.

An diesem Mittag kann Louise Samuel nicht erreichen, es geht nur der automatische Anrufbeantworter ran; Samuel, der IT-Account-Manager, sitzt mit einem Geschäftspartner bei einem Business-Lunch in einem Zürcher Restaurant.

Der Anrufversuch ist Louises letztes Lebenszeichen.

Ein paar Stunden später. Die Nacht hat sich gerade erst dunkel auf den Zürichsee gelegt, als bei der Notrufzentrale der Kantonspolizei ein Anruf eingeht. Um 21.13 Uhr, so steht es im Journal der Einsatzzentrale, meldet ein Mann einen Unfall. Er brauche dringend einen Rettungswagen, es gehe um eine Frau und um ein vierjähriges Kind. Mehr könne er nicht sagen, nicht vor dem Jungen. Die Kantonspolizei bietet sofort den Dienst Schutz & Rettung sowie die Kollegen auf.

Um 21.23 Uhr treffen zwei Polizisten an der angegebenen Adresse ein: ein Mehrfamilienhaus in einer Gemeinde am Zürichsee. Samuel, der Mann, der die Polizei alarmiert hat, wartet mit seinem kleinen Sohn Benjamin unten beim Wagen. Er weist den Polizisten den Weg hinauf in die Wohnung; achtundvierzig Stufen führen in das Einzimmerstudio im zweiten Stock. Um 21.30 Uhr meldet einer der beiden Polizisten der Einsatzzentrale, was sie dort aufgefunden haben: eine leicht bekleidete Leiche in der Badewanne, mit dem Kopf unter Wasser. Louise. Sie wurde nur vierundvierzig Jahre alt.

Aus Samuels Buchentwurf *Zur Hölle und zurück*, aus dem in der Anklage und im Urteil zitiert wird und in dem er die Geschichte aus seiner Perspektive niederschrieb:

Kapitel: Louise gestorben. 16. April 2014.

Lieber Benjamin, elfenhaftes Seidenäffchen, wunderbares Kind der Liebe – Deine Mutter hat Deinen Kosenamen geliebt. Deine liebste Mutter ist am 16. April 2014, circa um 14.00 Uhr, gestorben, an einem wunderbaren warmen Frühlingstag. Die Vögel haben gezwitschert, wie Mama es liebte, die Bäume trugen hellgrüne Blätter, die Magnolienblüten neigten sich ihrem Ende zu, und neue Blätter kamen nach.

Das alles hat Mama so sehr geliebt. Gleich dort, wo Mama wohnte, hat es einen großen Magnolienbaum.

Den Polizisten und den Sanitätern bietet sich in dem kleinen Badezimmer ein schreckliches und auch verwirrendes Bild. Louise liegt auf ihrer rechten Seite in der gefüllten Badewanne, das Gesicht zur Wand gedreht, der Kopf beim Wasserhahn, der oben an der Wanne angebracht ist. Sie trägt nur Socken und ein Oberteil, ansonsten ist sie nackt. Der Hahn ist zugedreht, das Wasser fließt nur langsam ab; Louises Oberkörper blockiert teilweise den Siphon. Im Bereich der Beine liegen auf dem Wannenboden ihre Hausschuhe, ihr Handy, das Mobilteil eines Festnetztelefons, mehrere Kosmetikfläschchen sowie ein Teller. Das Wasser im Boiler ist kalt, was darauf hinweist, dass alles Warmwasser aufgebraucht worden ist. Eingeklemmt zwischen der Leiche und dem hinteren Badewannenrand, steht ein Duschbrett, eine Einrichtung für körperlich Behinderte, das vorher über der Wanne installiert gewesen sein muss. Der etwa zur Hälfte zugezogene Duschvorhang hängt gerade herunter, sein unteres Ende klemmt zwischen Louises Rücken und dem vorderen Wanneninnenrand, dazwischen steckt ein Duschschwamm. Neben der Wanne befindet sich ein Waschbecken; auch dieses ist vollständig mit Wasser gefüllt. Darin schwimmt eine kleine PET-Flasche ohne Deckel, eine weitere PET-Flasche liegt unter dem Lavabo auf dem Boden.

Als die Sanitäter und der Arzt Louise aus der Badewanne heben, ist ihr Körper bereits steif. Sie muss schon mehrere Stunden tot im Wasser gelegen haben.

Noch vor Ort beginnt der Bezirksarzt mit der äußeren Leichenschau. Ihm fallen sofort die Narben an Louises Knien und Oberschenkeln auf, die auf frühere Operationen zurückzuführen sind.

Bei seiner Untersuchung stellt er weder punktförmige Einblutungen noch frische Verletzungen im Bereich der Halsregion fest, die darauf hinweisen würden, dass Louise gewürgt worden ist. Thorax, Rücken und Abdomen bezeichnet er ebenfalls als unauffällig. Nichts deutet auf einen Kampf oder auf Abwehrreaktionen hin. Auf der rechten Körperhälfte, auf der Louise in der Wanne gelegen hat, an einem Bein und insbesondere beidseitig am Gesäß stellt er großflächige Verbrühungen der Haut fest. Er notiert, dass es zwischen der rechten und der linken Körperhälfte einen deutlichen Temperaturunterschied gibt; die linke Seite ist vollständig abgekühlt, die rechte überhitzt.

Als Beurteilung schreibt der Bezirksarzt ins vorgefertigte Formular: *Todesart: unklar. Todesursache: unklar. Todeszeit: Aufgrund der vollständigen Leichenstarre ist der Tod mit größter Wahrscheinlichkeit zwischen 13.00 und 15.00 Uhr eingetreten.*

Der Bezirksarzt überweist den Leichnam zur Autopsie ans Zürcher Institut für Rechtsmedizin.

Die Polizisten sehen sich derweil in der Einzimmerwohnung um. Die Vorhänge sind zugezogen und zusätzlich mit einer Wäscheklammer zusammengeklemmt. Auf dem Esstisch stehen unordentlich hingestellte Teller, in einem befinden sich Reste von Teigwaren, daneben ein Trinkglas, ein Krug, eine Schüssel, ein verschobenes Kinder-Tischset und ein Löffel. Den

Polizisten fallen auch Medikamentenboxen auf, diese länglichen Plastikbehältnisse, in denen die Tabletten nach Tagen und Tageszeiten einsortiert werden. Dahinter eine Fotografie: Louise, Samuel und Benjamin – lachende Eltern mit ihrem Jungen. Mitten im Zimmer liegt ein Teelöffel auf dem Boden. Die winzige Küche wirkt aufgeräumt. Auf der Abtropffläche des Spülbeckens stehen eine Kochpfanne, zwei abgewaschene Suppenteller, Tassen, eine Schüssel und etwas Besteck.

Die Situation, die die Polizisten und die Sanitäter in der einfachen Einzimmerwohnung in der Gemeinde am Zürichsee antreffen, lässt keine eindeutigen Schlüsse zu, was hier geschehen sein könnte. Im Gegenteil: Sie wirft vor allem Fragen auf. Warum ist Louise gestorben und wie genau? War es ein Unfall – oder handelt es sich hier um einen Tatort? War es gar ein Suizid? Die Ermittlungen werden aufgenommen. Einen besonders kritischen Blick richten die Polizisten dabei auf jene Person, die bei den meisten Tötungsdelikten im häuslichen Umfeld der Täter ist: der Partner oder der Expartner des Opfers.

Samuel wird so rasch als möglich polizeilich befragt, doch vorher darf er Benjamin nach Hause bringen und einen Babysitter organisieren. Danach wird er auf das Revier begleitet. Dort erzählt er den Ermittlern, dass Louises Todesfall für ihn unverständlich sei. Nie hat sie Suizidabsichten geäußert. Sie hing viel zu sehr am gemeinsamen Sohn. Samuel kann sich nicht vorstellen, dass Louise sich das Leben genommen hat, er glaubt vielmehr, dass sie gestürzt ist, weil sie so schwach war. Er erzählt von ihrem Unfall auf Mallorca, dass sie seither sowohl körperlich wie auch psychisch eingeschränkt war. Zudem fühlte sie sich seit dem gemeinsamen Spaziergang vor zwei Tagen krank.

Louise, die vor vielen Jahren aus dem nahen Ausland in die Schweiz gezogen war, lebte erst seit ein paar Wochen in der Einzimmerwohnung in der Zürcher Seegemeinde. Zuvor wurde sie über zwölf Monate lang in diversen Kliniken behandelt, doch auch nach ihrer Entlassung war sie nicht gesund. Sie nahm mehrere Medikamente ein, darunter hoch dosierte Neuroleptika, stimmungsstabilisierende Antiepileptika und Antidepressiva. Ihr Einzug in die eigene Wohnung sollte die Rückkehr in ein normales Leben werden und führte direkt in den Tod.

Die Polizisten fordern Samuel auf, den vergangenen Tag zu rekapitulieren. Etwa um elf, erzählt Samuel, sei er zu Louise gefahren, um nach ihr zu sehen. Sie hielt sich in der verdunkelten Wohnung auf und habe ihm mitgeteilt, ihr sei schlecht, sie könne nichts essen. Er hat dann trotzdem Teigwaren für sie gekocht. Anschließend fuhr Samuel nach Zürich zu seinem Business-Lunch. Nach dem geschäftlichen Mittagessen, um 14 Uhr, sah er auf seinem Telefon, dass Louise ihn versucht hatte anzurufen – er rief zurück, doch sie ging nicht ran. Samuel dachte, dass sie wohl schlafe. Eigentlich wollte er am Nachmittag noch einmal bei ihr vorbeischauen, aber die Zeit hat nicht gereicht. Er musste arbeiten, ging aber für eine halbe Stunde schwimmen; das Hallenbad registrierte seinen Eintritt um 14.27 Uhr. Gleich im Anschluss, um 15.08 Uhr, schrieb er zwei kurze Mails, danach ging er für sich und Louise wie so oft einkaufen. Um 15.52 Uhr bezog Samuel in seinem Wohnort an einem Geldautomaten fünfhundert Franken. Um 16.15 Uhr bezahlte er mit der gleichen Karte Medikamente in der Drogerie in seinem Dorf. Etwa zehn Minuten später, so erzählt es Samuel, war er zurück zu Hause, wo ihm der Hauswart dabei geholfen haben soll, Bilder zu montieren. Samuel und Benjamin haben die neue, günstigere Wohnung gerade erst vor zwei Wochen bezogen, angeblich um näher bei Louise und ihrer Einzimmerwohnung zu sein. Danach erledigte Samuel die Wäsche für Louise und versuchte erneut, sie telefonisch zu erreichen, doch sie nahm noch immer nicht ab. Um 17.10 Uhr holte er Benjamin in der Kinderkrippe ab. Dort unterhielt er sich noch eine Weile mit der Mutter eines anderen Kindes. Anschließend fuhr Samuel mit Benjamin nach Hause und kochte Abendessen. Da er Louise noch immer nicht erreichen konnte, begann er, sich Sorgen zu machen.

Um halb neun rief Samuel den Hauswart der Liegenschaft an, in der Louise wohnte. Der bestätigt noch am gleichen Abend gegenüber den Polizisten, dass Samuel ihn um 20.32 Uhr angerufen habe – drei Jahre später wird er sich in der polizeilichen Einvernahme überzeugt zeigen, dass er den Anruf bereits zwischen 15.15 und 15.30 Uhr erhielt, während er noch bei der Arbeit war. Auf jeden Fall bat Samuel ihn, nach seiner Ex-Frau zu sehen, er sagte, er sei beunruhigt, es könnte etwas passiert sein. Der Hauswart begab sich zu Louises Wohnung, drückte auf die Klingel, lauschte an der Tür. Er hörte Wasser rauschen, sonst nichts. Samuel bat ihn nachzuschauen, doch der Hauswart weigerte sich, die

Wohnung zu betreten. Also fuhr Samuel mit Benjamin selbst hin.

Auszug aus Samuels Buchentwurf *Zur Hölle und zurück*:

Ich sagte nur, dass wir vorbeikämen. Ein riesiger Schrecken, Ohnmacht, ich konnte kaum mehr atmen. Was sollte ich tun? Ich suchte umgehend die Notfalladresse des Universitätsspitals Zürich heraus, damit ich sie ins Navi eingeben konnte und den Weg so in einer Notsituation leichter finden würde. Ich ahnte, dass etwas nicht stimmte. Ich gab alles, um vor unserem Sohn die Haltung zu bewahren. Benjamin wollte ins Bett gehen, da er nach dem langen Tag in der Krippe sehr müde war. Es gefiel ihm nicht, ins Auto zu steigen, und er schlief schon bald im Auto ein.

Angekommen, mit unserem vierjährigen Sohn schlafend in den Armen, empfing mich der Hauswart mit weit aufgerissenen Augen, worauf unser Liebling Benjamin aufwachte, weil er die Stimme nicht kannte. Was war bloß los?, muss er gedacht haben. Ich stieg allein mit unserem lieben Benjamin auf den Armen die Stufen hoch und sagte unserem kleinen Sohn, dass er nachschauen solle, ob das etwas höher gelegene Mansardenzimmer – Louises Atelier und Benjamins Spielzimmer – aufgeschlossen sei, damit er ein bestimmtes Auto suchen und mit nach Hause nehmen könne. In der kurzen Zeit – sieben Stufen hinauf, Klinke runterdrücken, prüfen, ob abgeschlossen ist, und dann gleich wieder die sieben Stufen hinuntersausen – in diesen Sekunden öffnete ich Louises Wohnungstür, sah sie in der Wanne liegen, steif. Da ich bereits unseren Sohn hörte, hielt ich ihn davon ab, die Wohnung zu betreten, was er nicht verstand, da wir bei Mama waren, wo er immer willkommen war. Wie hatte sich Mama immer gefreut, Dich zu sehen, Deine wunderschönen

Lavendelaugen, Dein herziges Gesicht, Deine Freude und Euphorie, welche immer mit Dir ist, diese Energie, wunderbar.

Mit Benjamin zum Hauswart die Treppe runtersteigend, fragte ich, ob er die Polizei rufe oder ob ich das mit meinem Mobiltelefon tun soll.

Samuel wählte den Notruf.

Als er den Polizisten später schildert, wie er Louise tot aufgefunden hat, glaubt er sich zu erinnern, dass er reflexartig den Wasserhahn zugedreht hat – doch er ist sich nicht mehr sicher. Das Wasser in der Wanne sei zwischen lauwarm und kalt gewesen. Louise ließ er in der Wanne liegen.

Nach Samuels Notruf bei der Polizei rief ihn ein Sanitäter der Leitstelle zurück. Er wies ihn an, zu Louise zu gehen, um Erste Hilfe zu leisten. Samuel erwiderte, er könne nicht in die Wohnung zurück und auch nicht offen sprechen, da sein kleiner Sohn bei ihm sei. Der Sanitäter konnte Samuel schließlich doch dazu bewegen, noch einmal zur Wohnung hochzugehen. Zuerst öffnete er mit dem Schlüssel die Mansarde und bat Benjamin, den Spielzeuglastwagen zu suchen. Während Benjamin beschäftigt war, betrat er erneut Louises Wohnung, um an ihrem Handgelenk wie angewiesen nach einem Puls zu fühlen. Als er ihren Arm berührte, stellte er fest, dass er schon steif war. Er ließ ihn zurück ins Wasser gleiten, ging zu seinem Sohn und stieg mit ihm die Treppe hinunter, um draußen im Auto auf die Polizei zu warten.

Louises toter Körper wird anschließend ins Institut für Rechtsmedizin in Zürich gebracht. Wie bereits der Bezirksarzt gehen auch die Rechtsmediziner davon aus, dass der Todeszeitpunkt an jenem Mittwoch zwischen 13 und 15 Uhr lag. Die Obduktion ergibt eine klare Todesursache: Louise ist ertrunken.

In der rechtsmedizinischen Praxis wird beim Ertrinkungstod zwischen einem aktiven (respektive einem typischen) und einem passiven (also einem atypischen) Ertrinken unterschieden. Beim typischen Ertrinken funktioniert der Kehlkopfreflex des Opfers; das heißt, wenn Wasser eindringt, führt dies zu einem reflexartigen Verschließen des Kehlkopfes, sodass das Wasser vor allem in den Magen gelangt, während sich die Lunge überbläht. Das typische Ertrinken weist darauf hin, dass die Person bei Bewusstsein war, während sie starb.

Beim atypischen Ertrinken hingegen ist der Kehlkopfreflex gestört, sodass das Wasser ungehindert in die Atemwege und letztlich in die Lunge gelangt. Das ist meistens dann der Fall, wenn das Opfer während des Ertrinkens bewusstlos war. Es gibt auch Mischformen von passivem und aktivem Ertrinken.

Bei Louise stellen die forensischen Ärzte eine überblähte, trockene Lunge und sehr viel wässrige Flüssigkeit im Magen fest, »sodass Frau T. aus rechtsmedizinischer Sicht ein typisches/aktives Ertrinken erlitt«. Louise war wohl bei Bewusstsein, als sie starb.

Die Zürcher Rechtsmediziner stellen sich nun also die Frage, wie es möglich war, dass Louise bei vollem Bewusstsein ertrank. War es ein Gewaltdelikt, ein Suizid oder ein Unfall?

»Halteverletzungen an den Extremitäten, die für eine Fremdeinwirkung im Sinne eines Ertränkens sprechen würden, bestanden anlässlich der Obduktion nicht«, halten die Forensiker in ihrem schriftlichen Gutachten fest. »Auch fanden sich keine Anzeichen einer Gegenwehr, wie zum Beispiel abgebrochene Fingernägel oder Ähnliches. Eine Fremdeinwirkung ist aus rechtsmedizinischer Sicht somit unwahrscheinlich, lässt sich jedoch nicht mit letzter Sicherheit ausschließen.«

Auch einen Suizid erachten die Ärzte des Instituts als »äußerst unwahrscheinlich«, zum einen wegen der Verbrühungen an Louises Körper: Wer sich umbringen will, steigt nicht in brühend heißes Wasser. Zum anderen wäre es erfahrungsgemäß außerordentlich ungewöhnlich, dass sich eine Frau zur Hälfte auszieht, bevor sie sich das Leben nimmt; Suizidale würden sich in der Regel die Scham bedecken.

Bleibt die dritte These: ein Unfall. Die Zürcher Rechtsmediziner studieren die Krankengeschichte des Todesopfers. Sie sehen, dass Louise Medikamente gegen Schizophrenie und Epilepsie einnehmen musste. Eine Überdosierung lag indes nicht vor, im Gegenteil; die Laborwerte zeigen, dass die Medikamente niedrig dosiert waren, wahrscheinlich, weil Louise die Menge reduziert hat.

Den Ärzten fallen bei der Obduktion ein oberflächlicher Schleimhautdefekt und Einblutungen an der linken Unterlippe sowie Schleimhautblutungen auf den Zahnreihen im Bereich der äußeren Mundwinkel auf. Weiter weist Louises Leiche an verschiedenen Stellen Einblutungen auf, am Kopfnicker, am Oberarmbeugemuskel oder auch oberhalb vom Gesäß rechts über der

Wirbelsäule. Diese Verletzungen würden eigentlich auf Schläge hindeuten – wenn zugleich Quetschungen am Fettgewebe vorlägen. Diese fehlen jedoch.

»Tatsächlich beobachtet man derartige Befunde ohne Fettgewebsbeteiligung bei heftigen Muskelzerrungen«, schreiben die Gutachter. Heftige Muskelzerrungen kommen bei Hirnkrampfanfällen, zum Beispiel bei epileptischen Anfällen vor. Ein epileptischer Anfall, so die Mediziner, würde erklären, warum der Kehlkopfreflex bei Louise funktionierte, sie aber nicht in der Lage war, die Badewanne zu verlassen.

Das rechtsmedizinische Gutachten kommt zum Schluss: »In Zusammenschau aller Befunde vor Ort und der Obduktionsergebnisse ist aus rechtsmedizinischer Sicht ein epileptischer Anfall mit Sturz ins heiße Badewasser am wahrscheinlichsten. Demzufolge handelt es sich bezüglich der Todesart nach unserem Dafürhalten um einen Unfalltod.«

Am 25. September 2014 stellt die Staatsanwaltschaft das Verfahren und somit die Ermittlungen wegen des außergewöhnlichen Todesfalls von Louise ein, Samuel wird vier Tage später auf dem Postweg über den Beschluss informiert. Seine Ex-Frau ist offiziell aufgrund eines Unfalls verstorben.

Hier könnte die Geschichte zu Ende sein. Doch das ist sie nicht, sie fängt gewissermaßen ein zweites Mal an. Dass alles anders kommt, als es hätte kommen können, liegt an einer eifrigen Versicherungsangestellten, an Samuels bisweilen hartnäckigem bis aufsässigem Verhalten, und an Ermittlern, die nicht lockerlassen. Manchmal genügt ein Kieselstein, der ins Rutschen gerät, um eine Gerölllawine auszulösen. Falls es in dieser Geschichte einen solchen Moment gegeben hat, war der Kieselstein womöglich eine E-Mail, die Samuel am Tag nach Louises Tod geschrieben hat. Aber lassen Sie mich der Reihe nach erzählen.

Am Tag, nachdem Louise gestorben ist, erledigt Samuel das, was nach dem Tod auf die Hinterbliebenen zukommt. Als Erstes ruft er Louises Schwester und ihren Bruder an, um ihnen mitzuteilen, dass Louise am Tag zuvor in der Badewanne zu Tode gekommen ist. Als er der Schwester schildert, wie er Louise aufgefunden hat, muss er weinen. Am Mittag wird Louises Leiche vom Institut für Rechtsmedizin für die Bestattung freigegeben, und der Staatsanwalt hebt die Versiegelung ihrer Wohnung auf. Samuel kann die zwei Wohnungsschlüssel für Louises Studio auf dem Revier abholen. Dann muss er einen Bestatter engagieren, die Überführung des Leichnams in Auftrag geben, die Beerdigung organisieren, den Pfarrer orientieren. Auch die Amtsstellen bürden Hinterbliebenen einen administrativen Aufwand auf. Innerhalb von achtundvierzig Stunden muss der Todesfall dem Bestattungsamt gemeldet werden. Am frühen Abend schließlich schreibt Samuel eine E-Mail an seine Versicherung, bei der er im Jahr 2003 unter anderem eine Lebensversicherung für sich und für Louise abgeschlossen hat:

Guten Tag Herr L., meine Frau Louise ist am 16. April 2014 verstorben. Bitte beachten Sie, dass ich mich in tiefer Trauer befinde. Danke.

Obwohl in den allgemeinen Versicherungsbedingungen steht, dass ein Todesfall »sofort« gemeldet werden muss, kommt es dem Versicherungsvertreter seltsam vor, dass Samuel ihn nur einen Tag nach Louises Tod darüber informiert. Er kennt Samuel, sie hatten oft Kontakt, unüblich oft. In den vergangenen Monaten wollte Samuel die Lebensversicherung immer wieder anpassen; nach Benjamins Geburt, nach Louises Erkrankung, nach der Scheidung. Der Versicherungsvertreter kondoliert Samuel per E-Mail und kündigt an, dass bald sein Urlaub anstehe. Er möchte wissen, wann er ihn kontaktieren könne, um die Versicherungsangelegenheit zu besprechen. Sie vereinbaren, dass in zwei Wochen noch früh genug sei. Die Summe, die Samuel im Fall von Louises Tod zusteht, beträgt 500 000 Franken.

Louises Beerdigung findet eine Woche später im kleinen Kreis statt. Ihr Bruder reist in die Schweiz, ebenso ihre Schwester, Samuel ist da, von seiner Familie kommt keiner. Benjamin ist in der Kinderkrippe. Samuel hat ihm erzählt, seine Mutter sei jetzt eine Elfe, darum will er ihm die Beerdigung nicht zumuten. Es ist ein einsamer Abschied, der zum Leben passt, das Louise und Samuel geführt haben: Sie waren auf sich selbst fokussiert und haben sich weitgehend aus ihrem Umfeld zurückgezogen.

Nach der Beerdigung: Louises Wohnung räumen, Verträge, Anschlüsse und Abonnements kündigen, den amtlichen Papierkram erledigen, der Lebensversicherung den eingeforderten Totenschein senden.

Ein Totenschein, auf dem steht, dass Louises Todesursache unklar ist.

Es kommt zu einem Hin und Her mit einer Versicherungsangestellten, die für die Leistungserbringung zuständig ist; sie verlangt Akteneinsicht, Samuel gewährt ihr Einblick in die Polizeiberichte und sendet ihr den Kontakt des zuständigen Polizisten. Immer wieder erkundigt sich Samuel nach den nächsten Schritten, der Nachrichtenaustausch ist intensiv und zieht sich hin, es vergehen Wochen, Monate, ein Jahr. Samuel kämpft hartnäckig dafür, dass er sein Geld erhält, doch die Versicherung hält die Auszahlung zurück. Sie verlangt zusätzlich Einsicht in den Obduktionsbericht des Rechtsmedizinischen Instituts, dann fordert sie die staatsanwaltliche Einstellungsverfügung des Verfahrens an, immer wieder müssen Vollmachten ausgestellt werden. Samuel wird penetrant und lästig; er vermutet, dass die Versicherung einfach nicht bezahlen will, und glaubt, sie spiele auf Zeit, weil der Anspruch nach zwei Jahren verjährt.

Doch mit seiner Ungeduld und seiner Aufsässigkeit macht er sich bei der Versicherung verdächtig.

Die Versicherungsangestellte wird später aussagen, dass sie nach dem Lesen des Polizeiberichts »einfach kein gutes Gefühl« hatte. Darum setzt sie sich mit der betriebsinternen Abteilung »Ermittlungen« in Verbindung. Sie erinnert sich, wie schwierig der Kontakt mit Samuel wird, nachdem sie zwar Akteneinsicht erhalten hat, aber trotzdem keine Auszahlung verfügt. Samuel bombardiert sie mit Telefonaten und E-Mails, und sie muss ihn hinhalten, bis die internen Ermittlungen abgeschlossen sind. Doch diese ziehen sich. Denn die Versicherungsdetektive schauen sich nicht nur Louises

Tod in der Badewanne genauer an. Sie graben tiefer, sie gehen auf der Zeitachse zwei Jahre weiter zurück. Und dafür reisen sie bis nach Mallorca.

Die Versicherungsdetektive scheuen keinen Aufwand. Nach ihren Ermittlungen und Befragungen von Zeugen auf Mallorca und in Louises und Samuels Umfeld, nachdem sie ein technisches und zwei private rechtsmedizinische Gutachten erstellen ließen, entscheidet die Versicherung, Samuel die halbe Million nicht auszuzahlen. Stattdessen wendet sich der Rechtsanwalt der Versicherung an die Zürcher Staatsanwaltschaft – mit einem schweren Verdacht und mit einer Anzeige wegen Versicherungsbetrugs: Der Rechtsanwalt ersucht den leitenden Staatsanwalt, das Verfahren wieder aufzunehmen. Er informiert ihn über die Ergebnisse, zu denen die Versicherung gekommen ist, und über ihre in Auftrag gegebenen Expertisen, darunter die zwei neuen rechtsmedizinischen Gutachten. Das erste wurde im Institut für Rechtsmedizin in Aarau erstellt und kommt zu einem ganz anderen Schluss als jenes aus Zürich: Die Aargauer Fachärzte erachten einen epileptischen Anfall als Ursache für Louises Ertrinkungstod als wenig wahrscheinlich. Zwar wollen sie sich nicht festlegen, ob es sich bei Louises Ableben um einen Unfall oder um ein Tötungsdelikt gehandelt hat – dafür, so meinen sie, verfügten sie nicht über genügend Informationen. Trotzdem kommen sie zum Schluss: Das Verletzungsbild des Opfers ist durchaus mit einer Fremdeinwirkung vereinbar. Mit anderen Worten: Es ist möglich, dass Louise ertränkt worden ist. Die Aargauer Rechtsmediziner interpretieren auch die Verbrühungen an Louises Körper anders als ihre Zürcher Kollegen: Die Verbrühungen können ihrer Meinung nach *nicht* während des Ertrinkens in der Badewanne entstanden sein. Wäre dies der Fall, müsste es sich dabei um »Spiegelbildungen« handeln; die Übergänge zwischen intakter und verbrühter Haut wären entsprechend dem Wasserstand horizontal ausgerichtet, gradlinig und scharf begrenzt. Das war hier aber nicht der Fall.

Für die Aargauer Ärzte sind deshalb nur zwei Rückschlüsse möglich: »Erstens: Die Verbrühungen sind in der Badewanne entstanden, aber nicht durch das in der Wanne befindliche Wasser (durch Bespritzen mit heißem Wasser an einzelnen Stellen?). Zweitens: Die Verbrühungen sind gar nicht in der Badewanne entstanden.« Die Befunde könnten nicht vollständig erklärt werden, schreiben die Ärzte, nur eines sei sicher: »Zwischen Ertrinken beziehungsweise eingetretenem Tod und dokumentierter Endlage in der Badewanne muss noch etwas passiert sein.« Das zweite Gutachten, das die Versicherung von einem Rechtsmediziner in Innsbruck erstellen ließ, zieht ähnliche Rückschlüsse.

Der Rechtsanwalt der Versicherung informiert den leitenden Staatsanwalt auch über die Ergebnisse ihrer privaten Ermittlungen auf Mallorca. Über den Vorfall in der Nacht auf den 18. Dezember 2012 – also sechzehn Monate vor Louises Tod – weiß die Staatsanwaltschaft nur gerade so viel, wie Samuel selbst darüber erzählt hat. Und das, so meinen die Vertreter der Lebensversicherung, entspricht nicht der Wahrheit.

Also machen auch wir auf der Zeitachse einen Sprung zurück. Dahin, wo Louises Leben noch normal war, als sie noch nicht ahnen konnte, dass sie bald behindert und in eineinhalb Jahren tot sein würde.

Es ist Dezember 2012. Wie so oft fliegen Samuel und Louise über den Winter in den wärmeren Süden, dieses Jahr ist erstmals Benjamin mit dabei. Etwa drei Monate möchten sie auf Mallorca verbringen, für die ersten paar Wochen haben sie eine Finca gemietet, ein stattliches Ferienhaus mit eigenem Pool. Danach wollen sie vor Ort weiterschauen. Samuel wird seine Arbeit von der Insel aus online erledigen. Nur wenn seine Präsenz dringend gefragt ist, will er zurück nach Zürich fliegen; auch darum haben sie eine Destination gewählt, die nicht allzu weit entfernt liegt. In den Tagen vor der Abreise, so wird es Samuel vier Jahre später bei der Polizei aussagen, kommt ihm Louise seltsam vor. Er glaubt, dass sie müde ist und erschöpft. Die ersten Jahre mit dem kleinen Kind waren anstrengend und zehrend.

Auszug aus Samuels Buchentwurf *Zur Hölle und zurück*:

Bereits am Samstag und am Sonntag, 15. und 16. Dezember, will meine Frau während den zwei Stunden, die unser Sohn nachmittags schläft, dass ich die ganze Zeit bei ihr bleibe. Als ich ein Glas Wasser in der Küche hole, werde ich von ihr begleitet. Sie bittet darum, nicht allein zu sein.

Bei Abreise am nächsten Morgen, Montag, 17. Dezember 2012: Komische Fragen; wie, warum gehen wir nach Mallorca, wollen wir nicht doch lieber zu Hause bleiben? Dies während der Autofahrt mit einem Bekannten zum Flughafen Kloten; unser Kleinkind Benjamin im Kindersitz, voll Freude auf das neue Abenteuer, da wir ihm viel über das Meer und Mallorca erzählt haben.

Während des Fluges viel Organisation für unser knapp dreijähriges Kleinkind, etwas seltsam anmutende Gespräche seitens meiner Frau über Sekten oder andere Leute, die uns etwas antun wollen. Ob wir in der gemieteten Finca wohl auch sicher seien, da wir verfolgt würden? Ich hatte ihr Verhalten der letzten Tage und die komischen Aussagen auf eine mögliche Angespanntheit meiner Frau zurückgeführt. Die Ferien von nahezu drei Monaten auf Mallorca würden ihr sicher guttun.

Gegen Abend landet die kleine Familie pünktlich in Palma de Mallorca. Mit einem Mietwagen, den sie für dreieinhalb Monate reserviert und bezahlt haben, fahren sie die siebzig Kilometer lange Strecke nach Artà zur Finca. Samuel wird später sagen, dass er die Adresse des Ferienhauses trotz Anfahrtsplan und Beschreibung nicht auf Anhieb gefunden und darum die Vermieterin Rosa Pascarella angerufen hat, die sie bei einer Straßenkreuzung abholen sollte. Während der Viertelstunde, die Samuel, Louise und Benjamin auf die Vermieterin warteten, soll etwas passiert sein, das Samuel später folgendermaßen beschreibt: Louise habe einen Schreianfall erlitten. Er sei ausgestiegen, habe die hintere Tür geöffnet und Benjamin, der neben der schreienden Mutter saß, aus dem Wagen geholt. Nach zwei bis drei Minuten habe sich Louise wieder beruhigt, Samuel hatte das Gefühl, dass sie selbst gar nicht realisiert hatte, dass sie schrie.

Die Vermieterin hingegen erzählt, sie habe Samuel und Louise nicht bei einer Straßenkreuzung, sondern direkt bei der Finca angetroffen. Sie seien praktisch zeitgleich dort angekommen. Rosa Pascarella fällt sofort auf, dass etwas zwischen den beiden nicht stimmt. Als sie auf Louise zugeht, um sie zu begrüßen, wendet sich die Frau von ihr ab. Sie erwidert den Gruß nicht und wirkt gemäß Rosa Pascarella eingeschüchtert, betrübt, verstört. Samuel hingegen versucht, auf übertriebene Art und Weise auf gute Stimmung zu machen. Was nicht gelingt; Rosa Pascarella empfindet die Situation als seltsam. Sie zeigt der Familie das Haus und sagt zu Samuel, dass sie rund um die Uhr zur Verfügung stehe, sollte es ein Problem geben.

Ein paar Stunden später, mitten in der Nacht, klingelt ihr Telefon. Es gibt ein Problem. Ein großes.

Auszug aus Samuels Buchentwurf *Zur Hölle und zurück*:

Meine Frau weckte mich jede halbe Stunde von Neuem, circa zehnmal, um aus dem Schlafzimmer zu gehen. Sie meinte, dass es gefährlich sei hierzubleiben, da wir überfallen würden während der Nacht. Ich meinte jeweils nur, dass sie uns alles stehlen könnten, aber uns in Frieden lassen würden. Meine Frau jedoch beruhigte dies nicht. Ihre Augen waren weit aufgerissen, als sie neben mir auf dem Bett lag. Unser kleiner Sohn gab wie so oft während des Schlafs kleine Laute von sich, weil er den Tag verarbeitete. Meine Frau meinte, dass wir unseren Sohn beobachten müssten, da er wohl hypnotisiert worden sei. Ob auch ich Drogen genommen hätte, da ich nicht merke, was los sei. Auf meine Frage, was sie meinte, erklärte sie nur, dass ich wahrscheinlich auch zu denen gehöre. Dann erhob sich meine Frau, nahm ein Tuch, ging auf das Kinderbett zu und legte es unserem Kind um den Hals. Benjamin wachte auf, und ich war eben-

falls schnell da und fragte, was das solle. Meine Frau war wie von Sinnen und wollte das Tuch enger ziehen. Da nahm ich unseren Sohn aus dem Bett und fragte meine Frau, was bloß mit ihr los sei. Sie schrie und sagte, dass sie es tun müsse, da es sonst die anderen tun würden – und sie zog das Tuch mit aller Kraft und sehr schnell um den Hals unseres Sohnes zu. Ich konnte Benjamin nur befreien, weil ich ihn einen halben Meter fallen ließ und wieder auffing, sodass sich das Tuch um seinen Hals lockerte. In einem Handgemenge wollte Louise das Tuch erneut um den Hals unseres geliebten Sohnes Benjamin legen, was ich jedoch verhinderte. Ich stellte unseren Sohn circa zwei Meter vor mir im Zimmer hin, während ich ihn vor seiner Mutter beschützte, die wie ein wildes Tier mit aller Kraft unseren Sohn erdrosseln wollte.

Als Samuel seine Vermieterin Rosa Pascarella in dieser ersten Nacht auf Mallorca anruft, wird sie aus einem tiefen Schlaf gerissen, es muss zwischen halb eins und ein Uhr früh sein. Sie hört im Hintergrund Schreie einer Frau, kann aber nicht beurteilen, ob es Hilfeschreie sind oder einfach nur Schreie. Samuel behauptet, sie müsse sofort kommen, seine Frau sei verrückt geworden. Rosa Pascarella weiß von der ersten Sekunde an, dass sie ganz sicher nicht zur Finca fahren wird; sie traut sich nicht. Weil irgendetwas hier überhaupt nicht stimmt. Sie sagt Samuel, sie könne nichts tun, er müsse einen Arzt rufen. Samuel wirkt auf die Vermieterin ruhig und gefasst. Er beendet den Anruf, nachdem sie ihm klargemacht hat, dass sie nicht zur Finca kommen würde. Etwa eine halbe oder eine Dreiviertelstunde später ruft Samuel erneut an. Rosa Pascarella hört aufgrund der Hintergrundgeräusche, dass er sich nun in einem fahrenden Auto befindet. Samuel erklärt der Vermieterin, dass er Louise in die Abstellkammer gesperrt habe. Zuerst habe er sie im Badezimmer einschließen wollen, doch das habe nicht funktioniert; er habe die Tür nicht verriegeln können. Jetzt sei er mit seinem Sohn unterwegs nach Palma, wo er sich ein Hotelzimmer nehmen werde. Er könne nicht in der Finca bleiben, unmöglich.

Rosa Pascarella ist entsetzt. Sie erklärt Samuel, er könne doch nicht einfach seine Frau einsperren und wegfahren. Er müsse einen Arzt und den Krankenwagen rufen, oder die Polizei alarmieren. Sie will ihm die Notrufnummer nennen, doch Samuel lehnt ab, er beharrt darauf, nach Palma zu fahren. Erneut beendet er das Gespräch. Rosa Pascarella weiß nicht, was sie tun soll. Also ruft sie ihren Chef an, der derzeit im Ausland weilt, und erzählt ihm von dem Drama, das sich gerade im Ferienhaus abgespielt hat. Auch der Chef rät Rosa Pascarella, der Finca fernzubleiben. Es sei zu gefährlich, ohne Begleitung da hinzufahren. Rosa Pascarella schreibt Samuel mehrere Nachrichten, in denen sie ihn auffordert, zur Finca zurückzukehren, sie schickt ihm auch die Notrufnummer von Artà.

Dann hört sie nichts mehr. An Schlaf ist trotzdem nicht zu denken. Alles ist verwirrend. Nach einer halben Stunde ruft sie Samuel zurück, nach mehreren Versuchen geht er ran. Nein, er habe keine Hilfe gerufen, antwortet er auf ihre Frage, er sei auf dem Rückweg von Palma, er habe kein Hotel gefunden, bei dem die Rezeption besetzt war. Ob er zu ihr nach Hause kommen und bei ihr übernachten dürfe? Rosa Pascarella fragt sich, ob der Mann noch ganz normal sei; sperrt seine Frau ein und will dann bei ihr, einer alleinstehenden Frau, übernachten? Vehement lehnt sie ab und drängt ihn erneut, endlich Hilfe zu rufen.

Es ist 3.08 Uhr. Der 18. Dezember 2012 ist noch nicht richtig angebrochen, als unter der Notrufnummer 112 in Mallorca ein Alarm eingeht. Der Anrufer spricht Englisch, meldet sich mit Namen und sagt, es handle sich um einen Notfall, weil seine Frau einen – er zögert – eine Art epileptischen …

Die Beamtin in der Notrufzentrale fordert Samuel auf, Deutsch zu sprechen.

Samuel nennt den Namen der Finca in Artà, diktiert seine Telefonnummer und buchstabiert den Namen seiner Frau. Auf Nachfrage erklärt er, seine Frau habe eine Art epileptischen Anfall erlitten. Die Beamtin der Notrufzentrale erkundigt sich, ob Louise Epileptikerin sei. Samuel verneint. Ob sie Krämpfe habe, ob sie bei Bewusstsein sei? Samuel meint, sie habe am Boden gelegen und herumgeschrien.

Ein Arzt und eine Pflegerin rücken sofort aus, finden die Finca aber nicht auf Anhieb. Mehrmals versuchen sie, Samuel zu erreichen, doch der geht zunächst nicht ans Telefon. Als sie ihn schließlich doch am Draht haben, vereinbaren sie, sich bei einem bestimmten Kreisverkehr in Artà zu treffen. Von dort soll Samuel die Helfer zur Finca fahren. Doch auch das klappt nicht, wieder kommt es zu einer Verzögerung: Samuel findet den Weg zurück zur Finca selbst nicht mehr, irrt im Ort herum, fährt Umwege. Schließlich ruft er erneut Rosa Pascarella an, die ihn zur Finca dirigiert. Doch bevor er dort ankommt, stoppt Samuel seinen

Wagen. Er erklärt dem Arzt, er komme nicht mit zur Finca, er habe Angst – Angst vor seiner aggressiv gewordenen Frau.

Also begibt sich der Arzt mit seiner Assistentin allein zum Ferienhaus, während Samuel mit seinem Sohn Benjamin zurückbleibt. Aufgrund der Angaben rechnet der Arzt damit, eine Patientin vorzufinden, die einen epileptischen Anfall erlitten hat. Doch als er durch das Eingangstor fährt, realisiert er schnell, dass alles ganz anders ist. Um ein Haar überfährt er die Frau, die schwer verletzt vor der Finca auf dem Boden liegt.

Louise schreit vor Schmerzen und wimmert, sie friere. Der Arzt und die Pflegerin leisten sofort Erste Hilfe und fordern den Rettungswagen an. Sie registrieren, dass die Patientin zittert, aber Krämpfe hat sie nicht.

Louise liegt auf dem Vorplatz vor der Finca, an der Stelle, wo der Parkplatz über eine hohe Stufe zur Terrasse übergeht. Die Pflegerin sieht, dass über der Terrasse ein Fenster weit offensteht. Die Frau muss aus dem Fenster gestürzt sein. Sie liegt in einer großen Blutlache, ihr Gesicht ist entstellt, und die Beine sind mehrfach gebrochen. Der Mediziner legt eine Infusion und gibt Louise Sauerstoff, er verabreicht ihr Schmerzmittel und versucht, ihre Körpertemperatur bis zum Eintreffen des Rettungswagens konstant zu halten, da Louise unterkühlt ist. Sie muss schon eine ganze Weile hier draußen gelegen haben – obwohl der Ehemann behauptet hat, sofort Alarm geschlagen zu haben.

Nachdem Louise transportfähig gemacht und mit dem Krankenwagen fortgebracht worden ist, treffen der Arzt und die Pflegerin beim Kreisverkehr erneut auf Samuel. Er steht da vor dem Auto, mit Benjamin auf dem Arm. Der Arzt informiert ihn darüber, wie schwer verletzt sie Louise vorgefunden haben und dass sie operiert werden muss. Samuel wirkt sehr gefasst.

Um 4.50 Uhr, fast zwei Stunden nach dem Notruf, wird Louise ins Krankenhaus von Manacor eingewiesen. Sie befindet sich in einem schweren Schockzustand, spricht wirr und fragt immer wieder nach ihrem Kind. Louise weist ein Polytrauma auf: Beide Oberschenkel sind praktisch an der gleichen Stelle gebrochen, die Kniescheiben sind zertrümmert, und auch im Gesicht weist Louise mehrere Frakturen auf. Weiter stellen die Ärzte Hämatome am rechten Schlüsselbein fest, an der Wange bei der linken Augenhöhle sowie eine Schnittwunde am Ziliarbogen und Prellungen an der Unterlippe. Louise wird sofort operiert.

Der nächste Morgen, es ist sechs Uhr früh. Während Louise noch auf dem Operationstisch liegt, treffen zwei Beamte der Guardia Civil bei der Finca ein, um zu klären, unter welchen Umständen es zum Unglück gekommen ist. Samuel hat den Beamten die Zutrittsermächtigung für die Finca erteilt.

Das Haus liegt auf einem Grundstück, das von einem Drahtzaun umgeben ist. Als die Beamten aus dem Wagen steigen, steht das Fenster im ersten Stock noch immer sperrangelweit offen. Die beiden äußeren Fensterläden sind ganz nach außen geklappt, die Fenster vollständig geöffnet, und der Vorhang ist fein säuberlich hinter das Fenster auf der rechten Seite gezogen. Am Ende der Terrasse, auf der Höhe des Absatzes vor dem Vorplatz, entdecken sie einen großen Blutfleck. Er ist etwa dreieinhalb Meter von der Hausfassade entfernt. Hier muss die Frau gelegen haben. Die Haustür ist abgeschlossen, die hintere Terrassentür lässt sich hingegen öffnen. Im Innern des Hauses stellen die beiden Beamten Sachschäden fest: Die Tür zur Abstellkammer, die aus einer dünnen Holzjalousie besteht, ist an zwei Stellen kaputt, sie wurde vermutlich von innen aufgedrückt. Die Badezimmertür steht offen, obwohl der Bolzen des Schlosses auf »zu« gedreht ist. Im Bereich des Schlosses ist das Holz beschädigt, es sieht aus, als ob von beiden Seiten an der verschlossenen Tür gezerrt worden sei. Die Polizisten fotografieren alle Spuren im und um das Haus. Anschließend untersuchen sie Samuels Mietwagen. Er weist an der rechten Seite Kratzer auf, an der rechten Heckseite hat es eine Delle, der Außenspiegel links ist halb abgerissen. Im Innern finden sie mehrere Taschentücher mit blutähnlichen Flecken. Die Polizisten fotografieren auch den Kilometerzähler.

Die ganze Sache kommt ihnen ungewöhnlich vor; sie erstatten der örtlichen Staatsanwaltschaft Meldung wegen eines möglichen Straftatbestands. Ein Strafverfahren wird auf Mallorca aber nie eröffnet.

Bei der Operation im Spital in Manacor kommt es zu Komplikationen. Louise erleidet während des Eingriffs eine schwere Fettembolie im Gehirn. Sie wacht nicht mehr aus der Narkose auf, sondern fällt in ein Wachkoma. Tage später wird sie von der Rettungsflugwacht REGA in eine Schweizer Klinik geflogen und auf die Intensivstation verlegt.

Es wird Wochen dauern, bis Louise langsam aus dem Koma erwachen wird, vieles wird sie mühsam neu erlernen müssen. Trotz monatelanger Therapie wird sie körperlich stark eingeschränkt bleiben, kaum mehr gehen können, für alltägliche Dinge fremde Hilfe benötigen. Sie wird fortan auf Medikamente angewiesen sein. Louise wird nie mehr die Gleiche sein. Daran, was in der folgenschweren Nacht auf Mallorca geschehen und was ihr genau zugestoßen ist, wird sie sich nicht erinnern. Da ist nichts, nur ein großes schwarzes Loch.

Auszug aus Samuels Buchentwurf *Zur Hölle und zurück*:

Wie mir geheißen wurde, rief ich jede Nacht, nachdem Benjamin eingeschlafen war, im Spital an, um zu fragen, wie es meiner Frau und der lieben Mutter von Benjamin geht. Oft waren es nur kleine Fortschritte wie: Louise habe den Finger ein wenig bewegt, oder sie habe für kurze Zeit selbstständig geatmet. Das Programm für Louise stand fest: Gleich nach Weihnachten würde es losgehen mit weiteren Operationen. Angefangen bei der Korrektur der Oberschenkel, auch die zersplitterte Backen-Nase-Kombination musste über das rechte Auge korrigiert werden. Magensonde und Schlucksonde wurden gelegt. Zu diesem Zeitpunkt überlegte ich nicht, dass diese Louise das allfällige Sprechen verunmöglichten.

Ich verbrachte wunderschöne Tage mit Benjamin, da er glücklich war, zu Hause bei seinen Spielsachen zu sein und den Papa für sich allein zum Spielen zu haben. Ich spiele sehr gerne mit Benjamin, auch heute noch. Ich musste mich damals jedoch konzentrieren und hatte mir ein klares Tagesprogramm zurechtgelegt. Ich habe nachts die Schränke anders eingerichtet, damit es für mich praktischer war. Ich bestellte portioniertes Fleisch für die Gefriertruhe, was mir frische

Mahlzeiten für Benjamin ermöglichte, ohne jeden Tag einkaufen zu müssen. Nachts die Telefonate, um den Zustand von Louise zu erfahren. Absprache mit der Sozialarbeiterin, wann sie Zeit hätte, kurz auf Benjamin aufzupassen, damit ich Louise besuchen konnte. Oft jedoch musste ich ihn kurz einer Schwester im Warteraum bei der Notfallstation übergeben, wo gleich dahinter Louise lag. Es war aber auch gut so, weil Louise Benjamin möglicherweise hören konnte und ich wusste, was er gerade machte. Ich konnte nur kurze Zeit bei Louise bleiben, ihr die Hand halten, ihr sagen, wie sehr ich sie liebe und wie gerne ich wieder mit ihr durch den Wald spazieren möchte. Sie fragen, ob sie sich an das Gezwitscher der Vögel im Frühling erinnere. Am Anfang reagierte Louise kaum, dann begann sie, mir mit der Hand Zeichen zu geben. Und andere Male reagierte sie so stark, dass der Pfleger mich bat, nicht mehr zu lange zu bleiben, da Louise Ruhe benötige. Im Hintergrund Benjamin mit seiner Freude, alles zu entdecken. Ich glaube, dass es Louise geholfen hat, ihren liebsten Sohn zu hören. Auch wenn es für ihn nicht gut gewesen wäre, seine Mama so zu sehen. Es wäre für ihn ein Schock gewesen.

Es ist eine lange Krankengeschichte. Louise wird über ein Jahr lang in verschiedenen Kliniken behandelt. Samuel kümmert sich in einer obsessiven Art und Weise, die beim Fachpersonal nicht immer gut ankommt. Er tritt auch mal herrisch und bestimmend auf, interveniert bei Ärzten und Pflegenden, nicht selten harsch und übergriffig. Er lehnt mehrmals eine ärztlich verordnete Therapie für Louise ab. Nebst den Krankenbesuchen, den Gesprächen mit Ärzten und Versicherungen und der Betreuung des kleinen Benjamins versucht Samuel, seinem Vollzeitjob nachzukommen. Er stößt an seine Grenzen.

Als Louise nach über einem Jahr aus der letzten Klinik entlassen wird, kehrt sie nicht in ihr altes Zuhause zurück: Samuel will nicht mehr mit ihr zusammenwohnen. Er meint, die Belastung wäre für ihn zu groß, auch hätte er Angst um Benjamin, weil Louise ihm auf Mallorca angeblich etwas antun wollte. Samuel mietet für Louise in einer Nachbargemeinde das kleine Studio im zweiten Stock – obwohl sie die Treppen ohne Hilfe kaum bewältigen kann.

Mit den Mitarbeiterinnen der Organisation Spitex, einem Pflegedienst, der sich bei Louise zu Hause um sie kümmern sollte, verwirft sich Samuel dermaßen, dass sie die Pflegeleistung einstellen und bei der Erwachsenenschutzbehörde eine Gefährdungsmeldung einreichen. Samuels Auftreten wird als zuweilen aggressiv beschrieben. Gegenüber den medizinischen Institutionen gibt er sich nach wie vor als Louises Ehemann aus, obwohl sie sich im Dezember 2013 haben scheiden lassen. Samuel hat das alleinige Sorgerecht für Benjamin erhalten. Er wurde im Scheidungsurteil dazu verpflichtet, Louise monatlich 3700 Franken zu bezahlen und ihr einmalig 160 000 Franken aus diversen anderen Verpflichtungen zu überweisen. Ob er die Zahlungen je geleistet hat, ist unklar, er sagt nichts dazu. Es ist möglich, dass Louise gar nichts von dem Geld wusste, das ihr zustand: Der an sie adressierte Brief mit dem Scheidungsurteil wurde nach ihrem Tod bei Samuel zu Hause gefunden. Der Umschlag war ungeöffnet.

Auszug aus Samuels Buchentwurf *Zur Hölle und zurück*:

Ich fühlte mich seit dem 18.12.2012 wie innerlich eingefroren. Ich funktionierte zum Wohle meines Sohnes, zwischen der Organisation seines Lebens, meines Jobs, Nanny und Kinderkrippe, Einkauf und Haushalt, und und und. Dies war eine große Aufgabe, sehr kräftezehrend und emotional sehr anspruchsvoll. Gespräche mit Ärzten zum Wohle von Louise. Nicht zu vergessen die anfänglich zwei Besuche pro Woche in der Rehaklinik, einmal alleine, einmal mit Benjamin, damals dreijährig. Ab Dezember in der psychiatrischen Klinik, danach in einer anderen Rehaklinik. Heute fühle ich mich durch die Ereignisse erstarrt, jedoch glücklich, mit Benjamin die Welt zu entdecken. Gegensätze: Ich kann sein, ich freue mich zu atmen, zu leben, die Sonne wieder zu fühlen, das Lachen unseres Sohnes zu hören. Ich sehe meine heutige Arbeit als Gegenleistung, um die schönen Momente mit Benjamin verbringen zu dürfen, als einen großen Luxus und ein Privileg, das ich habe. (…) Es sind wohl nicht die großen Aufgaben, welche uns ermatten, es ist die Vielzahl der kleinen Aufgaben, die einen zweifeln lassen oder zur Erschöpfung treiben können. Ich war mir bewusst, dass ich haushälterisch umgehen musste mit meinen Kräften. Benjamin hatte nur noch mich als Treiber in unserem Leben.

In seinem Buchentwurf zeichnet Samuel von sich ein Bild als liebender Partner und fürsorglicher Vater. Doch die Versicherungsdetektive sind sich nach ihren Ermittlungen sicher, dass dem nicht so ist. Sie unterbreiten der Zürcher Staatsanwaltschaft ihren Verdacht, dass Louise auf Mallorca nicht aus dem Fenster gesprungen oder gestürzt ist; vielmehr habe Samuel seine Frau schwer verletzt – und vierzehn Monate später habe er sie schließlich in der Schweiz getötet.

Der Vorwurf wiegt schwer, und die Zürcher Staatsanwaltschaft nimmt ihn ernst. Nach dem Treffen mit den Versicherungsdetektiven und dem Rechtsvertreter der Versicherung wird entschieden, den Fall wieder zu öffnen und mit Alexander Knauss einen erfahrenen Staatsanwalt der Staatsanwaltschaft 1 für schwere Gewaltdelikte im Kanton Zürich als Ermittlungsleiter einzusetzen.

So kommt es, dass ein Todesfall, der bereits als Unfall ad acta gelegt worden ist, doch noch beim Dienst Leib und Leben der Kantonspolizei Zürich landet. Der Vorfall auf Mallorca liegt zu diesem Zeitpunkt drei Jahre zurück, Louise ist seit eineinhalb Jahren tot. Es ist von Anfang an klar, dass die Ermittlung nicht einfach werden wird. Weil die Zeit nicht nur Spuren, sondern auch Erinnerungen verwischt. Doch noch ahnt Alexander Knauss nicht, dass dieser Fall einer der aufwendigsten seiner gesamten Karriere werden wird.

»Es ist ein Fall, der mich an die Belastungsgrenze brachte«, wie er später sagt. »Es brauchte eine besondere Energie, um das Ganze durchzuziehen.«

Unter der Leitung von Staatsanwalt Knauss nimmt sich ein Team von Ermittlern der Kantonspolizei Zürich dem Cold Case an. Einer davon ist Felix Wenger.

»Mein Bauchgefühl sagte mir von Anfang an: Da stimmt etwas nicht«, erinnert sich Wenger. »Wir begannen zu ermitteln, und ich kann sagen: Wir haben jeden Stein umgedreht. Mit ›wir‹ meine ich: Die Gruppe mit Vertretern der Polizei und die Staatsanwaltschaft, wir waren ein Team, das sehr konstruktiv zusammengearbeitet hat.«

Am 24. Juni 2015 lässt Staatsanwalt Alexander Knauss Samuel verhaften. Jetzt wird in einer Mordsache ermittelt – geht es um Mord, bleibt Privates nicht länger privat. Polizisten durchsuchen Samuels Wohnung, ebenso seine Festplatten und seine Bankschließfächer, in welchen sie unter anderem Samuels wie auch Louises Notizhefte voller Tagebucheinträge an ihren Sohn Benjamin finden. Tags darauf wird Samuel von Staatsanwalt Knauss einvernommen. Er bestreitet, Louise etwas angetan zu haben, weder auf Mallorca noch in der Schweiz. Am Nachmittag kommt er wieder frei. Über seinen Sohn Benjamin wurde in der Zwischenzeit eine Beistandschaft verfügt, er wurde in einem Kinderheim untergebracht. Samuel beginnt mit einem weiteren Textentwurf. Dieses Mal wählt er den Titel: »Höllischer Albtraum oder der Tag, als man mir mein Kind wegnahm.«

Für die Polizei ist klar, dass sie sich nicht auf die Ermittlungen der Versicherung stützen kann – weil die Versicherung Partei ist, und zwar nicht Partei ihres Klienten, im Gegenteil: Die Versicherung hat ein Interesse daran, Samuel als Täter zu überführen, weil sie bei einer Verurteilung die halbe Million nicht auszahlen müsste. Also beginnen die polizeilichen Ermittler wieder bei null.

»Bei einem Cold Case muss man sich von Anfang an bewusst sein, dass die Aufnahme der Ermittlungen im besten Fall zu einem Erfolg führen kann – oder aber in einem kostspieligen Misserfolg endet«, sagt Polizist

Felix Wenger. In diesem Fall sei der Ermittlungsaufwand riesig gewesen – weil sich das Ganze als eine umfangreiche und äußerst komplexe Geschichte entpuppte.

»Es war enorm aufwendig«, erinnert sich auch Staatsanwalt Alexander Knauss. »Wir trugen Indizien zusammen, viele kleine Puzzlestückchen – doch die Ermittlungen erfuhren immer wieder einen plötzlichen Richtungswechsel, ein Problem nach dem anderen tauchte auf.«

Alexander Knauss sagt, wenn sie nicht derart tief gegraben hätten, hätten sie wohl nichts gefunden. Doch die Ermittler verbeißen sich in den Fall und lassen nicht locker. Sie scheuen keinen Aufwand, um ihn zu klären. Dabei gibt es von Anfang an nur einen Verdächtigen: Samuel.

»Begeht jemand ein Delikt, gibt es immer irgendeine Person, die etwas über den Fall weiß – aber diese Person muss man erst finden«, erklärt Felix Wenger. »Auf der Suche nach dieser Person machen wir alles, was nur möglich ist.«

Die Ermittler sprechen mit möglichst allen Menschen aus dem persönlichen Umfeld von Opfer und mutmaßlichem Täter, das heißt: mit Eltern, Geschwistern, Freunden, Expartnern, Geschäftspartnern, aktuellen und früheren, Kollegen und Vorgesetzten, den Eltern der anderen Kitakinder, Vermietern und Mietern, mit Ärzten, Spezialisten und Hausärzten und so weiter und so fort. Mit welchen Personen hat Samuel wann und wie über die Ereignisse gesprochen, was hat er erzählt? Wo gab es welche Beziehungsveränderungen in seinem Leben? Wie schildert das familiäre Umfeld die Geschehnisse und die Beziehungen? Wie verhielt sich der Verdächtige im Job, im Alltag, im Umgang mit Behörden?

Die Ermittler erstellen aus ihren Erkenntnissen einen chronologischen Ablaufkalender, der fünfhundert DIN-A4-Seiten füllt. Darin werden die Vorgeschichten, die Beziehungen, die Abläufe, die Ereignisse, die Aussagen, Inhalte von Dokumenten und Nachrichten und Telefonaten und vieles mehr akribisch und chronologisch festgehalten.

»Gerade eine vor Jahren versandte E-Mail oder eine Krankenakte oder ein Protokoll über einen angeblichen Autounfall im Ausland kann uns plötzlich die Frage beantworten: Was wurde damals übersehen?«, sagt Felix Wenger. »Man kann niemanden auslassen. Du musst jeden befragen. Es ist ein riesiges Mosaik, das du da zusammensetzt.«

So entsteht ein Mosaik, das gleichsam bruchstückhaft die Leben von Louise und Samuel nachzeichnet, deren Wege sich irgendwann kreuzten, mit fatalen Folgen.

Louise

Das wenige, das über ihre Kindheit und Jugendzeit im nahen Ausland bekannt ist, ist verwirrend. Louise wächst in schwierigen Familienverhältnissen auf. Der Vater setzt all seine vier Kinder vor die Tür, sobald sie achtzehn sind. Der Mutter verbietet er den Kontakt zu ihnen. Erst viel später wird klar, dass er an einer psychischen Krankheit leidet. Jahrelang hat Louise weder Kontakt zu ihren Geschwistern noch zu ihrer Mutter. Als sie ihn wenige Jahre vor ihrem Tod doch wieder sucht, telefoniert die Mutter nur heimlich mit ihr, auch die raren Treffen finden im Geheimen statt.

Louise hat sich zur Sprachlehrerin ausbilden lassen, Bekannte beschreiben sie als herzliche und aufgeweckte Person. Es scheint die große Liebe zu sein, als sie im Sommer 2001 Samuel trifft, der während seines Auslandaufenthalts ihre Sprachschule besucht. Auf jeden Fall muss Louise nicht lange überlegen: Sie verlässt ihren damaligen Freund, kündigt ihre Stelle und zieht nach nur zwei Monaten zu Samuel in die Schweiz. Die ersten gemeinsamen Jahre verlaufen harmonisch. Sie sind ein schönes Paar, jung und erfolgreich. Louise und Samuel reisen viel, verbringen Monate in Australien, auf Bali und auf Hawaii, einmal auch auf Mallorca, lange bevor dort ihr Leben eine dramatische Wende nimmt. Eine Zeit lang wohnen sie in Schweden. Gemäß Zeugen haben Samuel und Louise einen herzlichen Umgang miteinander. 2005 verloben sie sich, 2007 folgt die Heirat, eine zivile Trauung ohne Gäste, es gibt kein Hochzeitsfest. Drei Jahre später kommt Benjamin zur Welt, das Wunschkind. Er wird von beiden Elternteilen vergöttert – gleichzeitig verändert Benjamin ihr Leben, macht es schwieriger, insbesondere jenes von Louise.

Sie ist fast vierzig, als sie Mutter wird. Fortan dreht sich alles nur noch um das Kind, sie kann und will es nicht aus den Augen lassen. Doch das ist anstrengend. Sie fühlt sich bald müde, manchmal überfordert, oft allein; nicht zuletzt, weil sich das Paar sozial mehr und mehr zurückzieht. Selbst der Kontakt zu Samuels Eltern bricht nach Benjamins Geburt ganz ab. Sie ziehen zu dritt in eine neue Wohnung, die Louise zu laut ist, also suchen sie nach einer anderen, keine ist die richtige, bis schließlich doch ein weiterer Umzug erfolgt. Außenstehenden fällt auf, dass die einst fröhliche und lebensfreudige Frau nachdenklicher und trauriger wirkt.

Samuel, so schreibt Louise Ende 2011 in einer E-Mail, habe sich verändert, seit das Kind da sei. Er könne aufbrausend sein, gemein, böse und sich in den schwierigsten Momenten im Alltag zum Feind entwickeln. In einer späteren E-Mail bezeichnet sie ihn als »scheußlich«, sie schreibt von einem »Albtraum« an manchen Tagen, und dass sie gerne weit weg fliehen würde.

Ende März 2012 schreibt Louise, Samuel sei manchmal unausstehlich: *Es gibt kein ›uns‹ mehr, und das ist sogar besser, ich bin gesättigt mit Vorwürfen, Ungewissheiten, Beschuldigungen, Verstimmungen seinerseits, er war nicht gemacht, um Vater zu sein, und eine Lösung wird langfristig gefunden werden. (…) Es gibt nur einen Schatz in meinem Leben, einen Prinzen von wunderbarer Schönheit namens Benjamin.*

Die E-Mails schreibt Louise einem früheren Studienkollegen, der ebenfalls verheiratet ist und Kinder hat. Es entsteht eine E-Mail-Freundschaft; zuerst tauscht man sich über Alltägliches aus, bald schon wird der Schriftwechsel zu einer gegenseitigen Schwärmerei, zu einer Art virtuellem Flirt, der sich schließlich zu einer einseitigen Liebelei von Louise entwickelt. Sie flüchtet sich in eine überromantisierte Sehnsucht nach einem anderen Mann, um dem unromantischen Alltag mit ihrem Ehemann zu entfliehen. Sie tauschen auch erotische Fantasien aus. Louise schreibt dem Mann, er habe sie wieder zum Leben erweckt – sie habe vergessen zu leben. Mehrmals schreiben sie davon, sich zu treffen, aber so weit kommt es nie.

Die Ehefrau des ehemaligen Kommilitonen wird erneut schwanger. Louise schreibt ihm, sie wünsche ihm und seiner Familie viel Glück, es sei besser, sie würden sich nicht mehr so intensiv mailen. Doch sie hält sich nicht daran, im Gegenteil: Sie sendet ihm weiterhin jeden Tag mehrere Nachrichten, manchmal bis zu dreißig E-Mails innerhalb von zwölf Stunden. Sie schreibt ihm, sie liebe ihn wie verrückt, erzählt ihm von ihren Trennungsabsichten. Doch da zieht sich der Mann zurück; er will den exzessiven Mailkontakt abbrechen, um seine Familie nicht zu gefährden.

Louises Schwester zufolge sind deren Trennungsabsichten dennoch konkret. Ab April 2012 sieht sich Louise nach einer Wohnung in ihrem Heimatland um, in der Nähe zur Schweizer Grenze. Im Dezember, kurz vor der Abreise nach Mallorca, scheint sie fündig geworden zu sein. Sie bittet ihre Schwester, für sie den Mietvertrag zu unterschreiben, weil sie selbst keiner Arbeit nachgeht und kein Einkommen nachweisen kann. Die Schwester lehnt ab, und zu einem Vertragsabschluss kommt es nie.

Im Dezember 2012 reist Louise mit ihrer Familie nach Mallorca und kommt als andere, schwer verletzte und geschädigte Frau zurück.

Samuel

Aufgewachsen in einer Zürcher Kleinstadt, in einer intakten Familie. Schule, Jugendsportverein, Lehre, höhere Fachausbildung. Eine Kindheit und Jugend wie viele andere auch. Familienurlaub auf Mallorca.

Freunde von früher sagen, Samuel habe das Leben von der lustigen Seite genommen, er sei etwas chaotisch, aber fröhlich und zuvorkommend gewesen. Ein Familienmitglied beschreibt Samuel als den Strahlemann innerhalb der Familie, bunt und lebendig, aber auch sehr raumgreifend und dominant. Als junger Mann reist Samuel mit Freunden durch die Welt, USA, Venezuela, Australien. Ein Sprachaufenthalt in England. Samuel hat mehrere Freundinnen, manchmal auch zwei gleichzeitig.

Beruflich ist Samuel ein Macher. Erst als Verkäufer, dann als diplomierter Kaufmann, später als IT-Account-Manager. Er ist ein guter Verkäufer, Arbeitskollegen beschreiben ihn als hartnäckig, einer, der an der Sache dranbleibt, der vielleicht ab und zu etwas aufdringlich und unruhig ist.

Im Sommer 2001 beginnt Samuel eine Affäre mit einer Ex-Freundin, die mittlerweile verheiratet ist. Es wird keine gute Beziehung, sie ist geprägt von Schwierigkeiten und Schmerz, wohl auf beiden Seiten. Als die Geliebte von Samuel schwanger wird, ist für ihn klar, dass sie sich nun für ihn entscheiden muss. Doch das tut sie nicht; sie bleibt bei ihrem Ehemann. Samuel glaubt, von dem Ehepaar, das keine Kinder kriegen konnte, als Kindsvater und Geldgeber ausgenutzt zu werden. Er sieht seinen Sohn nur ein einziges Mal und bezahlt fortan widerwillig jeden Monat über tausend Franken Alimente. Es ist für Samuel ein verlorener Sohn.

Kurz nach dessen Geburt trifft Samuel Louise. Auch für ihn ist der Fall schnell klar, als er sich in die Sprachlehrerin verliebt. Nach der leidigen Affäre mit dem unschönen Ausgang scheint das Glück endlich wieder auf seiner Seite zu sein. Er meint, die große Liebe gefunden zu haben. Bekannte sagen, er habe Louise zu Beginn auf Händen getragen und sich liebevoll um sie gekümmert, sie, die aus dem nahen Ausland zu ihm gezogen ist und eine andere Sprache spricht. Samuel und Louise führen ein freiheitliches Leben und sind oft unterwegs. Nach der Heirat sind sie sich einig, dass sie Kinder wollen. Als Benjamin sich ankündigt, ist er ein absolutes Wunschkind. Trotzdem wird nicht alles gut.

Wann hat sich alles verändert?, fragt sich Samuel in seinem Buchentwurf. Er gibt sich die Antwort gleich selbst: Es war Mitte 2009, als sein Arbeitgeber aufgekauft und ihm sein gut bezahlter Job gekündigt wurde, kurz bevor Louise schwanger war. *Da fing der Stress an, und auch das Unglück muss da seinen Anfang genommen haben.*

Zwei ziemlich normale Leben, wie viele andere auch. Alles war gut, alles hätte gut bleiben können. Doch was harmonisch und glücklich begann, steuerte auf eine Katastrophe zu. Warum? Wie wenig braucht es, um das Geschehen in eine fatale Richtung zu lenken – oder wie viel?

Die Polizisten stoßen bei ihren Hausdurchsuchungen nicht nur auf den Buchentwurf von Samuel und die tagebuchartigen Briefe der Eltern an den kleinen Sohn, sondern auch auf den Mailverkehr zwischen Samuel und Louise. Beide waren vernarrt in Benjamin, so sehr, dass das Kind sehr viel, wenn nicht zu viel Raum einnahm. Fast scheint es, als seien die Eltern eifersüchtig aufeinander gewesen, als mochten sie sich die Zeit mit dem Sohn gegenseitig nicht gönnen. Nicht nur Louise, auch Samuel kam nach Benjamins Geburt an seine Grenzen. 2011 suchte er einen Psychiater auf; er hatte Schlafstörungen, verfiel in depressive Stimmungen, ließ sich bei seinem neuen Arbeitgeber krankschreiben. Der Arzt diagnostizierte bei dem »freundlichen, aufgeschlossenen, höflichen, aber schnell reizbaren« Mann einen Burn-out, Wesensveränderungen und eine schleichende psychotische Störung.

Auszug aus Samuels Buchentwurf *Zur Hölle und zurück*:
Wie unglücklich war doch alles gekommen. Mama-Liebling war der starken Belastung nicht gewachsen. Wenig Schlaf, unregelmäßig essen, nachts nicht immer durchschlafen, wenig bis keine Zeit für sich. Leider hatten wir auch keinerlei Unterstützung von anderen, wie zum Beispiel Großeltern. Sicherlich hätte man frühzeitig jemanden einplanen sollen für die zusätzliche Betreuung unseres liebsten Benjamin. Louise und ich wollten dieses Geschenk jedoch niemandem machen, da niemand es verdiente, mit unserem liebsten Sohn Zeit zu verbringen. Noch heute tue ich mich schwer, nicht die ganze Zeit mit Benjamin zusammen zu sein.

Die Ermittler finden bei der akribischen Durchsicht von Samuels Dokumenten ebenfalls heraus, dass Samuel es mit der Wahrheit nicht immer genau nahm. Samuel fand wieder eine Stelle, verlor sie erneut, bezog eine Zeit lang Arbeitslosengeld, auch dann noch, als er wieder Arbeit hatte. Bei der Steuererklärung gab er nicht sein gesamtes Einkommen an, er erschlich sich eine vergünstigte Wohnung mit falschen Angaben.

Wenn er seinen Job online erledigte, wusste sein Arbeitgeber oft nicht darüber Bescheid, dass er im Ausland saß. Es zeigt sich auch, dass Samuel durchaus ein unangenehmer Zeitgenosse sein konnte, wenn es nicht so lief, wie er sich das wünschte. Schnell drohte er mit Anwälten und rechtlichen Schritten.

Samuel behauptet in den Einvernahmen bei der Polizei, es habe keine Ehekrise gegeben. Die Wohnungssuche von Louise? Sie hätten sich eine gemeinsame Zweitwohnung gesucht, von einer Trennung sei nie die Rede gewesen. Er will nichts davon gewusst haben, dass Louise einem anderen Mann erotische und verliebte E-Mails schickte – obwohl Louises Geschwister das Gegenteil behaupten. Will man Samuel Glauben schenken, war seine Ehe trotz all der Schwierigkeiten intakt und das Familienleben harmonisch – oder hat er am Ende selbst einfach nicht wahrhaben wollen, wie zerrüttet die Beziehung zwischen ihm und Louise war?

Die Polizei hat zahlreiche Nachrichten und E-Mails ausgewertet, die sich Samuel und Louise geschrieben und geschickt haben. Worte, die sich im Nachhinein, wenn man das Ende kennt, so oder so deuten lassen. Ein sichergestellter Mailwechsel soll hier exemplarisch abgebildet sein. Geschrieben haben sich Samuel und Louise die Nachrichten, als sich Samuel geschäftlich in Deutschland aufhielt – acht Monate, bevor sie nach Mallorca flogen.

Samuel

Hallo Liebesmaus, hallo Benjamin, herzallerliebster Schatz. Ich danke euch für eure Worte des Glücks. Es freut mich sehr zu hören, dass ihr wunderbare Augenblicke erlebt. Benjamin ist ein herzallerliebster Schatz, und du machst das sehr gut mit ihm. Ihr fehlt mir sehr, ich träume schon davon, mit euch zusammen ein langes Osterwochenende zu verbringen (…) Viele Küsschen und Streicheleinheiten für unseren Engel Benjamin-Schatz und für dich, ihr fehlt mir sehr. Kuss, Samuel.

Louise

Danke für deine Nachricht, schwieriger Abend, nach drei Stunden ununterbrochenem Mittagsschlaf. Super essen und lachen, dann kippte alles. Benjamin hat dich vermisst und heftig geweint, mich dann auf seine Art befragt, warum du weg bist, und er hat gleichzeitig die ganze Szene der Gewalt im Zimmer wieder ausgespuckt, die er, so glaube ich, nicht gut zu verdauen scheint, deinen Angriff, den er nicht gesehen hat. Geblieben ist ihm nur die Szene, als ich an deiner Jacke gezogen habe, was keine aggressive Handlung war, aber das ist das, was du ihn hast glauben machen. Und er glaubt dir. Ich habe ihm gesagt, du würdest Geschenke für uns kaufen. Er hat mir gerade in die Augen geschaut und wollte es genau wissen. Auf seinem Bett hat er mir dann ziemlich stark ins Gesicht geschlagen und abwehrende Bewegungen gemacht. Dann hat er geweint und ich auch. Es scheint mir unerlässlich, dass du ihm erklärst, dass es zu keiner Gewalt kam und auch keine Schläge gab, was er zu glauben scheint, ich fühle mich sehr schlecht heute Abend wegen dieser Sache. (…) Ich bin müde davon, mit dir zu kämpfen, wenn das so weitergeht, muss eine getrennte Unterkunft ins Auge gefasst werden, um jegliche Gewalt zu vermeiden. All dies ist meines Schatzes Benjamin und mir nicht würdig, dies ist nicht meine übliche Beziehungsebene, ich will nicht mit einer derartig schlechten

Stimmung weitermachen und denke über eine adäquate Lösung für alle nach. Bis morgen.

Samuel:

Mein Liebling, wir werden Benjamin erklären, dass es kein Problem gab, da bin ich mit dir einig. Ich glaube, dass ich wirklich Fehler gemacht habe. Ich war manchmal derart am Limit mit der angehäuften Müdigkeit, so wie du. (…) Ich bin hocherfreut, so viel Zeit wie möglich mit unserem Benjamin-Schatz zu verbringen. Was momentan passiert, tut mir leid. Ich bin überzeugt, dass wir das schnell überwinden werden. Ich liebe dich, liebste Maus. Viel Kraft für heute, ich denke ganz fest an euch, und es tut mir leid für all das, freue mich, euch wiederzusehen. Liebeskuss, Samuel.

Erneut Samuel:

Schatz. Benjamin hatte auch viel geweint, vor ein paar Tagen, als du für ein paar Stunden in der Stadt warst. Ich verstehe, was du durchmachst. Man muss viel mit ihm reden und ihm versichern, dass es dir gut geht, selbst wenn ein Elternteil von ihm nicht dabei ist. Man muss ihm die Szene noch einmal erklären, aber danach vorwärtsschauen, um sich nicht zu lange damit aufzuhalten, einverstanden? Wenn ich heimkomme, gehst du ein wenig raus, um zu entspannen. Ich denke an euch, und es tut mir leid für all das. Freue mich, euch wiederzusehen. Liebesküsschen, Samuel.

Louise:

Einverstanden. Kuss.

War die Ehe am Ende, sodass Louise mit Benjamin ausziehen wollte, unter Umständen sogar in ein Nachbarland? Oder gab es zwischen Louise und Samuel die Art von Krise, die viele Paare nach der Geburt eines Kindes durchleben? Hatte Louise in der Nacht auf Mallorca einen Nervenzusammenbruch, einen psychotischen Anfall und attackierte sie den eigenen Sohn? Oder hat Samuel Louise bei einem Streit schwer verletzt und wollte sie danach dort gar sterben lassen, weil er mit der Situation überfordert war oder weil er eine Trennung und den Verlust seines Sohnes verhindern wollte? War das Unglück in Mallorca in Wirklichkeit ein versuchter Mord, den Samuel vierzehn Monate später in der Schweiz vollendete? Oder hat er Louise letztlich eliminiert, weil nach und nach ihre Erinnerungen an die Nacht auf Mallorca, an den Streit und die Gewalt zurückkehrten? Oder war alles ganz anders?

Zweifellos ist die Nacht auf Mallorca eine Schlüsselszene. Um sie zu enträtseln, reist nach den Privatdetektiven der Versicherung auch ein Team der Kantonspolizei Zürich nach Artà, zusammengesetzt aus Ermittlern und Spezialisten des Forensischen Instituts. Die Schweizer Polizisten fahren mit dem Auto und der Fähre nach Mallorca; mit ihrem Equipment ist fliegen nicht möglich. Sie führen Luminol im Gepäck, um in der Finca nach Blutspuren zu suchen, sie haben zahlreiche technische Apparaturen dabei, darunter einen 3D-Scanner.

Gemeinsam mit der Guardia Civil nehmen die Schweizer Polizisten und die forensischen Experten einen Augenschein in und um die Finca vor, in der sich vor über drei Jahren ein Drama abgespielt hat. Die Polizisten klettern auf die Fenstersimse, messen alles aus, die Größe des Fensters, die Höhe, den Abstand von der Mauer zu jener Stelle, wo Louise in ihrem Blut gelegen hat. Das Haus, das Fenster, der Vorplatz – die gesamte Situation wird mit dem 3D-Scanner digital erfasst, sodass später, zurück in der Schweiz, der mutmaßliche Tatort in einer 3D-Simulation auch nachträglich noch begangen werden kann. Alle Daten der Tatortanalyse fließen in ein biomechanisches Gutachten, in dem das Ereignis rekonstruiert wird.

»Wenn du einen Tatort hast, dann musst du den anschauen«, sagt der Ermittler Felix Wenger. »Du musst dorthin gehen, die Situation vor Ort analysieren, sonst kannst du einen Tatort nicht abschließend einschätzen.«

Zur Überraschung der Schweizer Polizisten erhalten sie vor Ort auch Zugriff auf die Notrufe, auf alle Gespräche, die Samuel in jener Nacht mit den Sanitätern geführt hat – obwohl mehrere Jahre seit dem Vorfall vergangen sind, wurden sie noch nicht gelöscht.

Es ist ein gewaltiges Puzzle, das die Ermittler Stück für Stück zusammensetzen, mit dem Unterschied, dass die Teile nicht weniger, sondern immer mehr werden. Die Erkenntnisse aus den Notrufen bringen die Ermittler dazu, das damalige Mietfahrzeug von Samuel, die Krankenhauseinweisung von Louise, den Entlassungsbrief, aber auch die Rückführung in die Schweiz und die dortigen Arztberichte genauer anzuschauen.

Bei der Rekonstruktion der Nacht auf den 18. Dezember 2012 stoßen die Polizisten auf Ungereimtheiten. Der von den Beamten der Guardia Civil abfotografierte Tageskilometerstand beim Mietauto war nicht so hoch wie die Differenz des gesamten Kilometerstands seit Mietbeginn – er muss also zurückgesetzt worden sein. Samuel hatte entgegen den Aussagen der Finca-Vermieterin behauptet, er habe direkt nach dem Vorfall Alarm geschlagen. Sie berichtete, er sei nach Palma und wieder zurückgefahren, bevor er endlich den Notruf gewählt habe. Wollte Samuel mit dem Zurücksetzen des Kilometerstands die Fahrt nach Palma vertuschen? Auch der zeitliche Ablauf der Telefonate in jener Nacht zeigt, dass der Anruf in die Leitstelle nicht direkt nach dem Ereignis erfolgt sein kann und dass er alles andere als normal verlief.

Die Polizisten glauben, dass Samuel nur so weit die Wahrheit sagt, wie es zu seiner Geschichte passt. Doch dabei unterlaufen ihm Fehler. Nach seiner Heimreise erzählte er den Arbeitskollegen und Bekannten mal die eine, mal die andere Version, was auf Mallorca passiert ist. Mal stürzte Louise bei einem Unfall von einem Balkon, mal war es ein Suizidversuch, ein andermal präsentiert er die Version von ihrem Anfall und dem Angriff auf das Kind. Scheut er sich, die Details des Dramas zu schildern? Oder hat er die Details erfunden? Wer lügt, braucht ein gutes Gedächtnis.

»Tötungsdelikte lösen eine gewisse Dynamik aus«, sagt Polizist Felix Wenger. »Es ist wie bei einem Kind, das etwas angestellt hat; das Kind überlegt sich, was für eine Geschichte es nun zu Hause erzählen soll. Ein Täter befindet sich genau in einer solchen Situation: Er begeht eine Tat, versucht, die anderen mit seinen Aussagen zu manipulieren, erzählt je nach Situation diese oder jene Version und verheddert sich irgendwann in seiner Lügengeschichte.«

Auf Mallorca zeigt sich, dass bereits die erste Ärztin, die Louise im Spital behandelte, Mühe damit hatte, das Verletzungsbild mit dem geschilderten Sturz aus dem Fenster in Einklang zu bringen. Ein Gefühl, das die Arbeitsgruppe für Unfallmechanik Zürich (AGU) in ihrem biomechanischen Gutachten bestätigen wird. Die Biomechaniker untersuchen, ob Louises Verletzungen bei einem Sturz oder einem Sprung aus dem Fenster entstanden sein können. Mit einem Dummie, also mit einer Art Puppe, simulieren sie alle möglichen Sturz- und Sprungoptionen aus dem Fenster der Finca. Überdies analysieren sie Videos von Sportstudentinnen, die Sprünge aus dem Stand ausüben – um Rückschlüsse zu ziehen, wie weit entfernt jemand von der Hausmauer landen kann, der in der Finca aus dem Fenster springt.

Die forensischen Experten kommen in ihrem Gutachten zu einem eindeutigen Schluss: Weder die Verletzungen im Gesicht noch die Brüche an beiden Oberschenkeln kann sich Louise bei einem Sturz aus dem Fenster zugezogen haben. Auch wäre es nach den Berechnungen der Arbeitsgruppe nicht möglich, dass Louise nach einem Sprung aus dem Fenster so weit von der Hausmauer entfernt zu liegen gekommen wäre.

Das Gutachten im Wortlaut: »Wir können aufgrund der Simulationen mit hoher Zuverlässigkeit davon ausgehen, dass Frau T. nicht aus dem Fenster sprang oder stürzte, beziehungsweise dass sie sich die dokumentierten Verletzungen nicht anlässlich eines Sturzes oder Sprunges zuzog und dass sie durch ein derartiges Ereignis nicht in die dokumentierte Endlage gelangt wäre.«

Wie wurde Louise denn dann derart schwer verletzt?

Aus rechtsmedizinischer und biomechanischer Sicht stehe fest, so die Gutachter, dass sich Louise die Gesichtsverletzungen »durch eine lokalisierte Gewalteinwirkung auf das linke Jochbein, beispielsweise durch einen Faustschlag, zugezogen hat«. Was die Verletzungen an den Beinen betrifft, hegen die Gutachter einen anderen Verdacht: Die Brüche der Oberschenkel und der Knie befinden sich ziemlich genau auf der Höhe der Stoßstange beziehungsweise des Querträgers des Autos, das Samuel gemietet hatte. Also führt das Ermittlerteam wieder Simulationen durch; mal fährt der Wagen schräg rückwärts gegen einen Dummie vor der Terrassenmauer, mal gerade rückwärts, mal vorwärts, mal sitzt der Dummie auf der Terrassenstufe, als er vom Auto erfasst wird, mal steht er und wird zu Fall gebracht, sodass die Oberschenkel auf die vierundvierzig Zentimeter hohe Stufe prallen. In allen Variationen wird von einer langsamen Fahrgeschwindigkeit des Autos ausgegangen, die zwischen neun und elf Stundenkilometer liegt.

Für die Gutachter sind die Resultate eindeutig: »Die Knochenbrüche an beiden Beinen des Opfers deuten auf ein Anfahren durch den vom Beschuldigten gemieteten Personenwagen hin.« Dies würde auch die Beschädigungen am Auto erklären. »Insgesamt stellt sich die damalige Situation so dar, als ob ein Sturz oder ein Sprung des Opfers vorgetäuscht worden ist«, schreiben die Experten.

»Ein Fenstersturz«, sagt Felix Wenger, »hat nicht stattgefunden.«

Zurück in der Schweiz setzen die Ermittler ihre Untersuchungen fort. Der mutmaßliche Tatort ist nicht mehr die Finca, sondern die Badewanne in einem kleinen Wohnstudio im Kanton Zürich.

Die Ermittler spielen auch hier mit einer Puppe und mit Nachfahrmessungen mehrere Szenarien durch. Kann ein Mensch in die Wanne stürzen und auf dem halb zugezogenen Duschvorhang zu liegen kommen? Wie viel Gewicht hält ein korrekt installiertes Duschbrett aus? Wie lange dauert es, um vom Zürcher Restaurant, in dem Samuel seinen Business-Lunch einnahm, oder vom Hallenbad zu Louises Wohnung zu gelangen? Wie viel Zeit benötigt man, um dort Wasser zu kochen, jemanden damit zu verbrühen und zu ertränken und danach in die Nachbargemeinde zu fahren und dort Geld abzuheben? Wie lange dauert es, bis ein halber Liter Wasser kocht, oder ein Liter, oder drei? Wie heiß kann das Leitungswasser werden, das in die Wanne fließt, und wie lange liefert der Boiler warmes Wasser? Und wie kam es zu den Verbrühungen an einigen expliziten Stellen an Louises Körper?

Das Forensische Institut Zürich (FOR) stellt bei der Rekonstruktion mit der Puppe fest, dass sich Louise nicht an den betroffenen Stellen verbrüht haben kann, während sie in der Wanne lag: Sie können die Puppe nicht so in der Badewanne platzieren, dass einzig der rechte Unterschenkel sowie das Gesäß und die rechte Körperhälfte mit heißem Wasser benetzt werden. Wie auch immer sie die Puppe positionieren – es sind stets auch andere Körperstellen betroffen. Das Gutachten des FOR geht darum davon aus, dass sich Louise die

Verbrühungen außerhalb der Badewanne zugezogen hat. Dass sie sich durch ein Missgeschick vor dem Ertrinken selbst verbrühte, sei indessen unwahrscheinlich; in dem Fall wären Verbrühungen vermehrt vorne am Körper zu erwarten gewesen. Auch hätten sich in der Wohnung Spuren finden müssen; zum Beispiel eine am Boden liegende Pfanne.

Eine Möglichkeit, die das Gutachten in Betracht zieht, stützt sich auf eine Aussage von Louises Bruder, der am Sonntag vor ihrem Tod bei ihr zu Besuch war. Er behauptete, dass sich in ihrer Wohnung zwei Korbstühle befanden. Auf den Tatortfotos findet sich jedoch nur einer. Also gehen die forensischen Techniker der Frage nach, ob der Korbstuhl aus der Wohnung geschafft wurde, weil er bei dem Vorfall eine Rolle gespielt hatte. Sie führen virtuelle Versuche mit einem dreidimensionalen Modell des Opfers und einem entsprechenden Korbstuhl durch. Das Resultat: Es ist »physikalisch möglich«, dass die bekleidete Louise mit heißem Wasser aus der Pfanne übergossen wurde, während sie im Korbstuhl saß oder gerade aufstehen wollte. So würden sich die Formen der Verbrühungen erklären lassen.

Und was geschah danach? Die Experten des Forensischen Instituts stellen fest, dass Louise im bis oben hin gefüllten Waschbecken ertränkt worden sein könnte – ihr Kopf hätte darin problemlos Platz gehabt. Gegen die These eines Sturzes in die Badewanne spricht ihrer Ansicht nach, dass das Badewannenbrett, also die Duschhilfe, bei den Versuchen enorm viel Druck und Kraft von oben ausgehalten hat; es hielt auch stoßartigen Belastungen von rund achtzig Kilogramm stand.

Auffällig ist überdies, dass das Badewannenbrett nicht etwa unter, sondern zwischen der Leiche und dem hinteren Badewannenrand gelegen hat. Dies und der zwischen der Leiche und dem vorderen Badewannenrand eingeklemmte Duschvorhang sprechen ebenso gegen die Sturzthese: Bei einem Sturz von außen in die Wanne wäre zu erwarten gewesen, dass der Duschvorhang in irgendeiner Form über dem Körper von Louise zu liegen gekommen wäre.

Im Rahmen der polizeilichen Ermittlungen lässt Staatsanwalt Alexander Knauss auch ein weiteres rechtsmedizinisches Gutachten erstellen. Nach jenen aus Zürich, aus Aarau und aus Innsbruck wird nun ein forensischer Arzt aus Frankfurt mit einem Obergutachten beauftragt. Die anderen Rechtsmediziner erhalten in der Zwischenzeit die Gelegenheit, auf die Gutachten ihrer Kollegen, die teils zu unterschiedlichen Schlussfolgerungen kommen, Stellung zu nehmen. Im Ergebnis liegen am Ende vier rechtsmedizinische Gutachten und drei Ergänzungsgutachten vor, in denen die Experten nicht mit Kritik aneinander sparen.

Auch für den erfahrenen Rechtsmediziner aus Frankfurt werfen die Verbrühungen an Louises Körper große Fragen auf; sie seien schwer erklärbar. Er glaubt ebenfalls, dass Louise sich die Verletzungen eher außerhalb der Badewanne zugezogen hat, und zwar, als sie noch bekleidet war. Auf die Frage, warum Louise ertrunken sein könnte, bringt der Frankfurter Rechtsmediziner eine weitere These ins Spiel: Er stellt aufgrund der Dokumentation fest, dass Louise an einer Herzmuskelentzündung litt, die auch ihr Unwohlsein an ihren letzten Tagen erklären würde.

»Die Herzmuskelentzündung ist geeignet, einen plötzlichen Bewusstseinsverlust beziehungsweise auch ein tödliches Herzflimmern zu erklären«, hält der Arzt fest. Sein Fazit: Insgesamt lässt sich aus den zur Verfügung stehenden Dokumentationen nicht ableiten, dass Louise T. gewaltsam durch eine fremde Hand zu Tode gekommen ist. Die Situation und die Vorgeschichte lassen eher daran denken, dass sich Louise T. in einer akuten psychotischen Episode befand, möglicherweise verbunden mit massiven gesundheitlichen Störungen durch die Herzmuskelentzündung, was zu »nicht nachvollziehbaren Handlungsweisen« und letztendlich zum Tod durch Ertrinken geführt haben könnte. War Louises Tod also doch ein Unfall?

Zwei rechtsmedizinische Gutachten gehen eher von einem Gewaltdelikt aus, zwei eher von einem Unglück ohne Fremdeinwirkung. Und die Verbrühungen kann keiner der Experten schlüssig erklären. Eindeutig ist anders.

Obwohl, oder wohl eher: Gerade weil sich die Situation nicht eindeutig erklären lässt, erhebt Staatsanwalt Alexander Knauss Anklage. Für ihn ist klar, dass Louise zunächst verbrüht und danach ertränkt worden ist. Und es kommt nur ein Täter dafür infrage. Am 7. Oktober 2016 wird Samuel erneut festgenommen. Die Anklage lautet auf versuchten Mord, begangen in der Nacht vom 17. auf den 18. Dezember 2012 auf Mallorca, und vollendeten Mord, begangen in Louises Wohnung am 16. April 2014, sowie auf versuchten Betrug gegenüber der Lebensversicherung.

Nach einer coronabedingten Zwangspause der Gerichte ist der Prozess auf den 13. Oktober 2020 angesetzt. Doch der Termin platzt. Samuel ist aus gesundheitlichen Gründen nicht verhandlungsfähig, denn er ist während der langen Untersuchungshaft erkrankt: ein Melanom, ein aggressiver Hautkrebs. Unmittelbar nach der ersten Arztkonsultation am 1. Oktober 2018 wurde Samuel operiert. Am 22. Oktober 2018 hätten ihm am Universitätsspital Zürich in einem zweiten Schritt zwei verdächtige Lymphknoten entfernt und das Melanom herausgeschnitten werden sollen. Doch Staatsanwalt Knauss, der wegen des Arztgeheimnisses nicht weiß, worum es bei der Operation geht, bewilligt den Gefangenentransport wegen Fluchtgefahr nicht: Das Universitätsspital Zürich verfügt über keine Sicherheitsabteilung. Die Operation findet daher erst fast sechs Wochen später am Universitätsspital Bern statt, wo eine Bewachungsstation eingerichtet und die Fluchtgefahr gebannt ist. Nur müssen jetzt bereits vier Lymphknoten entfernt werden, weil es zu weiteren Metastasen gekommen ist.

Am 25. Januar 2021 findet das Gerichtsverfahren dann doch noch statt.

»Zusammengeschlagen, angefahren, verbrüht und ertränkt – Prozessauftakt in Meilen«, titelt eine Tageszeitung. »Manipulativ und arrogant oder ausgeglichen, gradlinig und ehrlich?«, eine andere. Und die dritte: »Ungereimtheiten prägen Prozess am Bezirksgericht Meilen.«

Es ist ein reiner Indizienprozess. Samuel selbst, mittlerweile fünfzigjährig, seit vier Jahren in Untersuchungshaft und schwer erkrankt, beantwortet dem Richter keine Fragen zur Sache, nur solche zur Person und zu seiner Beziehung zu Louise, die er als sehr glücklich und entspannt beschreibt. Seine Anwältin habe ihm dazu geraten, nicht erneut zur Sache auszusagen, erklärt Samuel dem Richter. Auch sei seit den Vorfällen zu viel Zeit verstrichen; die Erinnerung würde mit den Jahren nicht besser. Von einem Punkt rückt er indes nicht ab: Wie am ersten Tag bestreitet er sämtliche Vorwürfe und plädiert auf nicht schuldig.

So sind es vor allem andere, die bei diesem spektakulären Gerichtsprozess reden. Zum Beispiel der forensische Psychiater, der ohne Samuels Mitwirken aufgrund der Akten ein Gutachten über ihn erstellt hat. Der Gerichtspsychiater glaubt, Samuel leide an einer narzisstisch-dissozialen Persönlichkeitsakzentuierung. Er sei kontrollierend, überheblich und arrogant, habe eine eingeschränkte Frustrationstoleranz und eine Ausprägung für manipulatives Verhalten. Samuel sagt vor Gericht, dass er sich mit diesem Befund überhaupt nicht identifizieren könne. Er beschreibt sich selbst als ausgeglichen, gradlinig und ehrlich, räumt allerdings ein, ungeduldig zu sein.

Ausführlich zu Wort kommt auch der Leiter der Arbeitsgruppe für Unfallmechanik Zürich (AGU). Er trägt eine Virtual-Reality-Brille – und das gesamte Gericht verfolgt über Bildschirme, wie er sich in 3D durch einen digitalen Tatort bewegt: Er steht virtuell vor der Finca auf Mallorca. Auf dem Terrassenabsatz unterhalb des Fensters des Hauses liegt ein Dummie. Der technische Wissenschaftler und die Rechtsmedizinerin, die das AGU-Gutachten erstellt haben, halten vor Gericht an ihrer Einschätzung fest: Louises Verletzungen können nicht von einem Sturz oder einem Sprung aus dem Fenster stammen.

Über die Situation, in der Louise sechzehn Monate später tot in der Badewanne aufgefunden worden ist, gibt vor Gericht der Rechtsmediziner aus Frankfurt Auskunft, der das Obergutachten erstellt hat. Bei etlichen Fragen des Richters bleibt er vage und drückt sein Bedauern darüber aus, dass viele Daten und Spuren am Tatort gar nicht erst erhoben oder gesichert worden sind, was eine klare Einschätzung erschwere. Auch bei der entscheidenden Frage, ob es sich eher um einen Unfall oder um ein Gewaltdelikt handelte, will er sich nicht klar festlegen. Er tippt aber eher auf einen Verwirrungszustand oder eine Psychose des Opfers, also auf einen Unfall.

Es wundert mich nicht, dass nach dem Beweisverfahren die Plädoyers von Anklage und Verteidigung zwei diametral verschiedene Geschichten erzählen. Das Plädoyer von Staatsanwalt Knauss umfasst fünfundsechzig Seiten, jenes der Verteidigerin ist fast doppelt so lang. Der Staatsanwalt ist überzeugt, Samuel sei ein Mörder, die Verteidigerin ist sicher, er sei unschuldig.

In der Geschichte des Staatsanwalts wollte Samuel seine Ehefrau Louise loswerden. Die Ehe befand sich in einer Krise, Louise wollte sich trennen, zurück in ihr Heimatland ziehen, was für Samuel gleichsam den Verlust des Sohnes bedeutet hätte – nachdem er bereits seinen ersten Sohn »verloren hatte«. Staatsanwalt Alexander Knauss hat keinen Zweifel daran, dass Samuel Louise in der Nacht auf den 18. Dezember 2012 womöglich im Rahmen eines Streits schwer verletzt hat, erst mit Schlägen, dann mit dem Auto. Nach dem Gewaltakt öffnete er das Fenster im ersten Stock, um einen Sturz oder Sprung von Louise vorzutäuschen. Danach ließ er Louise in ihrem Blut liegen, fuhr anschließend nach Palma und alarmierte erst über eine Stunde nach dem Vorfall den Notarzt, den er dann, um dessen Ankunft weiter zu verzögern, auch noch absichtlich in die Irre führte, indem er vorgab, die Finca nicht mehr zu finden. Louise hätte derweil an ihren schweren Verletzungen sterben können.

»Es steht außer Frage, dass der Beschuldigte das machte, um auf diese Weise den Tod von Louise herbeizuführen«, hält Staatsanwalt Knauss in seinem Plädoyer fest. »Eine andere vernünftige Erklärung für dieses Verhalten gibt es nicht.«

Samuels Motive: Er wollte Benjamin nicht verlieren. Er wollte vermeiden, dass er ein zweites Mal gezwungen wird, für ein Kind Alimente zu bezahlen. Und er wollte verhindern, dass Louise ihn nach dem Gewaltakt anzeigte und er sich auf Mallorca einem Strafverfahren stellen musste.

Das Fatale an diesem Fall sei, folgert Staatsanwalt Knauss, dass Samuels Erklärung, Louise habe einen psychotischen Schock erlitten und Benjamin dabei erwürgen wollen, monatelang nicht hinterfragt worden sei. Nach Louises letztmaliger Entlassung aus der Klinik habe Samuel seine nun gehbehinderte, an einer Amnesie leidenden Frau systematisch sozial isoliert. Er habe sie in einer völlig ungeeigneten Wohnung mit achtundvierzig Treppenstufen ohne Lift untergebracht und verschiedene Behandlungen vereitelt.

In der Geschichte der Verteidigung scheint es um einen anderen Menschen zu gehen: Um einen Mann, der sich aufopferungsvoll für seine nach einem Unfall behinderte Frau einsetzte, ohne Aufwand und Kosten zu scheuen. Für die Verteidigerin ist es alles andere als erwiesen, dass Samuel Louise in Mallorca die Verletzungen zugefügt hat. Sie weist auf Widersprüche und Ungenauigkeiten in den verschiedenen Gutachten hin, zum Beispiel darauf, dass die Berechnungen im biomechanischen Gutachten davon ausgingen, dass die Stufe vor der Fincaterrasse sechzig Zentimeter hoch sei. Als sich bei einer Nachmessung herausstellte, dass es tatsächlich nur vierundvierzig Zentimeter sind, hätten die Gutachter lapidar erklärt, dass die Differenz am Resultat der Untersuchung nichts ändere. Auch die Aussagekraft der Zeugenangaben auf Mallorca zieht die Verteidigerin in Zweifel; die Fincavermieterin, die Polizisten, das medizinische Personal seien zunächst von den Privatdetektiven der Versicherung suggestiv befragt und demnach beeinflusst worden – die Befragung durch die Polizei fand schließlich zum Teil erst über fünf Jahre nach dem Vorfall statt.

»Als Fazit kann festgehalten werden, dass heute nicht mit ausreichender Gewissheit oder Wahrscheinlichkeit rechtsgenügend festgestellt werden kann, wo, wann, wie und weshalb Louise in Mallorca verletzt wurde«, sagt die Verteidigerin.

Für sie ergibt die These des Mordversuchs überhaupt keinen Sinn. Weshalb hätte Samuel mit Louise nach Mallorca reisen und eine teure Finca im Voraus bezahlen sollen, wenn er beabsichtigte, sie zu töten?, fragt die Verteidigerin. Warum rief er mitten in der

Nacht seine Vermieterin an und fragte um Hilfe, wenn er wollte, dass seine Frau ihren Verletzungen erlag? Warum wählte er den Notruf, wenn seine Frau sterben sollte?

»Hätte mein Klient tatsächlich im Sinn gehabt, seine damalige Ehefrau zu töten, so hätte er naheliegenderweise die gesamte Nacht mit einem Anruf zugewartet«, sagt die Verteidigerin. »Dass Louise aufgrund der Komplikationen schlussendlich eine folgenschwere Amnesie davontrug und sich aus besagter Nacht an nichts erinnern konnte, konnte mein Klient nicht vorhersehen.« Der Anklagevorwurf sei derart »weltfremd, dass man sich zu entscheiden hat, ob mein Klient dabei den eiskalten Mörder geben kann oder die Figur eines völligen Idioten«, legt die Verteidigerin ironisch nach.

Staatsanwalt Knauss stellt klar, dass er in Samuel genau diesen eiskalten Mörder sieht. Als Louise aus der Klinik nach Hause entlassen worden war, sei sie für Samuel nur noch eine Belastung gewesen. Er sei der Betreuung der behinderten Frau überdrüssig geworden, er habe seiner Unterhaltspflicht nicht nachkommen und stattdessen das Geld der Lebensversicherung kassieren wollen. Auch sei denkbar, dass Louises Erinnerungsvermögen an die Nacht auf Mallorca nach und nach zurückgekommen sei, was für Samuel eine Bedrohung darstellte.

»Der Beschuldigte erreichte am 16. April 2014 den Höhepunkt und Abschluss seiner Bemühungen, die ihm lästig gewordene Louise T., die sein Leben mit dem Sohn erheblich störte, endgültig loszuwerden.«

Uneinig sind sich der Staatsanwalt und die Verteidigerin auch darin, ob Samuel an jenem Mittwoch im April überhaupt genug Zeit hatte, um den Mord an Louise zu begehen – irgendwann zwischen dem Business-Lunch, dem Hallenbadbesuch, dem Geldabheben am Automaten und dem anschließenden Einkauf. Der Staatsanwalt meint: ja. Er stellt zwei von mehreren möglichen Varianten in den Vordergrund.

Variante A: Samuel hat die Tat zwischen seinem Business-Lunch – das Essen wurde um 13.32 Uhr mit seiner Karte bezahlt – und seinem Eintritt ins Schwimmbad um 14.27 Uhr begangen. Der Eintritt ins Schwimmbad diente ihm dabei nur als Alibi; er sei gar nicht schwimmen gegangen, sondern nach dem Einlösen des Eintrittstickets direkt in Louises Wohnung zurückgekehrt, um die Spuren seiner Tat zu beseitigen.

Variante B: Samuel beging die Tat zwischen seinem Besuch im Schwimmbad, wo er sich eine halbe Stunde aufhielt, und seinem Geldabheben um 15.52 Uhr in Louises Nachbargemeinde.

Die Fahrtenmessungen der Polizei zeigen, dass Samuel bei der Variante A je nach Fahrtzeit wenigstens zehn und längstens dreiundzwanzig Minuten in Louises Wohnung verbracht haben könnte, um den Mord zu begehen. Für das Beseitigen der Spuren nach dem Hallenbadbesuch hätte er vierundfünfzig bis siebenundfünfzig Minuten Zeit gehabt.

Bei der Variante B wären ihm, falls er tatsächlich schwimmen war, einundzwanzig bis dreiundzwanzig Minuten für den Mord geblieben.

»Damit steht fest, dass dem Beschuldigten die Tat inklusive Spurenbeseitigung möglich gewesen wäre«, sagt Staatsanwalt Knauss in seinem Plädoyer. Samuel habe Louise in dieser Zeitspanne mit heißem Wasser verbrüht, sie danach ertränkt und den Leichnam in die Badewanne gelegt.

Die Verteidigerin weist die Zeitberechnungen des Staatsanwalts als unbrauchbar zurück. Zum einen, weil das Geschäftsessen nicht mit der Bezahlung um 13.32 Uhr endete – Samuels Geschäftspartner hat ausgesagt, dass sie erst um 14 Uhr fertig waren. Also wäre das Zeitfenster bei der Variante A zu klein, um die Tat zu begehen. Und selbst wenn man den Berechnungen der Staatsanwaltschaft folge, blieben bei jedem Szenario jeweils bloß rund zwanzig Minuten, um Louise »auf die von der Anklage beschriebene, umständliche, sinnlose und etwas krimiartig anmutende Weise« zu töten. Zwanzig Minuten, um Wasser zum Kochen zu bringen, Louise damit zu verbrühen, anschließend zu ertränken, zur Hälfte zu entkleiden und in die Badewanne zu verfrachten. Für die Verteidigerin ein abstruses Szenario. Sie geht vielmehr von einem gesundheitlichen Vorfall mit nachfolgendem Unfall aus. Ihr Klient habe mit den Verbrühungen an Louises Körper und mit ihrem Tod nichts zu tun. Der Staatsanwalt versuche hier »mit Ach und Krach, ein Verbrechen zu konstruieren«. Ein solches sei aber nicht geschehen.

Die Verteidigerin verlangt für Samuel einen vollumfänglichen Freispruch, er sei sofort aus der Haft zu entlassen, zudem seien ihm eine Entschädigung plus Verdienstausfall während der ungerechtfertigten Haft von insgesamt über drei Millionen Franken auszuzahlen.

Staatsanwalt Alexander Knauss fordert einen Schuldspruch wegen versuchten Mordes, wegen vollendeten Mordes sowie wegen versuchten Versicherungsbetrugs. Die von Samuel gewählte Tötungsart sei für Louise ausgesprochen grausam und qualvoll gewesen. Das Tatverschulden wiege schwer, Samuels Vorgehen zeige seine ausgesprochene Gefühlskälte, Rücksichtslosigkeit und Grausamkeit. Er habe aus Geldgier und weil er des Opfers überdrüssig war skrupellos gemordet. Der Staatsanwalt verlangt das Höchstmaß: eine lebenslange Freiheitsstrafe.

Es vergehen fast drei Monate, bis das Bezirksgericht Meilen sein Urteil verkündet.

»In einem so großen Mosaik wie in diesem Fall liegt es in der Natur der Sache, dass immer irgendwelche Lücken verbleiben, die im Nachhinein nicht ausgefüllt werden können«, erklärt der Richter. »Für einen Schuldspruch bedarf es aber keines lückenlosen Mosaiks.«

Das Bezirksgericht Meilen spricht Samuel schuldig im Sinne der Anklage. Es folgt in weiten Teilen der Argumentation des Staatsanwalts. Das »Indizien-Mosaik« ergebe ein eindeutiges Bild: Das Gericht schließt aus, dass sich Louise in Mallorca wie auch in der Schweiz die Verletzungen selbst zugefügt hat – ebenso kommt an beiden Tatorten kein unbekannter Dritter als Täter infrage. Womit einzig Samuel als Schuldiger übrig bleibt, der gleich mehrere Motive für das Tötungsdelikt gehabt haben soll.

»Insgesamt bestehen nach Würdigung sämtlicher Indizien keine ernsthaften Zweifel, dass der Beschuldigte

Louise T. in Mallorca zuerst schwer verletzte und danach alleine vor der Finca liegen ließ, wobei er ihren Tod wollte«, so das Gericht. Dass letztlich nicht mehr genau rekonstruiert werden könne, wo genau, wann genau und wie genau, spiele juristisch keine Rolle.

Darüber, was vierzehn Monate später in Zürich geschehen ist, hat das Gericht etwas genauere Vorstellungen: Die Richter gehen davon aus, dass Samuel am Tag von Louises Tod um 14.28 Uhr den Eintritt ins Schwimmbad löste, aber nicht schwimmen ging. Stattdessen fuhr er zu Louise, wo er demnach insgesamt fast eine Stunde Zeit hatte, um die Tat zu begehen. Er habe Louise verbrüht, ertränkt und die Spuren beseitigt respektive einen Unfall vorgetäuscht. Dazu, dass Samuel kurz nach drei Uhr – also inmitten der Tatzeitspanne – zwei kurze Geschäfts-E-Mails schrieb, äußern sich die Richter nicht.

»Die überwältigende Mehrheit der Indizien deutet darauf hin, dass sich der Sachverhalt so wie in der Anklageschrift beschrieben ereignet hat.« Der Gerichtspräsident spricht von »einer Geringschätzung des Lebens im krassesten Ausmaß« und verkündet die Höchststrafe: Samuel wird wegen versuchten Mordes, Mordes und Versicherungsbetrugs zu einer lebenslangen Freiheitsstrafe verurteilt.

Samuels Verteidigerin verkündet umgehend, dass sie Berufung gegen das Urteil einlegen wird. Doch zunächst muss die schriftliche Urteilsbegründung des Gerichts abgewartet werden, was eine Weile dauert. Das Bezirksgericht verschickt die Urteilsbegründung mehr als sieben Monate später, am 9. Dezember 2021. Sie umfasst 591 560 Zeichen inklusive Leerzeichen. Zum Vergleich: Das Buch, das Sie in den Händen halten, ist weniger umfangreich.

Ob Samuel selbst das Urteil noch gelesen hat, bleibt wie so vieles Spekulation: Er ist achtzehn Tage, nachdem es versandt wurde, an seiner Krebserkrankung verstorben.

Hier könnte die Geschichte zu Ende sein, doch zumindest aus juristischer Sicht ist sie es noch immer nicht. Samuels Tod wirft neue, ganz andere Fragen auf: Die Verteidigerin hat das erstinstanzliche Urteil angefochten, doch jetzt ist der Beschuldigte tot, bevor die nächsthöhere Instanz geurteilt hat – und über Tote wird nicht gerichtet.

Das Obergericht beschließt, dass durch Samuels Tod ein »unüberwindbares Verfahrenshindernis« vorliegt, »welches die Fällung eines Urteils definitiv verunmöglicht«. Es gebe daher keine andere Möglichkeit, als das Verfahren einzustellen und das erstinstanzliche Urteil – also den Schuldspruch – für gegenstandslos zu erklären. Das würde bedeuten: Samuel ist nicht als verurteilter Mörder gestorben, es gilt die Unschuldsvermutung, und zwar für immer. Die Kosten für das Vorverfahren und das erstinstanzliche Gerichtsverfahren von fast 800 000 Franken werden durch die Gerichtskasse, ergo durch den Staat getragen. Die Forderung der Verteidigung nach Entschädigungszahlungen von mehreren Millionen Franken an Samuels Erben weist das Obergericht indessen ab.

Staatsanwalt Alexander Knauss akzeptiert die Entscheidung nicht und hat dagegen Beschwerde an das Bundesgericht erhoben. Denn er ist anderer Meinung: »Wir sind der Auffassung, dass sich das Obergericht auf eine falsche Bestimmung stützt«, erklärt er. »Wenn Prozessvoraussetzungen fehlen oder Prozesshindernisse vorliegen, ist auf die Berufung nicht einzutreten – was bedeutet, dass das erstinstanzliche Urteil rechtskräftig wird.« Das wiederum würde bedeuten, dass Samuel als verurteilter Mörder starb – und dass die Verfahrenskosten – soweit möglich – mit seiner Hinterlassenschaft beglichen werden müssten.

Jetzt muss das höchste Gericht entscheiden, ob für Samuel für immer die Unschuldsvermutung gilt oder ob der Schuldspruch wegen Mordes Gültigkeit besitzt. Das Urteil steht, wie ich diese Zeilen schreibe, noch aus.

Wie auch immer es ausfallen wird – Samuel kann es nicht mehr kümmern. Und auch das höchste Gericht wird die offenen Fragen in diesem Fall nicht klären können. Zurück bleiben die Opfer; die Angehörigen, die Louise und letztlich auch Samuel auf tragische Weise verloren haben – und die Frage, wie es bloß so weit hat kommen können. Mich lässt die Geschichte ratlos und traurig zurück.

In seinem Buchentwurf *Zur Hölle und zurück* schrieb Samuel:

Ich war und bin entschlossen, dies hier alles durchzustehen, für unseren lieben Sohn, unsere Sonne im Leben, im Wissen, dass Louises größter Wunsch immer gewesen ist, dass es ihrem liebsten Sohn gut geht. Sie hat Dich unendlich geliebt, auch und gerade deswegen ist vielleicht alles so gekommen, wie es kommen musste. Es gibt keine Schuldigen in der ganzen Sache, nur Verlierer.

Wie Herr H. zum Mörder wurde

»Herr H., Sie müssen aufstehen.«

Daniel H. erhebt sich. Seine Augen sind zu klein geraten, sein Gesicht hat nie Konturen erhalten. Es wirkt blass und charakterlos. Daniel presst die Lippen aufeinander, während der Gerichtspräsident das Urteil verliest, und hört mit an, dass er des Mordes für schuldig befunden wurde, dass ihn das Bezirksgericht Baden einstimmig zu einer lebenslänglichen Freiheitsstrafe verurteilt.

»Und zu einer anschließenden Sicherheitsverwahrung. Haben Sie das Urteil verstanden?«

»Ja, ich habe es verstanden.«

»Dann können Sie sich setzen.«

Ich bin unsicher, wo der Anfang dieser Geschichte zu suchen ist. Es ist die Geschichte einer jungen Frau, die dem falschen Menschen Vertrauen schenkte und deswegen viel zu früh sterben musste. Die Geschichte von Behörden, die im wichtigsten Moment versagten. Und die Geschichte eines jungen Mannes, der zum brutalen Mörder wurde und, so sagen es die Psychiater, der das Zeug zum Serienkiller hätte, würde man ihn lassen. Um ihn soll sich dieser Text hier drehen, oder eher: Um die Frage, wie Daniel H. zum Mörder wurde.

Vielleicht fing es bereits damit an, dass er geboren wurde – in eine Familie, die ihm keine guten Startbedingungen bot. Daniel sagt von sich selbst, dass er gar nie eine richtige Familie hatte.

Sein Vater und seine Mutter trinken; Daniels frühes Familienleben ist von Alkohol- und bald auch von den Beziehungsproblemen der Eltern geprägt. Sie lassen sich scheiden, als Daniel vier ist. Er wächst zunächst bei seinem Vater und der Stiefmutter auf, mit einer Halbschwester und einem Halbbruder. In der Schule kommt er anfangs gut mit. Ein Therapeut wird später schreiben: »Die frühkindliche Entwicklung von Herrn H. ist unauffällig.«

Als Daniel zehn ist, im Jahr 1993, darf er mal auswärts übernachten; bei einem erwachsenen Bekannten der Mutter, einem angehenden Kinderkrankenpfleger. Der Mann zeigt ihm erst Nacktbilder, dann missbraucht er den Buben sexuell. Er wird später von einem Gericht für die Tat verurteilt werden. Doch an dem Tag, als Daniel seiner Mutter vom Missbrauch erzählt, glaubt sie ihm nicht. Sie nennt ihn einen Lügner und stellt sich auf die Seite des Täters.

Auch Daniels Beziehung zur Stiefmutter ist schwierig. Wenn sie ihn bestrafen will, sperrt sie ihn immer wieder ein. Manchmal berührt sie ihn im Genitalbereich, um zu prüfen, ob er »normal« reagiere. Das zumindest erzählt Daniel später seinen Therapeuten.

Der Vater bezeichnet ihn als schwul, wenn er Freunde mit nach Hause bringt. Daniel muss dabei zusehen, wie sein Vater Sex hat. Später, im Urlaub auf Thailand, bezahlt er ihm eine Prostituierte. Es ist das erste Mal für Daniel.

Mit fünfzehn beginnt er zu trinken und zu kiffen. Die schulischen Probleme häufen sich, und die Behörden bringen ihn in einer Pflegefamilie unter. Doch als die Pflegeeltern in seinem Zimmer Drogen finden, kann er nicht länger bleiben. Sie wollen die eigenen kleineren Kinder schützen.

Dennoch scheint Daniel die Kurve noch zu kriegen. Er absolviert in einem Hotel die Ausbildung zum Gastronomieassistenten, und der Lehrmeister findet für ihn nur lobende Worte. Doch die Menge der konsumierten Drogen steigt, Daniels Leistungsfähigkeit sinkt. Mit neunzehn raucht er bis zu fünfzehn Joints täglich, dazu trinkt er Alkohol. Dann kommt das Kokain. Daniel bricht die Lehre ab.

Zwei Tage später bringt er eine Frau beinahe um.

Es geschieht in einer Frühlingsnacht im Jahr 2003. Daniel ist noch keine zwanzig und bislang nicht als gewalttätig aufgefallen. Doch plötzlich, so sagt er es danach selbst der Polizei, verhält er sich »wie ein Tier«.

Daniel lauert einer ehemaligen Arbeitskollegin auf, nachdem sie ihre Schicht in einer Bar beendet hat. Er spielt ihr vor, betrunken zu sein, und bittet sie, ihn zu einem Schützenhaus am Waldrand zu fahren, wo eine Party steige. Unter seiner Jeans trägt Daniel schwarze Damenstrümpfe, unter seinem Handschuh versteckt er einen Schlagring. Als sie beim Schützenhaus ankommen, liegt das Areal im Dunkeln. Da ist keiner. Aus dem Nichts heraus stürzt sich Daniel auf die fünfundzwanzigjährige Frau, er drischt mit dem Schlagring auf sie ein, schlägt ihr damit mehrmals auf den Kopf, dann knallt er ihren Schädel auf die Steinplatten und versucht, sie mit seiner Jacke zu würgen. Sie meint, sie müsse sterben. Die Frau wehrt sich nicht länger, sie fleht nicht um ihr Leben, sie beginnt vielmehr, auf Daniel einzureden, versucht ihn zu überzeugen, dass er sie nicht töten solle, verspricht ihm, ihn nach Hause zu bringen und niemandem etwas zu sagen. Die Flunkerei rettet ihr wahrscheinlich das Leben. Als sie Daniel bei ihm zu Hause abgesetzt hat, fährt sie direkt zur Polizei.

Daniel wird schnell gefasst. Er gesteht die Tat, macht aber einen »Aussetzer« geltend. Bereits in diesem ersten Verfahren sagt ein psychiatrischer Gutachter vor Gericht, dass Daniel »an einer Art innerer Verwahrlosung« leide. Es bestehe die Gefahr, »dass sich aus dieser psychischen Verfassung heraus eine Persönlichkeitsstörung entwickeln könnte«. Und: Der Psychiater diagnostiziert bei Daniel »eine Störung der Sexualpräferenz im Sinne eines Fetischismus«, er liebe Lebloses, beispielsweise Gegenstände wie Schuhe und Strümpfe. Doch das Gutachten fokussiert sich in erster Linie auf Daniels Drogensucht – und das, obwohl Drogen und Alkohol bei dem Delikt keine entscheidende Rolle spielten. Der Gutachter kommt zum Schluss, dass Daniel durchaus therapierbar ist.

Das Gericht spricht den neunzehnjährigen Daniel der versuchten vorsätzlichen Tötung und der vollendeten schweren Körperverletzung schuldig. Zwar prüfen die Richter eine Sicherheitsverwahrung, so weit kommt es aber nicht. Stattdessen weisen sie Daniel in ein Maßnahmenzentrum für junge Erwachsene ein, wo die Jugendlichen nach höchstens vier Jahren entlassen werden müssen. Es ist ein Ort, an dem die Therapie und Resozialisierung der jugendlichen Straftäter an erster Stelle steht. Was bei Daniel indes nicht viel bringt.

»Warum denken Sie, hat die Therapie im Maßnahmenzentrum nichts genützt?«

»Es lag an meiner inneren Einstellung. Ich war gegen die Maßnahme, ich wollte lieber in den Knast. Nach einem halben Jahr im Maßnahmenzentrum empfand ich die Therapie als gescheitert. Sie stellten mich immer als Manipulator dar. Ich dachte stets, wenn ich draußen bin, mache ich weiter wie bisher. Ich muss diese Maßnahme als gescheitert anschauen. Heute blicke ich mehr auf meine inneren Werte, dahin, wo meine Problematik liegt. Es ist mir nicht egal, was ich gemacht habe, ich will viel daraus lernen, ich will ein besserer Mensch werden, vor allem bezüglich Gewalt und Frauen. Die Therapie, die ich bisher hatte, war zu wenig.«

»Was stellen Sie sich denn für eine Therapie vor?«

»Das kann ich nicht auswählen.«

Während seines Aufenthalts im Maßnahmenzentrum für junge Erwachsene verstrickt sich Daniel bald in die dortige »Subkultur«. Die Inhaftierten tauschen Pornohefte aus, schmieden Fluchtpläne, wollen Marihuana und Anabolika in die Anstalt schmuggeln. Den Therapeuten fällt auf, dass Daniel unrealistische Geschichten erzählt, die schlicht nicht stimmen können. Darum hängen sie an sein Zimmerfenster ein Blatt Papier, auf dem steht: »Lüge oder Wahrheit?« Ein Versuch, den jungen Mann mit seinem ambivalenten Verhältnis zur Wahrheit zu konfrontieren.

Dreimal haut Daniel ab, dreimal kehrt er in das offene Maßnahmenzentrum zurück. Einmal wird er dabei erwischt, wie er im Internet imaginäre Lehrstellen für junge Frauen ausschreibt. Die Therapeuten lässt er nicht wirklich an sich heran. Er sieht sich als ein Mensch mit einem Drogen-, nicht mit einem Gewaltproblem. Es kommt zu Rückfällen mit Drogen und mit Alkohol, und dennoch scheint es, dass Daniel die Kurve doch noch kriegt. Während des Vollzugs schließt er eine Kochlehre ab, er hat eine Freundin, kriegt die Sucht in den Griff. Im April 2008 findet er eine Stelle in einer Hotelküche, erst kann Daniel in eine externe Wohngruppe wechseln, schließlich in eine eigene Wohnung ziehen. Seine Haftstrafe von vier Jahren ist fast verstrichen, als ein Beamter des Zentrums schreibt: Die Prognose für ein freies Leben sei für Daniel »nicht günstig«, eine Entlassung »nicht ohne Weiteres möglich«.

Trotzdem wird Daniel im August 2008, eine Woche, bevor er seine Strafe verbüßt hat, mit drei Jahren Bewährung aus der Maßnahme entlassen. Er muss sich verpflichten, mit der Bewährungshilfe zusammenzuarbeiten, auf Drogen und Alkohol zu verzichten und seine Abstinenz mit regelmäßigen Urintests beim Arzt zu beweisen. Eine ambulante Therapie, die ebenfalls auf dem Bewährungskatalog stünde, wird kurzerhand gestrichen, weil Daniel sich weigert.

Trotz der Schwere seines Delikts gibt es keine Fachkommission, die über seine Entlassung entscheidet. Es wird auch kein zweites psychiatrisches Gutachten eingeholt, um seine Gefährlichkeit und seine Rückfallgefahr neu zu beurteilen. Der Strafvollzug verfügt einzig über eine »interne Beurteilung der Gefährlichkeit«, die fatalerweise »intern« bleibt: Der Bewährungshelferin bleibt somit verborgen, dass ihre Kollegen unter dem Punkt »Gesamtbeurteilung Gefährlichkeit« bei Daniel das Kreuz bei »Hoch« setzten.

Im Entlassungsschreiben warnen die Verantwortlichen des Maßnahmenzentrums einzig vor einem »Rückfallrisiko«, falls sich Daniels Umfeld destabilisiere. Die Bewährungshelferin glaubt, dass es in einem solchen Fall »zu Pöbeleien in der Disco kommen könnte, oder Ähnliches«, zumal das Amt für Justizvollzug Aargau Daniel als nicht gemeingefährlich einstuft. Niemand teilt der Bewährungshelferin mit, dass es bei der Rückfallgefahr von Daniel um brutale Gewalt an Frauen geht.

»Ich habe im Sommer 2008 angefangen, Frauen anzusprechen. Ich war ja im August 2008 entlassen worden. Ich hatte da schon eine eigene Wohnung, war aber noch auf Bewährung.«

»Warum haben Sie die Frauen angesprochen?«

»Ich machte das nur, wenn ich auf Kokain und Alkohol war, im nüchternen Zustand habe ich mich dafür geschämt. Ich machte das, weil ich mich im Gespräch gut fand, das Selbstwertgefühl ist enorm gestiegen. Das Ansprechen wurde mein Hobby, oder ein Zwang. Wenn ich in Zürich Drogen konsumierte, habe ich das immer wieder gemacht, darum habe ich so viele Frauen angesprochen. Sie sind alle auf meine Masche hereingefallen.«

»Warum haben Sie die jungen Frauen zu sich in die Wohnung genommen?«

»Es ging um das Gespräch, es gab mir ein gutes Gefühl. Je länger das Gespräch dauerte, desto besser ging es mir. Es stimmt, es kamen einige zu mir nach Hause.«

Es ist der 24. Januar 2009. Zwei Mädchen aus einem 3000-Seelen-Dorf im Kanton Schwyz, ich nenne sie hier Maria und Lola, dürfen zum ersten Mal an einem Samstagabend nach Zürich. Sie sind hübsch, tragen ihre Haare blond und lang, sie sind gerade mal fünfzehn Jahre alt. Im Hauptbahnhof Zürich werden sie von einem Mann angesprochen. Er sagt ihnen, sie sähen aus wie Models – er sei Fotograf für Modeschmuck. Ob sie für Modefotos für Fußketten posieren wollten.

Der Mann ist nicht Fotograf, sondern Koch. Seine Lehre hat er im Maßnahmenvollzug absolviert, er ist erst auf Bewährung draußen. Doch das sagt er ihnen nicht.

Die beiden Mädchen sind nicht an Modeaufnahmen interessiert, doch als Daniel ihnen eine andere Geschichte auftischt und von einer Jugendtreffparty in Baden erzählt, kann er sie für die Idee begeistern. Maria und Lola steigen gemeinsam mit Daniel in den Zug nach Baden, dort wechseln sie in den Bus und fahren zu seinem Wohnort.

»Als wir das Haus sahen, wollten wir zuerst nicht hinein«, sagt Maria später einem Reporter der Zeitung *Blick*.

Die beiden Mädchen steigen dann doch die Treppen zu Daniels Wohnung hoch. Nur: Da findet gar keine Party statt, die Wohnung ist leer.

»Er sagte, bald kämen noch Leute«, erzählt Maria.

Doch es kommt keiner mehr.

Den Mädchen dämmert bald, dass die Situation, in die sie sich hier hineinmanövriert haben, keine gute ist. Plötzlich verschwindet Daniel, er müsse rasch weg. Die Mädchen wollen die Gelegenheit nutzen, um abzuhauen. Doch es geht nicht.

»Wir wollten raus, aber die Tür war abgeschlossen. Wir gerieten in Panik.«

Noch hoffen sie, dass alles gut wird. Noch schlagen sie nicht Alarm. Nach einer Stunde kehrt Daniel zurück. Er hat Kokain beschafft und zieht sich sofort eine Line rein. Maria und Lola sollen dasselbe tun, doch sie wollen nicht. Da wird Daniel laut. Schließlich geben Maria und Lola nach und konsumieren den Stoff.

»Wir dachten, das Risiko sei zu groß, wenn wir uns weigerten.«

Es ist gegen Mitternacht, als Daniel die Mädchen zu küssen beginnt und aufdringlicher wird. Wieder schwadroniert er über ein Fotoshooting. Erneut verschwindet er und schließt die beiden Mädchen ein. Maria schreibt ihrer Mutter eine SMS, bleibt aber ungenau, teilt nur knapp mit, dass sie erst spät nach Hause kommen könne. Die Mutter ruft sie sofort an und will wissen, wo sie sich befindet. Maria weiß es nicht und antwortet: »Irgendwo in Baden.«

Die Mutter bittet ihre Tochter eindringlich, das Haus sofort zu verlassen, ganz egal wie.

Doch die Türen sind von außen abgeschlossen.

Daniel trifft sich derweil mit seinem Taxifahrer, der ihn in den letzten Wochen immer wieder an die Langstrasse nach Zürich gefahren hat, wo er sich seine Drogen beschaffte. Er fragt den Taxifahrer, ob er eine

Digicam habe, die er sich leihen könnte. Gegen ein Pfand überlässt der Taxifahrer Daniel seine Fotokamera.

Als Daniel zurück in seiner Wohnung ist, fotografiert er die beiden Mädchen.

Marias Mutter ruft immer wieder an, sagt der Tochter, sie solle ihm mit der Polizei drohen. Das macht Maria dann auch. Sie und Lola schreien Daniel an, sie würden die Polizei rufen. Allein die Drohung wirkt. Er lässt sie gehen.

Vor dem Haus treffen die Mädchen auf Daniels Taxifahrer. Der kennt seinen Stammkunden und weiß, dass Daniel ein Kokser ist. Der Taxifahrer erzählt später einem Journalisten, dass die beiden Mädchen zu Tode verängstigt waren, als sie früh morgens um drei aus Daniels Haus stürzten. Er fährt sie gratis zum Bahnhof Baden. Doch es kommt ihm nicht in den Sinn, Alarm zu schlagen, und meint lapidar, dass er schließlich nicht jeden seltsamen Fahrgast anzeigen könne.

Es ist 6.30 Uhr, als Maria und Lola zurück zu Hause sind. Sie schaffen es nicht, ihren Eltern zu erzählen, was alles passiert ist. Marias Mutter verzichtet daher auf eine Anzeige. Es ist ihr nicht bewusst, in welcher Gefahr sich ihre Tochter befunden hat. Das wird ihr erst sechs Wochen später klar werden.

»Zwei junge Frauen waren Ende Januar 2009 bei Ihnen. Sie haben je vier Tequilas getrunken und sich vier Lines Kokain reingezogen?«

»Die Menge weiß ich jetzt nicht mehr. Ich habe ihnen eine Line spendiert, aber ich weiß nicht mehr, wie viel.«

»Wie alt waren die zwei Frauen?«

»Etwa sechzehn.«

»Eine der Frauen sagte aus, dass sie gehen wollte, aber dass die Tür abgeschlossen war. Was war da vorgefallen?«

»Ich habe sie gestreichelt und wollte sie küssen. Der einen habe ich einen Kuss auf den Mund gegeben. Aber ich habe sie nicht gedrängt. Also nicht zum Streicheln, aber ich habe ihr gegen ihren Willen einen Abschiedskuss verabreicht. Ich erinnere mich, dass es erst eine lockere Stimmung war. Ich wollte noch Kollegen einladen, aber die kamen dann nicht. Die Frauen wurden wütend, weil nicht mehr Leute da waren, es gab Streit. Ich habe sie schließlich rausgeschmissen.«

Maria und Lola sind nicht die Einzigen. Niemand ahnt, dass Daniel, kaum ist er draußen, über hundertzehn Mädchen und junge Frauen anspricht. Er gibt sich cool, trägt eine Schirmmütze, behauptet, er sei Fotograf. Die Frauen, die er auswählt, sind jung und hübsch. Er versucht es immer mit derselben Masche: Er verspricht ihnen einen Job als Model, er ködert sie mit einem Fotoshooting. Mindestens vierzehn Mädchen und Frauen begleiten ihn in seine Wohnung.

Obwohl Daniel auf Bewährung ist, merkt niemand, dass er wieder Drogen nimmt, auch wenn er damit gegen die Auflagen verstößt und sofort wieder inhaftiert werden könnte. Die Urintests werden nicht regelmäßig und nur lasch durchgeführt, es ist für ihn ein Leichtes, die Behörden auszutricksen. Die Bewährungshilfe des Kantons Aargau ist zu dieser Zeit krass unterbesetzt; die Mitarbeiter haben nicht genug Zeit für die einzelnen Fälle. Im Dezember 2008 und im Januar 2009 hat Daniel überhaupt keinen Kontakt zu seiner Bewährungshelferin, die gleichzeitig vierzig weitere Fälle betreut. Er verpasst mindestens acht Termine bei der Bewährungshilfe und bei der Suchtberatung. Auch damit verstößt er gegen die Auflagen. Passieren tut: nichts.

Sein Drogenkonsum bleibt indes nicht ohne Folgen. Keine sechs Monate nach Daniels Entlassung trifft das ein, wovor die Betreuer des Maßnahmenzentrums gewarnt haben: Sein stabiles Umfeld zerbricht.

Am 20. Februar 2009 wird Daniel an seinem Arbeitsplatz gekündigt, weil er wiederholt nicht zur Arbeit erschienen ist, vier Tage später sogar fristlos, weil er gar nicht mehr aufgetaucht ist.

Die Miete für seine Wohnung hat er da schon wochenlang nicht mehr bezahlt. Auch mit der Freundin läuft es nicht gut. Sie hat Drogen bei ihm gefunden und will ihn verlassen. Alles läuft aus dem Ruder, alles zerbricht. Daniel gesteht der Bewährungshelferin schließlich selbst, dass er wieder Drogen konsumiert. Er ist bereit für eine stationäre Therapie, um der Sucht zu entfliehen und das Leben wieder in den Griff zu bekommen.

Am 27. Februar 2009 meldet seine Bewährungshelferin der Aargauer Justizvollzugsbehörde, dass Daniel seine Stelle verloren habe und wieder Kokain konsumiere und somit gegen die Bewährungsauflagen verstoße. Sie empfiehlt eine Entzugsbehandlung. Man vereinbart mit Daniel am 3. März einen Termin in einer Klinik, in der gemeinsam mit der Bewährungshelferin in einem Eintrittsgespräch die Suchttherapie besprochen werden soll. Doch Daniel wird die Therapie nie antreten: Er erscheint fast eine Dreiviertelstunde zu spät zum Termin, und die Bewährungshelferin ist nach einer halben Stunde wieder gegangen. Sie informierte die Klinik nicht über Daniels Fall und signalisierte keine Dringlichkeit. Also wird Daniel, über den die Klinik nichts weiß, abgewiesen und das Gespräch um zwei Wochen verschoben. Es wird nie stattfinden.

»Ich wurde immer nervöser, habe mehr Alkohol und mehr Drogen genommen. Der Konsum stieg in den letzten zwei Wochen vor der Tat enorm an. Wenn ich regelmäßig konsumiere, verliere ich mich selbst und mache meine Beziehungen und mein Umfeld kaputt. Das wurde für mich gefährlich. Ich wusste, ich konnte gefährlich werden. Aber ich habe nicht an einen Mord gedacht.«

»Sie haben sich bei der Bewährungshilfe gemeldet, weil Sie dachten: Da kommt nichts Gutes bei raus?«

»Genau, ich habe das 2003 schon einmal erlebt. Ich hatte das innerliche Gefühl: Wenn ich alles verliere, passiert etwas. Ich habe gemerkt, dass mir das Leben entgleitet, dass ich es nicht mehr im Griff habe, dass ich zur Gefahr werden könnte. Darum wollte ich in eine geschlossene Suchtanstalt. Ich habe das in einem Gespräch erwähnt. Es stimmt; ich bin dann verspätet in der Klinik angekommen. Ich war auch nicht vorbereitet, darum habe ich den Ort nicht auf Anhieb gefunden. Mir war versprochen worden, dass ich aufgenommen würde. Aber als ich dort ankam, wusste keiner von nichts, und ich wurde auf zwei bis drei Monate vertröstet.«

»Warum haben Sie Ihre Arbeitsstelle verloren?«

»Anscheinend waren mir die Drogen wichtiger. Je mehr ich konsumiert habe, desto mehr kam ich in den Teufelskreis hinein. Ich war unpünktlich, unzuverlässig, dann noch die Wohnungskündigung. Anscheinend war ich mit der Miete drei Monate in Verzug.«

Am 4. März 2009 wird Daniel H. die Wohnung gekündigt. Am gleichen Tag wird er zum Mörder.

Es ist Mittwoch. Das bedeutet, dass Lucie am Nachmittag frei hat. Lucie ist sechzehn, sie stammt aus Fribourg, einer Stadt in der französischen Schweiz. Doch seit September lebt sie als Au-pair in Pfäffikon im Kanton Schwyz, mitten in der Deutschschweiz, nicht weit weg von Zürich. Ihre Freundinnen sagen, sie sei glücklich in ihrer Gastfamilie, und diese ist ebenfalls glücklich mit Lucie: Sie ist zuverlässig, eine aufgeweckte, liebenswerte junge Frau. Sie geht offen auf Menschen zu, ihr Vertrauen kann man schnell gewinnen. Das blonde Haar trägt sie lang, sie ist ausnehmend hübsch. Etwa um 14 Uhr steigt Lucie in Pfäffikon in den Zug nach Zürich; sie will shoppen gehen, wie so oft an ihren freien Mittwochnachmittagen. Doch dieses Mal kehrt sie nicht mehr zurück.

Zur gleichen Zeit, als Lucie in Zürich ankommt, ist auch Daniel in der Stadt unterwegs. Auch er ist gewissermaßen auf Shoppingtour: Er braucht Drogen. Daniel trifft sich an der Zürcher Langstrasse mit seinem Dealer, dem er vier Gramm Kokain abkauft, ein halbes Gramm konsumiert er sofort. Dann fährt er mit dem

Tram zum Hauptbahnhof. Dort macht er, was er in den letzten Monaten so oft tat: Er steht herum und hält nach jungen Frauen Ausschau. Er will sie anquatschen, den coolen Typen raushängen, ihnen vorspielen, er sei Fotograf und ihnen ein Shooting versprechen. Er kann das, denn Daniel hat durchaus Charme. Er wirkt wie ein ganz normaler, freundlicher fünfundzwanzigjähriger Mann. Sein Umfeld beschreibt ihn als »offen, zugänglich, motiviert« und »angenehm«. Er weiß diese Eigenschaften auszuspielen, als er durch den Hauptbahnhof Zürich streift und sich einmal mehr nach jungen hübschen Frauen umsieht.

Auch Lucie ist im Hauptbahnhof unterwegs. Sie telefoniert mit einem Freund aus der Westschweiz. Während des Anrufs wird sie jedoch unterbrochen. Ihr Freund wird später der Polizei sagen, dass er mitgekriegt hat, wie Lucie von einem Mann angesprochen wurde, der etwas von ihr wollte.

»Da hat einer Schweizerdeutsch mit ihr geredet«, sagt der französischsprachige Freund von Lucie. »Ich habe kein Wort verstanden.«

Lucie entschuldigt sich bei ihrem Freund, verabschiedet sich und verspricht ihm, ihn gleich zurückzurufen. Das macht sie dann auch, acht Minuten später, doch sie sagt ihm nicht, was der Mann gerade eben von ihr gewollt hat. Allerdings hat sie keine Zeit mehr für ein längeres Telefonat.

Denn Daniel will, dass Lucie ihn begleitet. Er prahlt damit, freischaffender Werbefotograf zu sein. Wahrscheinlich flirtet er mit ihr. Auf jeden Fall macht er ihr Komplimente und verspricht ihr einen kleinen Modeljob. Daniel erzählt Lucie, dass am Abend in Baden eine Schmuckvorführung stattfindet. Wenn sie ihn begleite und sich als Model für den Schmuck von ihm fotografieren lasse, könne sie ohne viel Aufwand fünfhundert Franken verdienen. Er fragt sie auch nach ihren Körpermaßen, notiert die Angaben gewissenhaft auf einen Zettel. Er muss einen seriösen Eindruck auf sie machen. Ein Psychiater sagt über Daniel, dass er sich sehr gut verbal ausdrücken kann und über eine gewisse Manipulationskunst verfügt. Lucie vertraut ihm. Sie geht mit ihm mit.

»Was wäre passiert, wenn Lucie nicht Ja gesagt hätte?«

»Dann hätte ich die nächste Frau angesprochen.«

Lucie und Daniel nehmen den Zug, der um 16.37 Uhr in Baden ankommt. Dort steigen sie um in den Bus, der in den Ortsteil fährt, in dem Daniel wohnt. Das alte orangefarbene Mehrfamilienhaus steht wenige Gehminuten von der Bushaltestelle entfernt an einer Durchgangsstraße. Daniels kleine Wohnung liegt zuoberst unter dem Dach. Zurück in seinem Zuhause, zieht sich Daniel eine weitere Linie Kokain rein und trinkt ein Bier, Lucie nimmt einen Sirup. Noch immer lügt Daniel ihr vor, dass es gleich ein Fotoshooting geben wird. Um überzeugend zu wirken, notiert er erneut Lucies Körpermaße, er transportiert die Stehlampe vom Wohnzimmer ins Schlafzimmer und positioniert sie als Beleuchtung für das Shooting. Er bittet Lucie, sich umzuziehen und bietet ihr Kleider seiner Freundin an, weil sie für das Shooting nicht passend angezogen sei. Währenddessen bereitet er ein schwarzes Leintuch vor, das als Hintergrund für die Bilder dienen soll.

Um 17.49 Uhr ruft Lucie eine Freundin an.

»Du, hier ist Lucie, jemand hat mich gefragt, ob ich für Fotos posieren will, es geht um Ketten und Schmuck.« Dann will sie von ihrer Freundin wissen, ob sie das eine gute Idee finde. Die Freundin fragt zurück, wann sie das denn tun wolle, sie habe doch gar keine Zeit.

»Er meint, es wären drei- bis viermal pro Monat«, sagt Lucie, bevor sie das Gespräch mit dem Hinweis beendet, dass das Telefonieren mit dem Handy so teuer sei.

Der Anruf ist Lucies letztes Lebenszeichen.

»Wollten Sie etwas von Lucie, das sie nicht wollte?«

»Es gab einen kleinen Streit, als sie merkte, dass ich kein Fotograf war. Ich habe versucht, sie rauszuwerfen, aber sie wollte nicht gehen, sie wollte wissen, warum wir keine Fotos machten. Sie wollte reden. Ich sagte, es gebe keine Fotos, es sei alles eine Lüge. Dann habe ich sie am Arm gepackt, weil ich wollte, dass sie geht. Aber sie kam wieder herein. Darum ging ich die Hantelstange holen.«

»Warum ist ein paar Wochen zuvor, bei den anderen zwei jungen Frauen, nichts passiert?«

»Vorher erlebte ich nie einen so großen Widerstand, die Frauen akzeptierten immer, wenn es nichts gab. Bei Lucie war das anders. Sie war nicht einverstanden.«

»Sie hätten sie ja einfach rausschmeißen und abschließen können.«

»Es lag sicher an meinem Verhalten. Es war meine Schuld, dass ich nicht konsequenter durchgriff.«

»Die Version, dass es zu einer Auseinandersetzung mit Lucie gekommen ist, gaben Sie erst zwei Jahre nach der Tat zu Protokoll. Vorher haben Sie nie ein Wort davon erwähnt.«

»Es war mir schlicht nicht bewusst, ich hatte es zwar im Kopf, konnte es aber nicht zuordnen.«

Es ist 22 Uhr, und Lucie ist noch immer nicht zurück bei ihrer Gastfamilie. Die Gastmutter macht sich Sorgen: Sie hat Lucie bislang als sehr gewissenhaft erlebt, sie ist noch nie zu spät gekommen. Und wenn etwas nicht geklappt hat, hat sie immer sofort Bescheid gesagt. Um halb elf versucht die Gastmutter, Lucie auf ihrem Handy zu erreichen. Doch sie geht nicht ran. Lucie reagiert auch nicht auf die SMS, die sie ihr schickt.

»Lucie ist bildhübsch und fällt überall auf«, sagt ihre Gastmutter. »Sie ist auch sehr offen und zugänglich. Ich hoffe, das wurde ihr nicht zum Verhängnis.«

Kurz vor Mitternacht alarmiert die Gastmutter die Polizei. Sie wird vorerst vertröstet; sie solle sich am nächsten Morgen wieder melden.

Wahrscheinlich ist Lucie da schon tot. Was genau und wann was geschah, weiß einzig Daniel. Die Anklageschrift stützt sich in weiten Teilen auf seine Aussagen, die vielleicht stimmen, vielleicht auch nicht. Will man seinen ersten Aussagen glauben, ringt er etwa eine Stunde mit sich selbst, bevor er sich entscheidet, Lucie zu töten. Er lässt sie für einen Moment im Schlafzimmer zurück und holt im Zimmer, das als Büro dient, eine Langhantelstange, die dort auf dem Boden liegt. Er versteckt sie hinter seinem Rücken, als er ins Schlafzimmer zurückkehrt. Lucie sitzt auf dem Bett. Sie erhebt sich, sieht ihn an. Da schlägt er zu.

»Warum haben Sie derart gewaltsam zugeschlagen?«

»Ich war sicher nicht bei mir selbst. Ich hatte etwa zwei Gramm Kokain konsumiert und sah einfach in unserer Gesellschaft keinen Sinn mehr. Warum ich die Hantel und das Messer benutzt habe, weiß ich nicht mehr. Sicher ist, dass ich in eine Institution, in einen geschlossenen Rahmen eingewiesen werden wollte.«

»Dafür hätte es kein Tötungsdelikt gebraucht. Sie hätten auch etwas anderes machen können. Warum also dieses massive Zuschlagen?«

»Ich kann es mir auch nicht ganz erklären. Ich habe mehrmals zugeschlagen und ihren Tod in Kauf genommen. Warum ich so heftig war, weiß ich nicht, aber ich habe es gemacht.«

»Warum haben Sie dann auch noch das Messer benutzt?«

»Das Messer habe ich geholt, damit sie nicht leiden musste.«

»Aber warum haben Sie so tief geschnitten, Sie haben ihr fast den Kopf abgetrennt!«

»Ich weiß es nicht.«

Laut der Anklageschrift schlägt Daniel Lucie mit der Hantelstange mehrmals gegen den Kopf, so lange, bis sie mit zertrümmertem Schädel reglos auf dem Boden liegt. Dann begibt er sich in die Küche, holt ein Tranchiermesser und durchtrennt mit mehreren tiefen

Schnitten Lucies Kehle. Es blutet wie verrückt. Mit einem Laken, einem Kissen und mit einem Frottiertuch versucht Daniel, die Blutung zu stoppen, er drückt damit mit enormer Kraft auf Lucies Hals, als wolle er sie auch noch erwürgen oder ersticken. Anschließend versorgt er die Hantelstange im Bürozimmer und das Messer in der Küche, genau dort, wo er die Tatwaffen geholt hat, als wäre nichts geschehen.

Um 18.50 Uhr verlässt Daniel seine Wohnung. Er ruft sich ein Taxi und fährt damit ins Restaurant, in dem seine Mutter arbeitet, um sie zu besuchen, oder, wie er sagt, sie noch einmal in Freiheit zu sehen. Auch bei seinem Vater geht er an diesem Abend noch vorbei.

Weder dem Vater noch der Mutter fällt etwas Besonderes am Verhalten ihres Sohnes auf. Er ist wie immer.

Auf dem Rückweg kauft sich Daniel ein Sandwich und eine Flasche Martini. Um 22.03 Uhr telefoniert er mit seiner Freundin. Um 22.38 Uhr ruft er einen Kollegen an. Er trinkt die ganze Flasche Martini leer, bevor er zu Bett geht und einschläft.

Neben ihm auf dem Boden liegt die tote Lucie in ihrem Blut.

»Sie haben neben der toten Lucie geschlafen. Konnten Sie schlafen?«

»Nein, nicht richtig. Aber ich sah keinen anderen Ausweg. Ich konnte sie nicht allein da liegen lassen.«

Lucie ist die ganze Nacht nicht nach Hause gekommen. Die Gastfamilie und Lucies Eltern sind überzeugt, dass ihr etwas zugestoßen sein muss. Am nächsten Morgen reagiert schließlich auch die Polizei und startet endlich eine Suchaktion. Doch dabei läuft einiges schief. Die Untersuchungsrichterin, die mit dem Fall betraut ist, ordnet beim Dienst für Überwachung des Post- und Fernmeldeverkehrs eine Echtzeitüberwachung sowie eine rückwirkende Teilnehmeridentifikation für Lucies Handy an. Die Echtzeitüberwachung wird sofort aktiviert. Doch die Daten der rückwirkenden Teilnehmeridentifikation, die zeigen würden, wann, wo mit wem Lucie in den letzten Stunden und Tagen telefoniert hat, erhält die Untersuchungsrichterin nicht. Nach langem Hin und Her zwischen der Untersuchungsrichterin, die die Daten sofort hätte erhalten müssen, und dem Gerichtspräsidenten, der mit nicht eindeutigen Weisungen genau das unwillentlich verhindert hat, werden die Daten dann doch noch geliefert, allerdings mit fünftägiger Verspätung.

Während die Untersuchungsbehörden streiten, starten Lucies Eltern, ihre Geschwister und ihre Freunde mehrere private Suchaktionen.

»Als wir von Lucies Verschwinden erfuhren, haben wir uns sofort auf die Suche gemacht«, erzählt Lucies Mutter später. »Es war aber wahnsinnig schwierig, weil wir von der Polizei nicht viel Hilfe bekamen.«

Die wichtigsten Hinweise stammen von den letzten zwei Anrufen, die Lucie geführt hat; das Telefongespräch mit dem Freund, der hört, wie sie von einem Unbekannten angesprochen wird, und Lucies Anruf bei ihrer Freundin, die sie fragt, ob sie sich für Werbeaufnahmen fotografieren lassen soll. Zudem meldet sich eine Person, die Lucie am Mittwochabend in Baden gesehen haben will.

Die Gastmutter startet die erste von vier Facebook-Gruppen, in denen nach weiteren Hinweisen gesucht wird. »Vermisst! Hilferuf! Wir suchen nach Lucie!«, schreibt sie darin. »Falls ihr Kenntnisse habt von einem Vorfall, bei dem eure Kinder oder Freundinnen in Zürich (oder Baden) von Fremden angesprochen wurden, ob sie nicht als Model arbeiten wollten, dann meldet das doch bitte umgehend der Polizei.«

Innerhalb kürzester Zeit folgen mehrere Zehntausend Facebook-Nutzer den Gruppen. Und tatsächlich melden sich Zeuginnen, junge Frauen, die ebenfalls von einem fremden Mann angesprochen und für Modelaufnahmen angeworben worden sind.

»Meine Freundin wurde vor zwei Wochen von einem Herrn angesprochen, ob sie Schmuck präsentieren wolle, sie solle doch gleich mitkommen«, schreibt jemand. Doch sie hatte keine Zeit. Also gab ihr der Mann seine Adresse mit. Als der Vater des Mädchens die Adresse prüfen wollte, stellte er fest, dass sie nicht existiert.

Eine andere Zeugin erzählt, sie sei am Zürcher Hauptbahnhof von einem gut aussehenden Mann angesprochen worden. Er wollte von ihr wissen, ob sie ihm vertraue. Dann fragte er sie, ob sie gemeinsam mit zwei anderen Frauen als Model für Aufnahmen posieren wolle. Auch in Baden wurden zwei Mädchen angesprochen: »Hey, ihr seid hübsch, wollt ihr nicht ...«

Die Polizei, wird Lucies Vater später sagen, war keine Hilfe, die Bevölkerung hingegen schon. Zwar gehen bei der verzweifelt suchenden Familie und bei der Polizei viele Hinweise ein, doch von Lucie selbst fehlt weiterhin jede Spur. Ihre Familie und Freunde lassen Flugblätter drucken und organisieren Suchaktionen in Fribourg, Zürich und Baden. »Wir mussten selbst von Kanton zu Kanton reisen und die Suche organisieren«, erzählt die Mutter.

Lucies Angehörige lassen nichts unversucht, getragen von der Hoffnung, sie lebend zu finden.

»Ich bin ein positiv denkender Mensch. Ich habe die Hoffnung noch nicht aufgegeben«, sagt Lucies Mutter zu den Journalisten, die eine Suchaktion begleiten. Doch dann schiebt sie nach: »Aber wir sind auf alles gefasst. Alles ist vorstellbar. Ein Suizid, ein Verbrechen – aber auch eine schwierige Situation, in der sich Lucie befindet und aus der sie sich nicht mehr heraustraut.«

Es ist weder ein Suizid noch eine schwierige Lage, aus der sich Lucie nicht mehr herauswagt. Es ist ein schweres Verbrechen geschehen.

Lucie ist bereits tot, als ihre Mutter mit den Journalisten über ihre Hoffnungen redet. Sie liegt noch immer in Daniels Schlafzimmer am Boden. Als er am nächsten Morgen neben ihrer Leiche aufwacht, besorgt er sich in einem nahe gelegenen Einkaufszentrum zwei Flaschen Weißwein. Er kehrt nach Hause zurück, beginnt zu trinken – und zu putzen. Er säubert den Tatort, reinigt die gesamte Wohnung, wäscht seine Kleidung. Er schleppt Lucies Leiche in die Küche. Dort versucht er, sie mit Tüchern zu reinigen.

»Warum haben Sie sie gewaschen?«

»Lucie hat mir leidgetan. Die Tat tat mir leid. Lucie hat schlimm ausgesehen, ich konnte sie nicht in diesem erbärmlichen Zustand liegen lassen. Zuerst wollte ich sie mit einem Waschlappen reinigen, aber es ist mir nicht gelungen, am Hals war alles offen. Darum habe ich sie in die Dusche gebracht und gewaschen.«

»Ging es nicht eher darum, dass Sie Ihre Spuren beseitigen wollten?«

»Nein, sicher nicht.«

Daniel trägt die tote Lucie ins Badezimmer und zieht sie nackt aus. Er hebt sie in die Duschwanne und reinigt ihren geschundenen Körper mit Wasser, insbesondere ihren Anal- und Genitalbereich. Irgendwann holt er einen Damenstrumpf seiner Freundin und zieht ihn Lucie über den Kopf.

»Warum haben Sie Lucie den Strumpf über den Kopf gezogen?«

»Wegen der Blutung. Als ich sie wusch, musste ich so schnell wie möglich die Blutung stoppen. Ich wollte etwas Gutes tun.«

»Damit kann man doch keine Blutung stoppen, das Blut dringt doch sofort durch den Strumpf!«

»Ich empfand es als richtig. Damals. Der Strumpf stammte von meiner damaligen Freundin.«

»Bei Ihnen wurde schon früher ein Schuh- und Fußfetischismus diagnostiziert. Sie haben Lucie einen Damenstrumpf über den Kopf gezogen. Waren Sie sexuell erregt bei dieser Handlung?«

»Weder sexuell noch sonst wie. Ich fühlte Trauer und Verantwortung.« Daniel denkt einen Moment lang nach, zögert. »Ja, der Strumpf war vielleicht ein sexueller Gedanke. Strümpfe hatte ich bei meinen Ex-Freundinnen auch gern. Aber ich habe mich bewusst nicht sexuell an Lucie vergangen. Ich habe sie nur gewaschen, vor allem auch im Genitalbereich. Ich habe sie richtig gewaschen, ich habe nichts aktiv gemacht, das mich sexuell befriedigt hat. Ich habe nichts in sie hineingesteckt, sie nicht vergewaltigt.«

Am Donnerstagabend, etwa vierundzwanzig Stunden nach der Tat, fährt Daniel zu seiner Freundin. Sie ist etwas älter als er und wohnt in der Nähe von Zürich. Auch sie merkt Daniel nichts an. Er verhält sich nicht anders als sonst, lebt weiter, als ob nichts gewesen wäre, erzählt niemandem, was er getan hat.

Am nächsten Tag, Freitag, fährt er zurück in seine Wohnung. Erneut startet er eine vierstündige Putzaktion. Er versucht unter anderem, die Blutspuren aus dem Teppich im Schlafzimmer wegzukriegen und die Blutflecken von den Wänden, doch beides gelingt nicht wirklich. Später versucht Daniel mehrmals, einen achtzehnjährigen Kollegen zu erreichen, doch der geht nicht ans Telefon. Er ruft auch seine Bewährungshelferin an – und erwähnt mit keinem Wort, dass er zum Mörder geworden ist. Gegen Abend kehrt er zu seiner Freundin zurück, auch das Wochenende verbringt er bei ihr. Weil Daniels Handy nicht mehr funktioniert – er hat die Rechnung nicht bezahlt –, benutzt er für seine Anrufe Lucies Handy.

Ein Fehler.

Endlich haben die Ermittler eine Spur. Da Lucies Handy in Echtzeit überwacht wird, werden ihnen Daniels Anrufe auf die Nummer seines achtzehnjährigen

Kollegen angezeigt – sie sehen ebenfalls, dass dieser mehrmals versucht, auf Lucies Nummer zurückzurufen. Am Sonntagabend fährt die Polizei an der Adresse des Achtzehnjährigen vor, um ihn zu überprüfen und vorübergehend in Untersuchungshaft zu nehmen.

In den Verhören behauptet der junge Mann indes glaubhaft, dass er kein Mädchen namens Lucie kenne. Bei der Frage, warum er sie dann zurückgerufen habe, verheddert er sich in Widersprüche. Schließlich bringt er Daniels Name ins Spiel, der sich immer mal wieder unter neuen Telefonnummern bei ihm meldet. Der habe sich ihm gegenüber kürzlich auch »seltsam verhalten«.

Als die Polizisten Daniels Namen ins System eingeben, sehen sie, mit wem sie es zu tun haben: mit einem wegen Drogen- und Gewaltdelikten vorbestraften Mann, der noch auf Bewährung ist.

Plötzlich geht alles sehr schnell. Sofort fahren die Polizisten zu dem orangefarbenen Haus an der Landstraße in der kleinen Aargauer Gemeinde, unter dessen Dachstock Daniel wohnt. Die Beamten klingeln an seiner Tür, doch er öffnet nicht. Nach Rücksprache mit dem Untersuchungsrichter rückt um 22 Uhr die Sondereinheit Argus der Aargauer Kantonspolizei aus und stürmt Daniels Wohnung.

Was die Polizisten hinter der aufgebrochenen Tür finden, ist schrecklich: Sie stoßen im Badezimmer auf die tote Lucie. Ihr übel zugerichteter Körper mit schwersten Schädelverletzungen und aufgeschnittener Kehle liegt nackt und mit weit gespreizten Beinen in der Dusche. Über ihren Kopf gestülpt: ein Damenstrumpf. Daniel hat sie einfach so liegen gelassen. Von ihm selbst fehlt jede Spur.

Die fünfzehn Angehörigen der Sondereinheit Argus durchsuchen das gesamte Haus. Sie sichern die Wohnungen der Nachbarn, schauen in alle Schränke. Sie finden heraus, dass es eine Möglichkeit gibt, von Daniels Wohnung in den anderen Hausteil zu gelangen, also durchsuchen sie auch dort jeden Raum und jedes Zimmer.

Einer der Nachbarn lässt die Polizisten in Vollmontur nicht herein, als sie klingeln, und löscht aus Angst das Licht. Doch das nützt nichts: Sie brechen die Tür auf und nehmen den jungen Mann vorübergehend fest. Doch auch in seiner Wohnung versteckt sich Daniel nicht. Er ist flüchtig. Die Polizei schreibt ihn zur Fahndung aus.

Am nächsten Morgen, es ist Montag, der 9. März, macht die Neuigkeit schnell die Runde: »Eilmeldung: Vermisstes Au-pair-Mädchen Lucie tot aufgefunden«, tickert die Schweizerische Depeschenagentur. Die Polizei lädt am Nachmittag zu einer großen Pressekonferenz. Jetzt geht es nicht mehr um eine Vermisstenmeldung. Jetzt geht es darum, einen gefährlichen Straftäter zu fassen, der des Mordes an einer jungen Frau verdächtigt wird.

Kurz nach Mittag, wenige Minuten bevor die Pressekonferenz beginnt, meldet sich Daniel in Zürich auf einer Polizeistation und stellt sich. Er wird um 13.10 Uhr vor Ort verhaftet.

»Warum haben Sie sich erst nach fünf Tagen gestellt?«

»Ich wollte mich verabschieden.«

»Aber das hätten Sie ja am Abend tun können. Warum haben Sie sich nicht sofort gestellt?«

»Ich war in einer Art Schockzustand. Doch ich wusste schon am Tag nach der Tat, dass ich mich nach dem Wochenende stellen würde.«

Während die Polizisten die Spuren in Daniels Wohnung sichern, um zu rekonstruieren, was genau vorgefallen ist, während sie die Hantelstange und das Messer finden, die zu tödlichen Waffen geworden sind, während sie mit Daniels Eltern, seiner Freundin, seinen Bekannten reden, während die Ermittlungen ihren Lauf nehmen und sich langsam abzeichnet, wie Daniel Lucie in die Falle gelockt hat, aus der er sie nicht mehr entkommen ließ – währenddessen liegt Lucies Leichnam auf dem Obduktionstisch im Aargauischen Institut für Rechtsmedizin.

Hier versuchen die Gerichtsmediziner, aufgrund der Spuren an ihrem Körper herauszufinden, was ihr widerfahren ist. Ob sie leiden musste. Woran sie starb. Die Verletzungen zeichnen ein Bild von massiver Gewalt. Ihr Schädel weist mehrere Brüche auf, die Verletzungen, die Daniel ihr am Hals zugefügt hat, waren tödlich. Darüber, was er ihr vor dem Töten angetan hat, können die Forensiker aber nichts Eindeutiges sagen.

»Die medizinischen Untersuchungen an der Leiche ergaben keine Verletzungen im Genitalbereich«, erklärt der Rechtsmediziner. »Sexuelle Handlungen können aber nicht ausgeschlossen werden.«

Denn: Am Körper von Lucie wurden auch Urin- und Spermaspuren gefunden.

»Im Mundhöhlen- und im Analbereich von Lucie wurden PSA-Spuren gefunden, die von Ihrem Sperma oder Urin stammen.«

»Ich hatte kurz vor dem Delikt mit meiner Freundin Geschlechtsverkehr in der Dusche. Etwa zehn Tage vorher, darum wohl die Spuren.«

»Nach zehn Tagen?«

»Wenn ich besoffen war, habe ich immer in die Dusche uriniert.«

»Sie haben hierzu verschiedene Aussagen gemacht. Sie liefern uns immer wieder andere Erklärungen, wie es zu diesen Spuren gekommen sein könnte. In einer frühen Befragung sagten Sie, Sie hätten neben der Leiche onaniert.«

»Das stimmt so nicht.«

»Als man Lucie fand, lag sie auf dem Boden der Dusche, nackt, die Beine angewinkelt und gespreizt. Warum haben Sie sie so liegen gelassen?«

»Der Plan war, sie zuzudecken. Aber es wurde mir alles zu viel. Ich musste die Aktion abbrechen, weil es zu viel wurde, der Anblick … ich musste gehen. Ich weiß, das ist erbärmlich, das mit den gespreizten Beinen. Der Anblick war schlimm.«

Daniel leugnet vom ersten Tag an, dass hinter seiner Tat ein sexuelles Motiv steht. Doch die Situation am Tatort widerlegt seine Worte. Auch die forensischen Psychiater glauben ihm nicht.

»Ich habe dreihundert bis vierhundert Tötungsdelikte analysiert«, sagt der forensische Psychiater und Rechtsmediziner Volker Dittmann. »Aber eine Situation, wie sie hier beschrieben wird, ist mir noch nie untergekommen.«

Er spricht damit das Verhalten des Täters nach der Tat an und dessen Erklärung dafür. Dittmann kauft sie ihm nicht ab: Wenn ein Täter eine Leiche wasche, dann sei es fast immer, um Spuren zu beseitigen. Auffällig sei in diesem Fall, wie Daniel mit der Leiche umging, in welch entwürdigender Position er sie liegen gelassen habe und, natürlich, die Spurenbefunde am Leichnam.

»Mir gegenüber hat Daniel in einer der ersten Unterredungen gesagt, er habe in der Gegenwart der Toten am Tag nach der Tat in der Dusche onaniert – für ihn sei das eine Art, um zu entspannen«, erzählt Volker Dittmann. Jetzt hingegen streite er die Selbstbefriedigung ab.

Dafür, dass Daniel den Mord sehr wohl aus sexueller Lust begangen hat, spricht auch der schwarze Damenstrumpf, den er Lucie über den Kopf gezogen hat – zumal Damenstrümpfe bereits beim ersten Delikt eine Rolle spielten.

»Das ist mehr als Zufall«, meint Dittmann.

Bei seinem ersten Angriff auf eine Frau, als Daniel als Neunzehnjähriger seine Arbeitskollegin um ein Haar getötet hätte, war ebenso eine sexuelle Komponente vorhanden: Er trug während der Tat Frauenstrümpfe, kurz vorher onanierte er mit sexuellen Fantasien über das Opfer. Schon damals wurde bei Daniel ein Strumpf- und Schuhfetischismus diagnostiziert. Daher geht Volker Dittmann davon aus, dass auch der Mord an Lucie eine sexuelle Komponente hatte. »Es ist denkbar, dass sich der sexuelle Gedanke erst in seinem Kopf breitmachte, als er ein Opfer zur Verfügung hatte«, erklärt Dittmann. »Erst, als er die Person vollständig beherrschte und in seiner Gewalt hatte.«

»Bei beiden Ihrer Delikte handelte es sich um wehrlose und ahnungslose Frauen. Zweimal haben Sie Gewalt gegen den Kopf angewendet und die Frauen stranguliert.«

»Klar gibt es Parallelen.«

»Und dennoch behaupten Sie, Sie hätten keine sexuellen Nebenmotive gehabt?«

»Nicht bewusst. Ich habe sie dort berührt, wo man sie nicht berühren dürfte, das habe ich gemacht. Aber sonst gab es keine sexuellen Handlungen.«

»Ihr Halbbruder und Ihre Pflegemutter sagen, dass das Motiv, das Sie uns nennen, nicht stimme. Das Motiv sei nicht gewesen, dass Sie wieder weggesperrt werden wollten.«

»Doch, ich wollte zurück in einen geschlossenen Rahmen. Ich wollte ja in die Klinik gehen. Es klingt nach einem seltsamen Grund, ich weiß, aber ich kann es nicht anders erklären.«

»Herr H. ist intelligent und kann sich angepasst verhalten«, sagt Psychiater Volker Dittmann. »Durch seine jahrelange Therapieerfahrung kennt er die Art und Weise, wie Therapeuten denken. Herr H. hat gezeigt, dass er sehr wohl in der Lage ist, Menschen zu manipulieren, und dass er sehr gut weiß, wann er was sagen muss, um bestimmte Effekte zu erzielen.«

Der forensische Psychiater diagnostiziert bei Daniel eine schwere kombinierte Persönlichkeitsstörung mit Suchtproblematik und eine »wie auch immer geartete« sexuelle Problematik. Daniels Persönlichkeitsstörung ist derart ausgeprägt, dass er in einem Psychopathie-Check sehr hohe Werte erreichte. Daniel selbst verneint ein Gewaltproblem, er gibt auch heute noch den Drogen die Schuld für seine Aggressivität.

»Doch die Sucht ist nicht sein Hauptproblem«, sagt Dittmann. »Sein Problem ist seine Gewalttätigkeit und seine massive Beziehungsstörung gegenüber Frauen.«

Volker Dittmann hat Daniel als psychiatrischer Gutachter bei der Tatrekonstruktion beobachtet. Dabei versuchte er, Schritt für Schritt zu rekonstruieren, wie Daniel seine Tat innerlich erlebt hat. Er wollte herausfinden, wann Daniel sich zur Tat entschieden hat, aus welchem Grund. Doch selbst dem erfahrenen Psychiater ist es nicht gelungen, an Daniel heranzukommen. Einmal sagte Daniel, er habe sich spontan zur Tat entschlossen, ein andermal, er habe eine Stunde lang hin und her überlegt – wobei er stets abgestritten hat, dass sein Töten auch sexuell motiviert war.

»Wenn es Herrn H. nie gelingt, sich vollständig zu öffnen und diese sexuelle Komponente zuzugeben, dann ist er nicht therapierbar«, sagt Volker Dittmann. Und selbst wenn ihm diese Einsicht doch noch kommen sollte, würde es mindestens zehn Jahre, wahrscheinlich aber länger dauern, bis erste Erfolge einer Therapie erkennbar wären – wenn überhaupt. »Je stärker die sexuelle Komponente, desto ungünstiger die Prognose und umso geringer die Therapierbarkeit.«

»Das, was in der Anklageschrift steht, stimmt. Was ich gemacht habe, ist bestialisch, es ist eine Schande. Ich habe zwei Seiten, eine gute und eine schlechte. Ich möchte ein besserer Mensch werden, langfristig natürlich.«

»Sie wollen also eine Therapie?«

»Also wollen … Doch, ich möchte mich verändern, es ist krass, was ich gemacht habe, was ich Lucie und ihrer Familie angetan habe. Ich will das nicht schönreden. Ich kann es mir teils selbst nicht erklären. Ich empfinde ein riesiges Schuldgefühl und ein großes Unverständnis mir selbst gegenüber. Mir fehlen manchmal die Worte. Ich denke jeden Abend darüber nach, es sind Bilder, die nicht schön sind, aber die ich verursacht habe.«

Daniel beschönigt, gibt sich geläutert und denkt trotzdem nur an sich selbst. Echte Reue gegenüber dem Opfer, den Angehörigen, den Freunden hört und spürt man bei ihm nicht. Wie kommt es, dass ein Mensch so wenig Empathie empfindet? Woher rührt die Aggressivität, die Gewalt? Warum wurde Daniel zum Mörder?

Volker Dittmann: »Es handelt sich um eine Mischung aus einer genetischen und einer sozialen Komponente: Herr H. wurde mit einer gewissen sexuellen Aggressionsneigung geboren – und dann hatte seine Sozialisation einen Einfluss darauf, wie stark die Neigung ausgeprägt wurde.« Die Bedingungen, unter denen Herr H. aufgewachsen sei, seien sehr ungünstig gewesen. »Bis man so wird, wie Herr H. geworden ist, wirken verschiedene Komponenten zusammen – warum genau *er* so geworden ist, können wir aber nicht sagen.

Denn die meisten, die unter ähnlichen Voraussetzungen aufwachsen, werden nicht zu einem Täter. Warum das so ist, kann die Wissenschaft bis heute nicht erklären.«

Nicht jeder, der mit einer solchen Veranlagung zur Welt kommt, wird zum Mörder, und nicht alle, die unter prekären familiären Umständen aufwachsen, zu Straftätern. Doch bei Daniel war die Kombination fatal. Dennoch rechtfertigt nichts seine Tat. Er war voll schuldfähig.

Auch Thomas Knecht, der zweite forensische Psychiater, der Daniel begutachtet hat, geht davon aus, dass eine gewisse erbliche Voraussetzung eine Rolle spielte, dass Daniel einen Teil des Rüstzeugs zum Mörder also bereits in sich trug, als er geboren wurde. Der andere Teil kam durch seine Sozialisation und durch die Lebenserfahrungen unterschiedlichster Art dazu.

»Wenn Herr H. gekränkt wird, bricht eine Wut auf die Welt aus ihm heraus«, sagt Thomas Knecht. »Bereits aus seiner Kindheit sind Wutausbrüche mit symbolischen Tötungshandlungen bekannt.« Das Töten, glaubt Thomas Knecht, befriedige ein »inneres Bedürfnis von Herrn H.«. Ändern lässt sich das auch mit den besten Therapiemethoden kaum. Gutachter Thomas Knecht: »Wenn man sich das Ziel setzt, dass Herr H. keine Gewaltdelikte mehr begeht, ist das innerhalb einer praktikablen Frist nicht erreichbar. Das würde Jahrzehnte dauern. Ich kann gar nicht in Aussicht stellen, ob da etwas zu erwarten ist.«

Thomas Knecht vergleicht Daniel gar mit dem amerikanischen Serienmörder Ted Bundy, der über dreißig

Frauen umgebracht hat: »Herr H. hat das Zeug zum Serientäter. Die Begegnungen mit den jungen Frauen waren ergebnisoffen. Sein Vorgehen erinnert an gewisse Serienmörder in der Kriminalgeschichte: Herr H. versuchte mit machiavellischer Intelligenz, die Opfer in die Falle zu locken.«

Ob bei Daniel H. von machiavellischer Intelligenz gesprochen werden kann, sei dahingestellt, aber bei Lucie hatte seine Masche leider Erfolg. Wenn nicht sie mit ihm gegangen wäre, hätte er höchstwahrscheinlich irgendwann eine andere junge Frau getötet. Weil niemand seine Gefährlichkeit erkannt und reagiert hat.

Blickt man auf die kriminelle Vita von Daniel H. zurück, wirkt die Chronologie wie eine Aneinanderreihung von behördlichen Fehleinschätzungen und Fehlern.

Er ist neunzehn, als er wegen des Angriffs auf seine ehemalige Arbeitskollegin vor Gericht steht. Zwar diskutieren die Richter schon damals bei der Urteilsfindung über eine mögliche Sicherheitsverwahrung Daniels – doch sie entscheiden sich dagegen. Nicht zuletzt, weil die sexuelle Komponente des Delikts nicht erkannt und Daniels Gefährlichkeit demnach unterschätzt wird.

Vier Jahre später wird Daniel aus dem Maßnahmenvollzug für junge Erwachsene entlassen, ohne dass eine neue Risikoanalyse über ihn erstellt wird, ohne dass die Justizbehörden über seine Gefährlichkeit informiert werden. Kaum in Freiheit, verstößt er mehrfach auf verschiedene Weise gegen die Bewährungsauflagen – doch Konsequenzen hat es keine, obwohl

Daniel wegen der Verstöße umgehend wieder hätte inhaftiert werden müssen.

Selbst als Daniel Monate nach seiner Entlassung erst seinen Job und dann seine Wohnung verliert, schlägt niemand Alarm. Keiner merkt, dass er zu dem Zeitpunkt längst wieder voll auf Drogen ist – obwohl er regelmäßig Urinproben abgeben müsste, weil sein Drogenkonsum die Rückfallgefahr massiv erhöht.

Als er der Bewährungshelferin von sich aus von seinem Drogenkonsum erzählt und sich freiwillig in eine Entzugsklinik einweisen lassen will, kommt er fünfundvierzig Minuten zu spät, wird abgewiesen und auf später vertröstet. Also geht er wieder auf die Jagd nach jungen Mädchen.

Zwei Fünfzehnjährige hält er gegen deren Willen bei sich zu Hause fest. Der Taxifahrer, der die zwei zu Tode verängstigten Mädchen morgens um drei zum Bahnhof zurückfährt, hält es nicht für nötig, irgendjemanden zu informieren.

Dann verschwindet Lucie. Die Polizei wartet bis am nächsten Morgen, bevor sie die Fahndung einleitet, und die intern zerstrittenen Justizbehörden im Kanton Schwyz vermitteln nicht gerade das Bild einer professionellen Ermittlungsleitung.

Am Ende ist Lucie tot.

Es ist eine Auflistung behördlichen Versagens – eines Versagens mehrerer Stellen, das in der Kombination tödlich war.

Ein halbes Jahr nach Lucies Tod stellt die Aargauer Regierung einen Untersuchungsbericht vor, der zum Schluss kommt, dass sämtliche Stellen, die sich mit

Daniel und seiner Entlassung befassten, die Gefahr eines Rückfalls falsch eingeschätzt hatten: Der Psychiater, das Gericht, die Strafvollzugsbehörde, die Bewährungshilfe. Es habe keine Stelle eine koordinierende Rolle ausgeübt, die Zusammenarbeit zwischen den Vollzugsstellen sei ungenügend gewesen und die Weitergabe von Informationen mangelhaft. Auch das Know-how im Risikomanagement sei nicht ausreichend gewesen.

Lucies Vater reicht nach der Publizierung des Berichts Strafanzeige ein.

»Wir haben den Verdacht, dass Personen des Straf- und Maßnahmenvollzugs Dinge getan oder unterlassen haben, die mitverantwortlich für Lucies Tod sind«, sagt sein Rechtsanwalt.

Die Staatsanwaltschaft leitet daraufhin gegen drei Personen ein Verfahren wegen fahrlässiger Tötung ein, das Jahre später jedoch eingestellt wird: Die Tötung von Lucie sei für diese drei Personen weder vermeidbar noch voraussehbar gewesen.

Unabhängig von diesem Verfahren einigen sich der Kanton Aargau und Lucies Eltern acht Jahre nach dem Tod ihrer Tochter außergerichtlich auf eine Entschädigung, weil den kantonalen Behörden Fehler unterlaufen seien. Wie hoch die Entschädigung ausfällt, darüber wird Stillschweigen vereinbart.

Im Kanton Schwyz werden die Justizbehörden und ihr Verhalten im Fall Lucie durch eine Parlamentarische Untersuchungskommission eingehend überprüft. Das Zeugnis fällt schlecht aus: Unstimmigkeiten innerhalb der Justizbehörden, schlechte Kommunikation und ein Fehler einer Bundesbehörde führten dazu, dass die Handydaten erst mit Verzögerung geliefert wurden. Die Untersuchung löst einen regelrechten Justizskandal aus, in dem kein Stein auf dem anderen bleibt. Am Ende wird der Gerichtspräsident nicht mehr zur Wiederwahl empfohlen, der leitende Staatsanwalt wird entmachtet, und die Untersuchungsrichterin, die mit dem Fall Lucie betraut war, sowie einige weitere Staatsanwälte reichen die Kündigung ein.

Auch im Aargau werden nach der Untersuchung Konsequenzen gezogen. Der Kanton führt schärfere Gesetze ein, um auf Bewährung entlassene Straftäter, die gegen ihre Auflagen verstoßen, zügig inhaftieren zu können. Die beteiligten Stellen sollen fortan besser über verurteilte Personen und ihre Straftaten informiert werden. Die Bewährungshilfe, die der Kanton zuvor an einen privaten Verein abgetreten hatte und die krass unterfinanziert war, wird in die Kantonsverwaltung eingegliedert. Zugleich wird eine Gruppe »Sonderdienste« gebildet, um die schwierigen Fälle zu koordinieren – deren Mitglieder müssen über forensische Kenntnisse verfügen. Siebzehn zusätzliche Stellen werden geschaffen.

Schweizweit wird nach Lucies Tod ein Entführungsalarm eingeführt, wonach über Radio, Fernsehen, SMS-Alarm, Autobahnanzeigetafeln, Durchsagen an Bahnhöfen, Flughäfen und Einkaufszentren sowie über Presseagenturen und Onlinemedien sofort die Nachricht verbreitet werden kann, dass jemand als vermisst gemeldet ist.

Mit all diesen Neuerungen soll verhindert werden, dass sich ein Fall Lucie wiederholt.

»Wie beurteilen Sie Ihre Tat, Herr H.?«

»Es ist das Schlimmste, was man tun kann. Vor der Tat war ich aggressiv, wütend. Danach war ich von Trauer übermannt. Was ich getan habe, tut mir weh. Es ist mir nicht egal, ich will, dass Lucies Familie das weiß. Das Delikt hat mich sehr zum Nachdenken gebracht, ich weiß, dass ich mich verändern muss.«

Auch als Daniel vor Gericht sein letztes Wort spricht, hört man keine wirkliche Reue, eher Selbstmitleid. Der Richter, der das Urteil verkündet, wendet sich an Daniel.

»Sie haben Lucie mit direktem Vorsatz getötet«, stellt der Richter fest. »Sie sind dabei skrupellos, krass egoistisch und heimtückisch vorgegangen. Sie haben ganz massiv Gewalt angewendet, nachdem Sie Lucie hinterlistig in eine Falle gelockt haben.« Das Gericht habe sich mit einer außerordentlich schrecklichen, erschütternden, aufwühlenden Tat auseinandersetzen müssen, die zur Folge hatte, dass ein junger, hoffnungsvoller Mensch, der die Zukunft noch vor sich hatte, grauenhaft ums Leben kam. »Sie, Herr H., sind der Einzige in diesem Saal, der weiß, wie sich die Tat im Einzelnen abgespielt hat – Sie sagen es aber nicht.« Der Richter spricht ruhig und sachlich. Und doch ist ihm anzumerken, dass dieser Fall ihn trotz seiner langjährigen Erfahrung berührt. »Die genaue Wahrheit weiß deshalb niemand außer Ihnen. Das ist vor allem für Lucies Angehörige sehr belastend.«

Das Gericht konnte sich bei der Frage nach Daniels Motiv darum einzig auf Indizien stützen.

»Wir glauben: Sie realisierten nach und nach, dass Sie vor Lucie das Gesicht verlieren würden. In Ihnen kam eine intensive Wut und Verzweiflung hoch. Die Entscheidung, Lucie zu töten, erfolgte aber nicht kurzfristig, es gab eine Zeit des Überlegens. Sie entschieden sich, hauptsächlich wegen Ihrer narzisstischen Kränkung, Lucie zu töten, aber es gibt auch Hinweise auf ein sexuelles Geschehen: Als sie tot da lag, sahen Sie die Möglichkeit, mit der toten Lucie sexuell zu machen, was Sie wollten. Es liegt ein schwerwiegendes Verschulden vor, schlimmer ist fast nicht vorstellbar.«

Daniel presst die Lippen zusammen, während der Richter auf ihn einredet. Er versucht, die Zuckungen in seinem Gesicht zu unterdrücken.

»Herr H., Sie sind eine Gefahr für die Öffentlichkeit.«

Das Gericht verurteilt Daniel H. wegen Mordes an Lucie zu einer lebenslänglichen Freiheitsstrafe, und in der Schweiz kann lebenslang auch wirklich lebenslang bedeuten. Frühestens nach fünfzehn Jahren kann eine vorzeitige Entlassung geprüft werden – muss aber nicht. Gleichzeitig verfügt das Gericht die anschließende Sicherheitsverwahrung: Eine Maßnahme, welche die Gesellschaft vor Daniel schützen soll, selbst dann noch, wenn er die Freiheitsstrafe abgesessen haben sollte. Die Dauer der Sicherheitsverwahrung ist ebenfalls unbestimmt. Sie wird regelmäßig überprüft und kann alle fünf Jahre um weitere fünf Jahre verlängert werden. Das Urteil des Bezirksgerichts Baden wird später vom obersten Gericht bestätigt werden.

Daniels Leben in Freiheit ist vorbei. Höchstwahrscheinlich für immer. Doch selbst das macht nicht wieder gut, was geschehen ist. Bei Tötungsdelikten schafft auch das härteste Verdikt keine Gerechtigkeit. Zurück bleibt das leere und quälende Gefühl, dass die Tat hätte vermieden werden können: Wären den Behörden im Vorfeld nicht zahlreiche Fehler unterlaufen, wäre Daniel H. womöglich nie zum Mörder geworden – und Lucie würde noch leben.

Für die Angehörigen von Lucie ist die Tat nie vorbei. Sie ist da, Tag für Tag, lebenslang. Zehn Jahre nach Lucies Tod gibt ihre Mutter einer Zeitschrift ein Interview. Wenn sie morgens aufwache, gehöre ihr erster Gedanke Lucie, wenn sie abends einschlafe, denke sie als Letztes an Lucie.

»Ich sehe sie lachen. Sie war ein so lebensfroher Mensch.«

Befindet sich die Mutter allein in ihrer Wohnung, spricht sie mit ihrem verlorenen Kind.

»Sie ist mir noch immer sehr nah.«

Für Lucies Mutter fühlte sich die Tat an, als wäre sie selbst gestorben. Doch sie sagt auch, dass sie trotz der großen Traurigkeit ihr Leben immer noch liebt. Dass es weitergeht, auch ihren anderen zwei Kindern zuliebe. Noch heute hat Lucies Mutter manchmal das Gefühl, ihre Tochter komme jeden Augenblick zur Tür herein.

Doch die Tür bewegt sich keinen Spalt weit, Lucie kehrt nicht zurück.

Der Tod der alten Dame

Noch denkt niemand etwas Schlimmes. Es ist ein sommerlich heißer Samstagmorgen, der 20. August 2016, als eine Bekannte bei Veronika T. an der Haustür klingelt. Die Villa liegt ruhig da, die Rollläden sind noch geschlossen, obwohl schon fast Mittag ist. Drinnen bellt der Hund. Die Bekannte meint, auch ein »Pssst!« zu vernehmen. Als ob jemand versuche, das Tier zum Schweigen zu bringen. Doch die Tür wird nicht geöffnet.

Wahrscheinlich will Veronika nicht gestört werden, denkt die Bekannte, als sie sich nach einigem Warten abwendet und nach Hause geht – nicht ahnend, dass die dreiundsiebzigjährige Ärztin nie mehr gestört werden kann: Veronika T. liegt tot in ihrem Bett. Mutmaßlich erstickt. Doch selbst die Todesursache ist umstritten in diesem Kriminalfall, der jedes Klischee bedient, in dem zwei krasse Milieus aufeinanderprallen und in dem es bis heute mehr Fragen als Antworten gibt.

Veronika T. war eine ebenso erfolgreiche wie angesehene Ärztin; eine elegante Frau, die großen Wert auf ihr Äußeres legte und mindestens zehn Jahre jünger wirkte. Obwohl sie sich längst hätte zur Ruhe setzen können, betrieb Veronika bis zu ihrem Tod eine eigene

Praxis. Sie wohnte allein in der riesigen Villa in Küsnacht, dort, wo die Zürcher Goldküste goldener kaum scheinen könnte. Wer hier lebt, hat sehr viel Geld und bewegt sich in den sogenannt besten Kreisen.

Doch Anfang Sommer hatte Veronika einen Schicksalsschlag erlitten: Diagnose Krebs. Mitte Juli, vor etwas mehr als einem Monat, wurde sie operiert. Sie musste Medikamente einnehmen, schien die Therapie aber gut zu vertragen. Zu ihrem Sohn sagte Veronika mit Überzeugung: »Dieser Krebs bringt mich nicht so schnell um.«

Am Sonntagmorgen, wir schreiben den 21. August 2016, will Veronikas Sohn seine Mutter besuchen. Sie sind zum gemeinsamen Mittagessen verabredet. Auch ihm fällt auf, dass alle Rollläden heruntergelassen sind, als er vor der Villa steht. Dabei ist schon Viertel nach zehn. Als er die Tür aufschließt und das Haus betritt, umgibt ihn eine schwere Stille. Er sucht nach seiner Mutter und findet sie im Schlafzimmer.

Veronika liegt tot in ihrem Bett. Sie trägt Pyjama und Noppensocken. Auf ihrem Gesicht: ein Kissen. Handtasche und Schuhe stehen neben dem Bett auf dem Boden, so, wie sie sie jeden Abend akkurat hingestellt hat, wenn sie sich schlafen legte. Die Kleidung ist sorgfältig auf einen Stuhl gebettet.

In den anderen Zimmern hingegen ist es weniger ordentlich als üblich; es sieht aus, als ob jemand etwas gesucht hätte. Der Sohn ruft die Polizei.

Die Beamten sind schnell vor Ort. Auf den ersten Blick weist außer dem Kissen nichts auf ein Verbrechen hin.

Veronika ist äußerlich unverletzt, auch gibt es keine Einbruchspuren; Türen und Fenster sind verschlossen, nirgends wurde ein Schloss aufgebrochen, niemand hat sich mit Gewalt Zugang zur Villa verschafft. Trotzdem setzt sich die Maschinerie der Ermittlungen in Gang, und die Experten beginnen, in der Villa mögliche Spuren zu sichern. Im Wohnzimmer wurde ein barocker Holzschrank teilweise ausgeräumt, das Geschirr steht gestapelt davor am Boden. Unter einem der Teller findet die Spurensicherung eine zerknüllte Zellophanfolie von etwa neun mal vier Zentimetern. Als der Ermittler die Folie auseinanderfaltet, stellt er fest, dass es tatsächlich zwei Stück sind. Er steckt sie in ein Säckchen, um sie im Labor auf DNA-Spuren untersuchen zu lassen. Auch das Kopfkissen, das Pyjama, der Bettbezug sowie bestimmte Stellen in den anderen Räumen, in der Garage und auch im Keller werden abgetupft oder abgeklebt und auf winzige genetische Spuren untersucht. Die Ermittler versuchen nicht nur, unsichtbare DNA-Spuren zu sichern, sie stoßen auch auf Schuhabdrucke, die sie wieder sichtbar machen können.

»Ich ging zunächst von einem natürlichen inneren Geschehen aus, das zum Tod von Veronika T. geführt hat«, sagt Staatsanwalt Matthias Stammbach, der die Leitung des Falles übernommen hat. Er gehört zu jenen Staatsanwälten, die wann immer möglich selbst an den Tatort fahren, um einen Augenschein vorzunehmen. »Es war vorstellbar, dass Veronika T. in einer Verwirrung vor ihrem Tod einige Sachen aus dem Schrank geräumt und sich dann das Kissen über den Kopf gezogen hatte. Das dem nicht so war, zeigte sich spätestens, als die Ergebnisse der Spurensicherung vorlagen.«

Während die Forensiker die Spuren in der Villa sichern, führen zwei Rechtsmediziner um 15.44 Uhr am Tatort die sogenannte Legalinspektion an Veronikas Leiche durch, die sich schon nicht mehr in einem guten Zustand befindet. Die äußere Leichenschau führt zu keinem klaren Befund. Die Verstorbene weist keine Verletzungen auf, keine Blutergüsse, keine Stichwunden, keine Abwehrverletzungen wie zum Beispiel abgebrochene Fingernägel, nichts, dass auf ein Gewaltdelikt hindeuten würde. Die Gerichtsmediziner bezeichnen sowohl die Todesursache als auch die Todesart als »unklar«.

Auch die Bestimmung des Todeszeitpunkts gestaltet sich schwierig. Die Temperatur des toten Körpers spricht dafür, dass Veronika in den frühen Morgenstunden des 21. Augusts gestorben ist. Also in der Nacht auf Sonntag. Die Totenstarre, das Verhalten der Totenflecken und der Verwesungsgrad hingegen sind Hinweise darauf, dass sie schon früher verstorben sein könnte. Die Ärzte überführen die Leiche ins Institut für Rechtsmedizin nach Zürich, doch die Obduktion nehmen sie nicht mehr am Sonntag vor, sondern verschieben sie auf Montagmorgen. Ein Fehler, wie sich zeigen wird.

Als die Rechtsmediziner am Montagmorgen, 22. August 2016, um 9.50 Uhr mit der Obduktion von Veronikas Leiche beginnen, ist deren Verwesung trotz der gekühlten Lagerung schon überraschend weit fortgeschritten, was die Arbeit massiv erschwert. Die Ärzte stellen fest, dass Veronikas Leichnam keine penetrierenden Verletzungen oder Blutergüsse aufweist, keine Quetschungen, keine inneren Einblutungen, keine Verletzungen der Weichteile oder des Skeletts. Sie entdecken eine einzige punktförmige Blutung an der linken oberen Augenbindehaut sowie eine circa fünf Millimeter große Muskeleinblutung an der Zungenspitze. Auch stoßen sie auf rote Flüssigkeit in der Mundhöhle und im Nasenbereich, auf deren Zusammensetzung sie im Bericht nicht genauer eingehen. Doch sie führen sie auf die weit fortgeschrittene Verwesung zurück, die den Körper schon stark verändert und verfärbt hat.

Das trifft insbesondere auch auf das Herz und auf die Lunge zu. In der überblähten Lunge – konkret: an den Lungenbläschen – finden sich zwar Anzeichen, die auf einen Erstickungstod hindeuten könnten: Die Lungenbläschenwände sind beschädigt, die Enden wirken zerrissen oder zerfranst. Das Verletzungsbild kann aber ebenso gut auf die Verwesung zurückzuführen sein. Auf jeden Fall werden die Lungenbläschen in diesen Ermittlungen und später in den Gerichtsverfahren noch viel zu reden geben. Dass die Verwesung trotz kühler Lagerung des Leichnams so rasant voranschritt, könnte laut den Rechtsmedizinern auf eine bakterielle Blutvergiftung hinweisen, deren Ursprung sie jedoch nicht feststellen können.

Nach der Obduktion korrigieren die Ärzte die Einschätzung des Todeszeitpunkts: Jetzt gehen sie davon aus, dass Veronika in den Abendstunden des 19. Augusts oder im Verlauf des 20. Augusts gestorben ist. Das würde mit der Beobachtung von Veronikas Bekannter übereinstimmen, die am Samstag um die Mittagszeit vergeblich an ihrer Tür geklingelt hat.

In ihrem Obduktionsbericht schreiben die Rechtsmediziner, dass sie die Todesursache allein aufgrund der gewonnenen Erkenntnisse nicht abschließend bestimmen können: Es ist sowohl eine natürliche Todesursache möglich – oder aber auch ein gewaltsam herbeigeführter Tod. Dass die Rechtsmediziner trotzdem glauben, es hier mit einem Verbrechen zu tun zu haben, hat einen anderen Grund: Am Hals der Toten klebte ein kleiner Fetzen Zellophanfolie.

»Mir wurden verschiedene Fotos gezeigt«, erzählt Staatsanwalt Matthias Stammbach. »An ein Foto kann ich mich noch gut erinnern: Es war ein Bild vom Hals des Opfers. Ich sagte, bitte noch einmal zurückblättern, und fragte, was da am Hals klebe. Es handelte sich um Zellophanfolie. Davon hatten wir bis dahin keine Kenntnis. Hätte ich Kenntnis davon gehabt, hätte ich schon früher ein Strafverfahren eröffnet.«

Am 7. September erhält Staatsanwalt Stammbach schließlich die Ergebnisse der Spurensicherung. Auf einen Schlag ist er sich sicher, dass Veronika Opfer eines Tötungsdelikts geworden ist. Die Analysen des Labors zeigen, dass sich an den zwei Zellophanfolien, die unter dem aus dem Schrank geräumten Teller gelegen haben, DNA-Spuren befanden. An einer der beiden Folien sicherten die Ermittler sogar sehr viel DNA; die Laboruntersuchungen zeigen, dass sie von Veronikas Speichel stammt. An der zweiten Folie finden sich DNA-Spuren von einer fremden männlichen Person. Die DNA des unbekannten Mannes wurde auch am linken Handgelenk der Toten, an ihrem Pyjamaoberteil und an der Hose, am Kopfkissen und am Bettbezug gefunden. Mehr noch; auch in den anderen Räumen, im Keller, in der Garage und selbst am Handschuhfach des Wagens sicherten die Ermittler die DNA des Unbekannten. Die Villa ist voll von seinen Spuren. Und er war nicht allein: Die Ermittler sicherten auch die DNA eines zweiten Mannes.

Dass die Spuren frisch sein müssen, bezeugt Veronikas Putzfrau: Sie gibt zu Protokoll, dass sie am Vormittag des 19. August wie jeden Freitagmorgen die Villa gereinigt hat. Sie hat den Plattenboden vom Eingang bis zur Glastür und von dort bis zum Treppenaufgang sowie vor dem Kamin feucht gewischt. Das Schlafzimmer von Veronika hat sie an jenem Freitag gründlich staubgesaugt, ebenso wie den Boden im Dachgeschoss. Nur drei Tage vorher, am Dienstag, hat sie das Schlafzimmer und alle anderen Räume feucht durchgewischt, inklusive Treppenhaus und Waschküche. Die einzige Ausnahme bildete das Klavierzimmer, das kaum mehr benutzt wird.

Allerdings hat die Putzfrau an diesem Freitagmorgen auf Geheiß von Veronika zwei Zimmer gar nicht geputzt: Nach der Krebsoperation haben ihre Tochter Stefanie und ihre Enkelin bei ihr in der Villa gewohnt, um ihr während der Therapie beizustehen. Die beiden sollten jedoch noch an diesem Freitag wieder ausziehen und zu sich nach Hause zurückkehren. Veronika wies die Putzfrau an, die Zimmer noch nicht zu putzen; erst wenn die Tochter ihre Sachen ausgeräumt habe, sollten die Zimmer gemacht werden.

»Als ich das Haus verließ, war alles sauber und aufgeräumt«, sagt die Putzfrau der Polizei und fügt an: »Veronika war eine sehr ordentliche Person.«

Somit ist klar, dass sich die fremden Personen erst im Haus aufgehalten haben, nachdem die Putzfrau ihre Arbeit am Freitag beendet hatte. Nicht nur die DNA-Spuren sind demnach frisch – auch die gesicherten Schuhabdrucke müssen nach Freitagmittag in der Villa hinterlassen worden sein. Neun Schuhabdrucke stammen von einem Sneaker der Marke Nike Air Force, Größe 43 bis 44. Daneben finden sich drei weitere Profilabdrücke, einer davon stammt von einem Converse-Sneaker und ist wohl Veronikas Sohn zuzuordnen, der ihre Leiche am Sonntag gefunden hat.

Die Profilspuren, die in Veronikas Schlafzimmer gesichert werden, sind qualitativ zu schlecht erhalten, als dass sie klar interpretiert werden können. Trotzdem besteht kein Zweifel daran, dass sich mehrere fremde Personen in Veronikas Villa bewegt haben. Die Staatsanwaltschaft geht davon aus, dass eine der Personen Veronika im Bett mit einer Zellophanfolie erstickt hat, möglicherweise hat sie dabei das Kissen zu Hilfe genommen. Als Motiv ziehen die Ermittler Raubmord in Betracht; sie stellen fest, dass mehrere Kreditkarten von Veronika entwendet worden sind. Es fehlen ebenso ihr Handy, zwei Armbanduhren und eine Halskette mit einem Herzanhänger.

Nur: Wie haben sich die Täter Zugang zur Villa verschafft? Es ist unwahrscheinlich, dass sie einfach an der Tür geklingelt haben und Veronika sie hereingelassen hat – die Auffindesituation spricht viel eher dafür, dass Veronika schlafend im Bett überrascht worden ist. Aber es gibt keine Einbruchspuren. Hatten die Täter also einen Schlüssel? Und falls ja, woher?

Gut einen Monat nach der Tat, am 22. September 2016 um 6.15 Uhr in der Früh, wird Jason B. verhaftet. Er ist zu diesem Zeitpunkt dreiunddreißig Jahre alt, ein gut aussehender Mann mit dunklem Teint, die schwarzen Haare platt am Kopf zurückgekämmt und in einem kleinen Pferdeschwanz zusammengebunden. Er trägt Schuhgröße 43 – und besitzt ein Paar Nike Air Force.

Die Frage, wie die Polizei auf Jason B. gekommen ist, beantwortet Staatsanwalt Matthias Stammbach mit Verweis auf das Amtsgeheimnis nicht. Sicher ist: Die Fremd-DNA, die an so vielen Stellen in der Villa gefunden worden ist, gehört Jason B. Es ist möglich, dass die Tatortspur in der DNA-Datenbank CODIS einen Treffer ergab – dass also Jasons Profil dort bereits registriert war, weil er schon früher mit dem Gesetz in Konflikt geraten ist; er hat nicht nur Drogen konsumiert, sondern auch gedealt, er wurde wegen Vergehen gegen das Waffengesetz sowie wegen Diebstahls angezeigt. Auf jeden Fall ist schnell klar, dass Jason hochverdächtig ist. Nicht nur, weil er am Tatort etliche Spuren hinterlassen hat, auch sein Verhalten nach der Tat ist verräterisch – um nicht zu schreiben: dilettantisch.

Nur wenige Stunden, nachdem Veronika gestorben ist, geht Jason in Zürich auf Einkaufstour. Im Geschäft *I love Fashion* kauft er für 1600 Franken Kleidung und Mode-Accessoires und bezahlt mit einer von Veronikas Kreditkarten. Er muss die PIN-Codes kennen, denn darüber hinaus hebt er mit mehreren von Veronikas Karten Bargeld ab: Er bedient sich insgesamt an vierzehn verschiedenen Geldautomaten und bezieht total fast dreißigtausend Franken. Auch hierbei geht er nicht gerade vorsichtig vor: Auf den Bildern der Überwachungskameras ist Jason eindeutig zu erkennen; sie zeigen, wie er mit der Karte der toten Millionärin Geld abhebt. Den größten Teil davon verprasst er an den folgenden Abenden im Zürcher Striplokal *Red Lips*. Allein in der Nacht vom 20. auf den 21. August gibt er dort über 10 000 Franken aus. Unvorsichtig, oder eher ziemlich dumm ist überdies, dass er einer Rotlichtdame eine Armbanduhr schenkt. Jason ist ihr Stammkunde. Als er ihr die Damenuhr, die offensichtlich nicht neu ist, ohne Quittung und ohne Etui schenkt, will sie wissen, woher er die hat. Jemand schulde ihm Geld und könne nicht bezahlen, lügt Jason, darum habe er stattdessen die Uhr erhalten. Die Wahrheit ist: Sie gehörte Veronika. Später wird die Polizei auf Jasons Handy Fotos von eben dieser und von einer weiteren Uhr finden, wie auch von anderen Wertgegenständen, die er Veronika gestohlen hat.

Der Fall scheint klar. Jason war in Veronikas Villa. Er hat sie beraubt und wohl auch getötet. Nur: Wer ist Jason B., der wegen Mordverdacht in Untersuchungshaft genommen worden ist? Ist er der eiskalte Mörder, der Veronika wegen ein paar Zehntausend Franken getötet hat? Oder hatte er ein anderes Motiv?

Jason ist nach seiner Verhaftung nicht gerade redefreudig. Er schweigt sich aus, vor der Polizei, vor dem Staatsanwalt, vor dem Gericht, es ist nicht viel aus ihm herauszubekommen. Darum ist über sein Leben nur so viel bekannt, was schon früher Eingang in die Akten gefunden hat. Jason wurde 1983 in Kapstadt geboren. An seinen leiblichen Vater kann er sich kaum erinnern;

die Mutter hat Jason erst allein, dann gemeinsam mit seinem Stiefvater aufgezogen. Jason beschreibt seine Mutter einmal als »streng und leistungsorientiert«, aber auch als »warmherzig, engagiert, gelegentlich am Rande der Überforderung und sehr verletzbar«. Als Jason sieben ist, zieht die Familie in die Schweiz, wo sie ihre Wurzeln hat. Seine ihm nahestehende Großmutter stirbt, als er dreizehn ist, was ihn in eine Krise stürzt. Von seinem Stiefvater wird er hin und wieder geschlagen, später wird die Beziehung zu ihm besser, doch dann lassen sich die Mutter und der Stiefvater scheiden. Jason hat einen Adoptivbruder; er sagt über ihn, er sei ein Musterbeispiel für ein Kind gewesen – im Gegensatz zu ihm selbst. Jason fühlt sich in der Schule ausgegrenzt. Blickt er zurück, sieht er sich in seiner Jugend als Sündenbock und Einzelgänger – einer mit einer großen Klappe, der sich gern mit anderen anlegt, auch mit Lehrern. Zu Hause haut er immer mal wieder ab, ist unehrlich, bis ihn die Mutter in ein Internat steckt. Jason sagt, das Internat habe sein Leben zerstört.

Er beginnt zu kiffen und zu klauen und fliegt alsbald von der Internatsschule. Weder die Mutter noch der Stiefvater wollen ihn nach seinem Rausschmiss wieder bei sich wohnen lassen. Er schafft es dann doch noch, die Realschule zu beenden, aber er findet keine Lehrstelle. Im August 2000 kann er ein Praktikum beim Hotelierverband Gastrosuisse beginnen. Doch selbst das klappt nicht: Er erscheint mehrmals unpünktlich zur Arbeit und erhält alsbald die Kündigung. Im Jahr 2002, Jason ist neunzehn, wird seine erste Freundin von ihm schwanger und bringt sein Kind zur Welt, sieben Jahre später folgt ein zweites von einer anderen Frau, die er sogar heiratet. Doch die Beziehung hält nicht. Jason bewegt sich in den Schattenwelten des Rotlichtmilieus und hält sich mit zweifelhaften Jobs über Wasser. Er fliegt als Drogen- und Geldkurier auf und wird verhaftet. Zweimal ordnen die Behörden eine therapeutische Maßnahme an, doch der Erfolg ist wohlwollend gesagt bescheiden. Er wohnt mal hier, mal dort, überall und nirgendwo. Manchmal verdient er sich etwas Geld auf dem Bau. Zu seiner Mutter hat er selten Kontakt, die anderen Familienangehörigen sieht er gar nicht mehr. Treu bleibt er einzig den Drogen, in erster Linie dem Kokain.

Wegen seiner Sucht wird er im Frühling 2016 in die Psychiatrische Uniklinik Zürich eingewiesen. Dort lernt er eine ebenfalls drogensüchtige und ritalinabhängige Frau kennen, vielleicht auch lieben, das ist nicht ganz klar, auf jeden Fall entsteht eine Beziehung, die fatale Folgen hat. Stefanie ist zehn Jahre älter als Jason, groß und blond und attraktiv. Die familiären Hintergründe des ungleichen Paars könnten unterschiedlicher nicht sein: Hier der Tagelöhner aus dem Drogen- und Rotlichtmilieu, da die wohlstandsverwahrloste Tochter aus der High Society.

Stefanie hatte alle Möglichkeiten, sie hätte alles haben können, doch genau das war womöglich Teil des Problems. Sie stammt aus reichem Hause, ist in einer Ärztefamilie in einer Villa an der Zürcher Goldküste behütet aufgewachsen, Geld war massenhaft vorhanden. Trotzdem ist ihre Welt nur scheinbar heil.

Stefanie ist die Tochter von Veronika T., die Monate später in ihrer Villa in Küsnacht ums Leben gebracht wird.

Das ist der Durchbruch, die Verbindung zwischen Täter und Opfer, nach der die Ermittler gesucht haben: Der Mann, dessen DNA nach Veronikas Tod überall in ihrer Villa gefunden wurde, ist der Freund ihrer Tochter. Zufall? Wohl kaum. Am 27. September 2016 – fünf Tage nach Jasons Verhaftung – nimmt die Polizei Stefanie fest, auch sie kommt in Untersuchungshaft.

Tochter soll Mordauftrag gegeben haben, titelt eine Zeitung, als sie von der Verhaftung erfährt. Noch gilt die Unschuldsvermutung, doch manche Meinungen sind schnell gemacht.

Stefanie T., die Ärztetochter, das Sorgenkind. Mit dreizehn versucht sie das erste Mal, sich umzubringen; sie schluckt Tabletten.

»Mit fünfzehn begann ich, Drogen zu nehmen«, erzählt sie.

Erst Hasch, dann Heroin, gelegentlich Kokain. Free Base konsumiert sie auch, eine besonders reine Form von Crack, also chemisch aufbereitetes Kokain, das eine intensivere Wirkung hat. Mit achtzehn fliegt sie trotz hohem IQ vom Gymnasium.

»Weil ich mich zu wenig für die Schule interessiert habe.«

Mit neunzehn der zweite Suizidversuch; ein absichtlich herbeigeführter Autounfall. Später macht Stefanie in einem privaten Internat dann doch noch ihre Matura. Sie beginnt ein Medizinstudium und bricht es ab. Danach entscheidet sie sich für Journalistik und Kommunikationswissenschaften, schließt erfolgreich ab, sie scheint die Kurve zu kriegen, hängt eine Ausbildung zur Kommunikationsmanagerin an und bildet sich zur medizinischen Sekretärin und diplomierten medizinischen Praxisleiterin aus. Sie arbeitet an verschiedenen Orten, schließlich wird sie die rechte Hand ihrer Mutter Veronika, in deren Praxis sie dreizehn Jahre lang bleibt. Sie heiratet, ein Kind kommt zur Welt, später die Scheidung.

Die Sucht bleibt ihr Begleiter: Stefanie wird abhängig von Ritalin, das ihr einst ein Psychiater verschrieben hat. 2016 schluckt Stefanie täglich um die 120 Pillen Ritalin. Die meisten Tabletten beschafft sie sich mithilfe von Rezepten, die ihr ihre Mutter Veronika widerwillig ausstellt.

Die Mutter versorgt die erwachsene Tochter, die meist knapp bei Kasse ist, nicht nur mit Ritalinrezepten, sie unterstützt sie immer wieder auch finanziell. So bezahlt sie ihr nebst ihrem Lohn ein monatliches Taschengeld von 1500 Franken, doch das reicht oft nicht. Am 15. August 2016 überweist sie ihrer Tochter 5000 Franken für Ferien. Am 18. August – es ist Stefanies dreiundvierzigster Geburtstag – überweist ihr Veronika ein Darlehen von 10 000 Franken. Die beiden Frauen gehen an diesem Donnerstagabend zusammen essen. Worüber sie gesprochen haben und ob es zum Streit gekommen ist, daran kann oder will sich Stefanie nicht erinnern. Veronika jedoch hat mehreren Personen von einer heftigen Auseinandersetzung berichtet. Unbestritten ist: Veronika bittet Stefanie, die nach der Krebsoperation gemeinsam mit der kleinen Tochter für einige Wochen bei ihrer Mutter in der Villa gewohnt hat, noch vor dem Wochenende wieder aus- und zurück in die eigene Wohnung zu ziehen.

Also packt Stefanie am Freitag, dem 19. August, ihre Sachen und geht. Sie wird später von der Polizei mehrmals dazu befragt werden, warum sie just an diesem Freitag zurück nach Hause zog. Einmal sagt sie, die Tochter habe am darauffolgenden Montag wieder zur Schule gemusst, einmal meint sie, die Mutter habe nach dem Wochenende ihre Arbeit wieder aufnehmen wollen. Doch selbst wenn das der Grund gewesen sein sollte: So weit kommt es nicht mehr.

Am Freitagvormittag, keine vierundzwanzig Stunden vor ihrem Tod, erzählt Veronika dem Therapeuten der Familie von einem Streit mit ihrer Tochter, und dass sie Stefanie quasi rausgeschmissen habe. Am Abend, ein paar Stunden später, schreibt Veronika dem Therapeuten: *Mein Haus ist wieder mein Haus. Habe Stefanie mit Sack und Pack per Taxi zu ihrer Wohnung fahren lassen. ›Es‹ kann wieder atmen, auch wenn ›es‹ heute sehr deprimiert war.*

Es ist ihr letztes Lebenszeichen.

Die Ermittler versuchen herauszufinden, warum Veronika sterben musste – und was genau in jener Freitagnacht vom 19. auf den 20. August 2016 geschah. Je nachdem, wen sie dazu befragen, bekommen sie eine andere Geschichte zu hören.

Jason sagt zu Beginn fast gar nichts und später noch weniger. Stefanie bezeichnet er vage als eine »Freundin«. Wie intim die Beziehung zwischen den beiden bis zu ihren Verhaftungen war, bleibt im Dunklen, wie so vieles in diesem Fall. Ein Bekannter sagt, die zwei seien ein Paar gewesen. Jason selbst sprach einmal von einem »Techtelmechtel«. Sicher ist, dass Jason einige

Zeit lang in Stefanies Wohnung lebte. Seinen Angaben nach hielt er sich am betreffenden Freitagabend bei Stefanie zu Hause auf. Man habe dort zusammen gegessen und getrunken. Was danach geschah, wisse er nicht mehr; er sei stockbesoffen gewesen.

Als der Staatsanwalt ihn damit konfrontiert, dass seine DNA in Veronikas Villa gefunden worden ist, meint Jason bloß: »Dazu kann ich nicht groß etwas sagen.«

Gleichzeitig streitet er vehement ab, etwas mit Veronikas Tod zu tun zu haben.

»Die Leute, die mich richtig kennen, wissen, dass ich das nicht getan habe«, sagt er den Ermittlern.

Wer für Veronikas Tod verantwortlich sei, wisse er nicht. Immerhin gibt er zu, am Samstag, dem 20. August 2016, im Modegeschäft *I love Fashion* mit einer fremden Kreditkarte Kleidung eingekauft zu haben. Die Kreditkarte will er von Stefanie erhalten haben, was sie gegenüber der Polizei bestätigt.

Stefanies Aussage bezüglich der Kreditkarte deckt sich zwar mit Jasons Erklärung, doch von einem gemeinsamen Essen am Freitagabend will sie zunächst nichts wissen. In der Hafteinvernahme vom 27. September 2016 sagt Stefanie aus, sie sei in jener Freitagnacht, in der die Tat mit größter Wahrscheinlichkeit geschah, mit ihrem Kollegen Gabriel ausgegangen – Jason sei ganz sicher nicht dabei gewesen. Ob sie ihn an jenem Abend zufällig irgendwo angetroffen habe, wisse sie nicht mehr. Sie habe die Nacht durchgefeiert und sich zwischen 5 und 6 Uhr früh ein Taxi nach Hause genommen. Zwei Stunden später brachte ihr Ex-Mann ihre Tochter zu ihr.

Später ändert Stefanie ihre Geschichte. In einer Konfrontationseinvernahme am 15. Februar 2017 räumt sie ein, dass sie Jason an jenem Freitagabend doch gesehen habe. Und zwar seien Gabriel und Jason zu ihr nach Hause zu Besuch gekommen, und Gabriel habe sie erst an diesem Abend kennengelernt. Sie hätten Wein getrunken und ein paar Lines Koks reingezogen, später seien sie zu dritt mit dem Taxi nach Zürich gefahren. Gemeinsam mit Gabriel habe sie eine Bar aufgesucht, was Jason tat, das wisse sie nicht mehr.

Noch später sagt Stefanie aus, sie erinnere sich nicht daran, ob Jason mit ihr und Gabriel in die Stadt gefahren oder ob er zu Hause geblieben sei; er sei müde und betrunken gewesen und auf dem Sofa eingeschlafen.

Unbestritten ist, dass Stefanie die Nacht, in der Veronika starb, durchgetanzt hat. In einer Discothek mit einem Namen, der im Nachhinein zynisch wirkt.

»In der Nacht, als Ihre Mutter starb, sind Sie nach Zürich tanzen gegangen. Was haben Sie da gemacht, Drogen konsumiert?«, fragt ein Richter Stefanie in der zweiten Gerichtsverhandlung, fast sechs Jahre nach dem Tod ihrer Mutter.

»Das kann ich Ihnen nicht mehr sagen«, antwortet Stefanie.

»Wissen Sie, ob an dem Abend über Ihre Mutter geredet wurde?«

»Das weiß ich nicht mehr.«

»Wie kamen Sie nach Zürich?«

»Das weiß ich nicht mehr.«

»Wie hieß der Club, in dem sie tanzten?«

Stefanie schüttelt zunächst den Kopf, sagt dann aber: »Doch, der Name ist in den Akten genannt worden. Er heißt *Heile Welt*.«

Kommen wir zum vorerst Dritten im Bunde: Gabriel wird am 11. November 2016 für elfeinhalb Stunden festgesetzt und befragt. Er erzählt noch einmal eine andere Geschichte über den Abend und die folgenschwere Nacht. Gabriel ist schon länger mit Jason befreundet. Am Nachmittag vom 19. August mietet Gabriel am Flughafen Zürich für Jason ein Auto, einen Mini Cooper. Gemeinsam fahren sie zu Stefanie nach Hause; sie wohnt in einer Gemeinde am Zürichsee, nicht allzu weit weg von der Stadt und von Küsnacht, wo die Villa ihrer Mutter steht. Zu dritt essen sie zu Abend, sie trinken Wein. Gabriel erinnert sich, dass Stefanie während des Essens von ihrer Mutter sprach; dass sie krank sei, dass es Streit gegeben habe. Einer von ihnen – Gabriel gibt vor, sich nicht mehr zu erinnern, wer es gewesen ist – kommt später auf die Idee, nach Zürich zu fahren, um tanzen zu gehen. Es ist nach Mitternacht, irgendwann zwischen ein und zwei Uhr früh, als sie mit dem Mini Cooper losfahren. Ihr Ziel ist die Langstrasse, jenes Zürcher Quartier, in dem die Nacht zum Tag wird, wo es ein Leichtes ist, sich Stoff zu beschaffen. Sie ziehen von einem Lokal ins nächste. Im letzten Club, im *Heile Welt*, ist Jason nicht mehr mit von der Partie. Gabriel sagt, Jason habe etwa um halb vier nach dem Schlüssel des Mietwagens verlangt, während Stefanie gleich neben ihnen gestanden habe – doch Stefanie will nichts von einer Schlüsselübergabe mitgekriegt haben.

Gabriel weiß nicht, wo Jason danach hingeht, er tanzt weiter mit der schönen Stefanie durch die Nacht, die er erst an diesem Abend durch Jason kennengelernt hat. Gegen sieben Uhr, vielleicht war es auch schon fast acht, fahren Gabriel und Stefanie mit einem Taxi zurück zu ihr. Dort legt sich Gabriel schlafen. Als er kurz vor Mittag aufwacht, kehrt er mit einem Taxi zu sich nach Hause zurück.

Noch am gleichen Tag, es ist mittlerweile Samstag, trifft er sich erneut mit Jason; er begleitet ihn bei seiner Shoppingtour durch die Modegeschäfte. Gabriel fällt auf, dass sein Freund an verschiedenen Geldautomaten Geld bezieht. Das kommt ihm zwar seltsam vor, doch er stellt keine Fragen. Danach gehen sie in einer Imbissbude an der Langstrasse etwas essen.

Am Sonntag fährt Gabriel noch einmal zu Stefanie; Jason hat dort den Autoschlüssel deponiert. Gabriel holt den Mietwagen ab und bringt ihn zurück zur Autovermietung am Flughafen. Nach der gemeinsam durchtanzten Nacht hört Gabriel nie wieder etwas von Stefanie. Später sagt er der Polizei, er habe sich gefühlt wie eine Marionette – in einem Spiel, das er nicht kannte.

Aufgrund von Gabriels Aussagen wird Jason erneut einvernommen. Was Freitagnacht anbelangt, macht er Erinnerungslücken geltend, räumt aber ein, dass er unterwegs gewesen sein könnte. Als der Staatsanwalt ihm vorhält, dass er mit Gabriel in einem Mini Cooper gefahren sein soll, gibt er zu, dass sie mit Stefanies Wagen mal eine Spritztour gemacht hätten – auch sie besitzt einen Mini Cooper, der allerdings nicht angemeldet ist; Jason hat die magnetischen Nummernschilder vom Nachbarn gestohlen. Gabriel habe den Wagen mal gefahren, wann das war, wisse er aber nicht mehr.

Mehr sagt Jason nicht, fortan hüllt er sich in Schweigen, egal, wie viele Fragen man ihm stellt. Er hat keine Antwort darauf, warum er mitten in der Nacht den Schlüssel des Mietautos verlangte, ob er danach zu Veronikas Villa fuhr und was dort genau passiert ist.

Fest steht: Für die Stunden, in denen Veronika getötet wurde, verfügt Jason über kein Alibi. Nach sämtlichen Befragungen ist noch immer unklar, wo er sich aufhielt. Und vor allem: wer bei ihm war. In Veronikas Villa wurde nicht nur Jasons DNA, sondern auch die einer anderen männlichen Person gefunden. Ebenfalls wurden Schuhabdrucke gesichert, die nicht von Jason stammten. Wer ist die andere Person? Stefanie und Gabriel können es nicht gewesen sein. Sie befanden sich im Club *Heile Welt*, wurden dort auch gesehen, ihr Alibi ist bestätigt.

So gerät ein anderer Freund von Jason ins Visier der Polizei: Matteo S., ein Schweiz-Kolumbianer, der, wie Fotoaufnahmen zeigen, gemeinsam mit Jason in der Nacht nach der Tat im Club *Red Lips* feierte und das Geld der toten Veronika verprasste. Und der wenig später nach Kolumbien flog.

Der Verdacht, dass Jason und Matteo die Tat zusammen begangen haben könnten, erhärtet sich, als die Ermittler die Daten von Jasons wie auch von Matteos Handy auswerten. Mittels nachträglicher Randdatenerhebung lässt sich rekonstruieren, wann die Handys wo eingeschaltet waren, ergo: ob sich deren Besitzer zur fraglichen Zeit am Tatort befanden. Nur: Ganz so einfach machten es die Verdächtigen der Polizei dann doch nicht. Weder Jasons noch Matteos Handy wurden in der Nähe des Tatorts geortet. Trotzdem ergibt die Auswertung ein auffälliges Resultat: Beide Telefone waren zu der fraglichen Zeit für rund zwei Stunden ausgeschaltet.

In der Nacht, in der Veronika stirbt, telefoniert Jason zwischen 1 Uhr früh und 2.30 Uhr viermal mit Matteo. Um 3.42 Uhr wählt sich sein Handy letztmals im Bereich des Hauptbahnhofs Zürich ins Mobilfunknetz ein – danach verschwindet es für rund zwei Stunden vom Netz. Die nächste Ortung erfolgt um 5.30 Uhr an der Stadtgrenze Zürichs im Seefeldquartier, das auf dem Weg von Veronikas Villa in Küsnacht zurück ins Zürcher Stadtzentrum liegt.

Matteos Handy liefert praktisch identische Daten: Es wird zur gleichen Zeit an denselben Stellen geortet und verschwindet ebenfalls zwischen halb vier und halb sechs vom Netz, wenn auch um einige Minuten zeitversetzt. Als sich Matteos Handy wieder ins Netz einwählt, befindet er sich ebenso im Seefeldquartier und bewegt sich schnell – zu schnell, um zu Fuß unterwegs zu sein – Richtung Stadtzentrum. Für den Staatsanwalt sind die gleichzeitig ausgeschalteten Telefone, die registrierten Standorte und die Anrufe im Vorfeld ein eindeutiges Indiz dafür, dass Jason und Matteo sich zunächst verabredeten, sich danach in der Nähe des Bahnhofs Zürich trafen und gemeinsam zum Tatort fuhren. Auf der Fahrt zu Veronikas Villa schalteten sie ihre Telefone aus, damit nicht rekonstruiert werden kann, wo sie sich aufhielten. Dort angekommen, so der Staatsanwalt, überraschte Jason die alte Frau im Bett und erstickte sie mit der Folie und dem Kissen, wobei er seine DNA-Spuren hinterließ. Er und sein Komplize durchsuchten die Wohnung, raubten die Wertsachen und setzten sich danach wieder Richtung Zürich ab. Unterwegs, im Seefeldquartier, schalteten sie ihre Telefone wieder ein.

Auch für das verschwundene Handy von Veronika wird eine rückwirkende Teilnehmeridentifikation verfügt. Das iPhone ist in der Tatnacht letztmals um 5.18 Uhr mit dem Router in Veronikas Haus verbunden. Zu diesem Zeitpunkt wird es mit großer Wahrscheinlichkeit aus der Villa entwendet – etwa zehn Minuten, bevor James und Matteo im Zürcher Seefeld ihre eigenen Telefone wieder einschalten. Die Fahrtzeit dorthin beträgt rund sieben Minuten. Zeitlich geht die Theorie des Staatsanwalts exakt auf.

Veronikas Handy ist später noch einige Male aktiv, zum letzten Mal verbindet es sich zwei Tage später, am 22. August, mit einem Mobilfunkmast in ihrer Wohngemeinde in der Nähe des Sees. Danach bleibt es still.

Alle Indizien sprechen gegen Jason: Seine DNA und seine Fußspuren am Tatort, Veronikas Kreditkarten, mit denen er Geld abgehoben hat – mit mehreren, nicht nur mit jener, die er angeblich von Stefanie erhalten hat –, die Fotos von Veronikas Schmuck und ihren Uhren auf seinem Handy, Veronikas Uhr, die er der Stripperin schenkte, das zur Tatzeit ausgeschaltete Telefon, das auf der Fahrt zurück nach Zürich wieder eingeschaltet wurde. Es scheint offensichtlich, dass sich Jason in der Tatnacht in Veronikas Villa aufgehalten hat – und doch gibt es noch immer offene Fragen: Wie hat er sich Zugang verschafft? Warum hat er im Wohnzimmer just aus jenem Schrank Geschirr herausgeräumt, in dem sich ein Geheimfach befand? Und vor allem: Warum hat er Veronika getötet? Einen Diebstahl zu begehen ist das eine – eine wehrlose, alte Frau umzubringen zeugt von einer weit größeren kriminellen Energie, von Kaltblütigkeit und Brutalität. Was war Jasons Motiv?

Die offenen Fragen führen alle direkt zu Stefanie.

Stefanie verfügt über einen Schlüssel zur Villa ihrer Mutter. Auch weiß sie, dass im Gartenschuppen ein Notfallschlüssel versteckt ist. Da es nicht die geringsten Anzeichen dafür gibt, dass sich jemand gewaltsam Zugang zum Haus verschafft hat, geht die Polizei davon aus, dass die Person, die Veronika in der Nacht überraschte, über einen Schlüssel verfügt haben muss. Es gibt nur zwei Schlüssel, die dafür infrage kommen: jener von Stefanie und jener im Versteck im Schuppen. Stefanie trägt ihren am Schlüsselbund, insbesondere bis kurz vor dem Tod ihrer Mutter, weil sie vorübergehend in deren Villa gewohnt hat. Wenn sie ihn länger nicht braucht, bewahrt sie ihn in einem Schlüsselkasten in ihrer Wohnung auf. Stefanies kleine Tochter sagt, ihre Mutter habe den Schlüssel am Schlüsselbund getragen. Bei der Hausdurchsuchung stellen die Ermittler jedoch fest, dass der Schlüssel zu Veronikas Villa im Kasten hängt; sie folgern, dass ihn jemand dort deponiert hat.

Stefanie selbst erklärt, sie habe den Schlüssel niemand anderem gegeben. Sie habe ihn bis zu ihrem Auszug am Freitagnachmittag am Schlüsselbund getragen, danach habe sie ihn wieder im Kasten aufgehängt, einige Stunden vor Jasons und Gabriels Besuch. Vielleicht hat Jason den Schlüssel gestohlen; dafür muss er aber gewusst haben, wo er sich befindet und um welchen es sich handelt. Der Schlüssel zur Villa ist nicht beschriftet, der Schlüsselkopf steckt in einer gelben Plastikhülle, was Jason aber nicht wissen konnte, wenn es ihm niemand gesagt hat.

Jason schweigt zu dieser Frage, wie zu so vielen anderen auch.

Stefanie meint, sie wisse nicht, ob ihr jemand den Schlüssel gestohlen habe. Auch ihre Angaben zum Ersatzschlüssel im Schuppen helfen nicht weiter. Kurz nach der Tat gibt sie an, sie habe den Schlüssel seit über zehn Jahren nicht benutzt, sie habe ja einen eigenen. Nur die Putzfrau, ihr Bruder und wahrscheinlich ihr Ex-Mann wüssten von dessen Existenz. Im Februar 2017 bekräftigt sie, dass Jason nichts vom Ersatzschlüssel im Schuppen wusste, und dass er niemals in der Villa gewesen sei. Bei der ersten Gerichtsverhandlung im Jahr 2020 macht sie eine Kehrtwende: Sie erklärt, aufgrund einer SMS müsse sie davon ausgehen, dass Jason im Sommer 2016 einmal mit ihr in der Villa war. Womöglich habe er bei der Gelegenheit mitgekriegt, wo der Schlüssel versteckt sei. Vielleicht habe sie es ihm gesagt, vielleicht habe er es gesehen, als sie den Schlüssel benutzt habe. Sie wisse es nicht mehr genau. Überzeugend klingt anders.

Die SMS, die Stefanie anspricht, stammt vom 7. Juli 2016 und wurde kurz vor 18.30 Uhr gesendet: *Falls du noch kommst, komm durch den Garten. Bin oben am DVD schauen, wo auch das Zeugs ist.*

Stefanie muss sich also bereits in der Villa befunden haben, Jason noch nicht. Es ist jedoch wenig wahrscheinlich, dass er dann tatsächlich aufkreuzte, denn um halb acht schrieb Stefanie: *Okay, geh schlafen.*

Als die Polizei nach dem Ersatzschlüssel sucht, steht die Tür des Gartenschuppens einen Spalt breit offen. An der Stelle, wo der Schlüssel jahrelang versteckt gewesen sein soll, liegt er nicht: Er ist spurlos verschwunden.

Die umfangreiche Fotodokumentation vom Tatort zeigt, dass derjenige, der in der Tatnacht in der Villa war, über das Haus Bescheid wusste – und über die geheimen Verstecke. Das Geschirr wurde exakt von jenem Tablar im Barockschrank geräumt, unter dem sich ein Geheimfach befand – das Stefanie kannte.

Damit konfrontiert erklärt Stefanie, dass sie Jason womöglich einmal von einem klandestinen Schmuckfach erzählte, während sie sich über gute Verstecke für Kokain unterhalten hätten – ohne sich etwas dabei zu denken. Sie bestreitet, sich mit Jason über die Villa unterhalten zu haben, geschweige denn darüber, was wo zu finden sei.

Die Tatortbilder zeigen, dass auch in den meisten anderen Zimmern der Villa Unordnung herrschte, als ob jemand nach etwas gesucht hätte – mit Ausnahme von jenen zwei Zimmern, in denen Stefanie und ihre Tochter in den letzten Wochen gelebt haben. Vielleicht habe sie Jason diese zwei Zimmer einmal gezeigt, räumt Stefanie irgendwann ein. Doch ihre Aussagen stehen auf wackligen Beinen und sind wenig schlüssig.

Stefanies Verteidigung begründet dies damit, dass sie unter der Trauer sowie unter Schuldgefühlen gegenüber ihrer Mutter litt, weil Jason ihr Freund gewesen war und nur durch sie Bekanntschaft mit der Familie gemacht habe. Der Staatsanwalt hingegen vermutet, dass Stefanie lügt. Dass sie es war, die Jason den Auftrag gab, ihre eigene Mutter zu ermorden.

Doch hatte sie ein Motiv? Die Mutter, an Krebs erkrankt. Das Erbe nicht mehr fern, und solange Veronika lebte, hat sie Stefanie immer wieder Geld gegeben. Dass Stefanie im Juli, nach der Krebsoperation, vorübergehend zu ihrer Mutter zog, untermauert ihr enges Verhältnis. Warum also sollte Stefanie ihre Mutter in der ersten Nacht nach ihrem Auszug von ihrem Freund umbringen lassen?

»Sie wissen, wie Ihre Mutter gestorben ist?«, fragt der Gerichtspräsident Stefanie.

»Ja, aus den Akten.«

»Wenn wir davon ausgehen, dass es ein Tötungsdelikt war – haben Sie eine Ahnung, wer das begangen haben könnte?«

»Nein.«

»Haben Sie jemandem auf die Sprünge geholfen, das zu machen?«

Stefanie schüttelt den Kopf.

»Sicher nicht?«

»Nein.«

Tatsächlich steht der Verdacht, dass Stefanie mit dem Tod ihrer Mutter etwas zu tun haben könnte, schon viel früher im Raum – ausgesprochen wird er von jemandem, der sie sehr gut kennen muss: von ihrem Bruder. Noch am Tag, an dem er seine tote Mutter findet, werden er und seine Schwester ein erstes Mal unabhängig voneinander befragt. In dieser allerersten Einvernahme sagt Veronikas Sohn der Polizei, dass seine Schwester der Mutter etwas angetan haben könnte. Er vermutet, Stefanie habe seine Mutter vergiftet – seit sie bei ihr eingezogen war, sei es der Mutter immer schlechter gegangen – und der Einbruch sei nur fingiert gewesen. Denn es habe zwischen Mutter und Tochter Streit gegeben.

Die Beziehung zwischen Veronika und Stefanie war zwar eng, muss aber von jeher schwierig gewesen sein. Die intelligente Tochter, die scheitert, obwohl man ihr doch so viel gegeben hat. Die immer wieder Geld verlangt. Die Tochter, der Veronika eine Stelle beschafft, der sie unwillig die Ritalintabletten verschreibt und die sie über Jahre hinweg in beträchtlichem Ausmaß finanziell unterstützt. In ihren Tagebüchern, die den Ermittlern vorliegen, schrieb Veronika immer wieder über die Situation ihrer Tochter, die sie sehr belastet hat.

Befragungen im Umfeld Veronikas ergeben, dass es zwischen Mutter und Tochter öfters zu Streitigkeiten gekommen ist. Veronika hat gemäß Zeugen darüber nachgedacht, ihre Tochter zu enterben oder ihr nach ihrem Tod eine monatliche Apanage beziehungsweise Rente zukommen zu lassen, statt ihr das beträchtliche Erbe auszahlen zu lassen – wohl aus der Angst heraus, dass das Erbe ansonsten sehr schnell weg sein, sich sozusagen in Drogen auflösen würde. In ihr Tagebuch schrieb Veronika Wochen vor ihrem Tod besorgt, was wohl aus Stefanie und deren Tochter werde, wenn sie nicht mehr da sei. Der langjährige Anwalt und Testamentsvollstrecker von Veronika weiß zwar nichts von ihren Plänen, doch auf einem Notizzettel, der im Haus gefunden wird, hat sich Veronika die Worte *Stefanie* und *Rente* notiert.

Vielleicht eskalierte deshalb die Situation. Womöglich hat Veronika Stefanie am gemeinsamen Abendessen von ihren Überlegungen erzählt, und es kam zu einer Auseinandersetzung, in dessen Verlauf die Mutter die Tochter zum Auszug aufforderte. Womöglich hat Veronika sie darum am nächsten Tag mit Sack und Pack ins Taxi gesteckt und nach Hause geschickt. Einen Tag nach Stefanies Geburtstag – einen Tag vor Veronikas Tod.

Stefanie behauptet, sie könne sich nicht an einen Streit erinnern. Sie habe in keiner Art und Weise damit gerechnet, enterbt oder finanziell von ihrer Mutter fallen gelassen zu werden. Stefanie räumt zwar ein, dass ihre Mutter mit ihrer Ritalinsucht gehadert habe – dass sie ihr kein Geld mehr geben wollte, sei aber nie ein Thema gewesen. Sie habe keinen Grund zur Annahme gehabt, dass die Mutter das Testament ändern wollte. Keinesfalls will Stefanie Jason damit beauftragt haben, ihre Mutter zu töten.

Doch die Ermittler stoßen auf Hinweise, die diese These womöglich stützen. Zwar hat Stefanie am Morgen des 22. September – am Tag, als Jason verhaftet wurde – sämtliche WhatsApp-Verläufe auf ihrem Handy gelöscht. Auf Jasons Handy waren einige der Konversationen mit ihr aber noch immer vorhanden. Sie sind kryptisch zu lesen.

Am 29. August 2016 zum Beispiel schreibt Stefanie Jason, sie mache sich Sorgen. Es sei wichtig, dass er morgen einen klaren Kopf habe. Er trage eine große Last, und die Konsequenzen könnten katastrophal sein.

Am 7. September 2016 schreibt sie, sie wolle ihn nicht mehr sehen. Einmal mehr habe er sie mit nichts zurückgelassen und sei nicht wiedergekommen. Sie habe genug von ihm. Und sie werde ihm sicher kein Geld mehr schicken.

Jason schreibt zurück: Sie solle aufhören. Jemand »ficke« ihn gerade, sie solle daher aufhören, das Gleiche zu tun. Dann teilt er ihr mit, dass er zwei Leute im Schlepptau habe, die mit ihm zu ihr nach Hause kommen würden, sie wollten »es« einfach, sie könne entscheiden, was sie tun werde, sie könne ja die Bullen rufen, oder … es spiele eh keine Rolle, am Ende des Abends müsse er einfach auspacken.

Stefanie antwortet, sie habe ungefähr »300box« übrig, es bestehe kein Grund für ihn, ihr zu drohen oder zur Polizei zu gehen.

Am 10. September fragt Stefanie Jason, ob es möglich sei, den »C-Trip« im Oktober zu vermeiden, wenn sie 300 000 Franken auftreiben könne.

Jason schreibt: Es gehe um viel mehr als Geld.

Am 14. September fragt Jason Stefanie, wie es ausschaue, wenn er aus seinem Urlaub in Griechenland zurück sei. Stefanie meint, was das Wohnen betreffe, müsse er selbst entscheiden, und die andere Sache, da gehe es vorwärts, aber sie wisse nicht, wie schnell. Sie erhalte innerhalb einer Woche eine Rückmeldung.

Der Staatsanwalt glaubt, dass Stefanie damit das Erbe anspricht, das nach dem ungeklärten Tod der Mutter einbehalten wird.

In der nächsten Nachricht bittet Jason Stefanie um etwas Geld. Sie antwortet, sie könne ihm nichts schicken, sie könne nicht einmal die eigenen Rechnungen bezahlen. Jason: Das sei kein Problem.

Stefanie: Sie wolle ihm ja helfen, aber sie könne nicht. Die Dinge würden aber bald besser werden.

Jason bedankt sich für alles.

Am 17. September bittet er Stefanie erneut um Geld, doch sie hat keines und entschuldigt sich dafür. Jason meint, er werde es überleben.

Am 21. September, einen Tag vor Jasons Verhaftung, hört die Polizei im Rahmen einer Telefonüberwachung mit, wie Jason und Stefanie miteinander telefonieren. Zunächst sprechen sie über eine eigene Wohnung für Jason, die Stefanie für ihn suchen will. Dann beklagt sie sich, dass sie die ganze Zeit nur zu Hause sitze und warte. Jason fragt, was er denn machen solle, er sei nicht in der Schweiz. Das wisse sie, meint Stefanie. Jason erklärt ihr, sie solle sich an die entsprechenden Leute wenden, nicht an ihn, er sei ja nicht da. Er wisse nicht, wo er nach seiner Rückkehr hingehen solle. Sie diskutieren über Geld, Jason klagt, dass er wohl seine eine Tochter nicht mehr sehen dürfe.

Und dann sagt Jason: Stefanie solle den anderen und ihn auszahlen – »zahl der ander us, zahl mich us« –, dann sei sie ihn los aus ihrem Leben.

Stefanie: Das werde sie tun, sobald sie könne.

Jason: Ja, sobald sie könne. Seine Geduld sei langsam am Ende, wenn das so weitergehe. Komplett am Ende.

Stefanie fragt, was sie denn bei ihr holen wollten, wenn nichts da sei?

Jason hält Stefanie vor, sie denke nur an sich. Sie solle mal weiterdenken. Ob sie wisse, was die Leute machen würden? Wenn kein Geld da sei, würden sie sich ihre Tochter schnappen.

Stefanie: Das würde auch kein Geld bringen. Sie könne kein Geld auftreiben. Ihre Geldquelle sei die Mutter gewesen.

Jason warnt Stefanie, sie mache gerade Blödsinn. Sie fange einen Streit mit ihm an – mit ihm, der zwischen den Fronten stehe. Er habe sich im Urlaub erholen wollen. Wenn er zurückkomme, wolle er, dass alles wieder normal laufe und er nicht wieder gestresst sei.

Am Schluss verabschiedet sich Stefanie mit den Worten, dass er seinen letzten Abend noch genießen solle.

Am nächsten Tag, zurück in der Schweiz, wird Jason verhaftet.

Die Unterhaltungen sind verdächtig, aber nicht eindeutig. Mit den Aufnahmen konfrontiert, meint Stefanie, sie wisse nicht, worauf sich Jasons Satz, sie solle ihn und den anderen auszahlen, bezogen habe. Sie könne dazu nichts sagen. Sie wisse nicht, um wen es sich beim »anderen« handle. Wahrscheinlich sei es um einen Drogendeal gegangen.

Darüber, was der Begriff »C-Trip« bedeutet, schweigen sich sowohl Stefanie als auch Jason aus – sie kommentieren die Frage nicht.

Am 5. Oktober 2016 erzählt Stefanie dann ihre eigene Geschichte, wie die verklausulierten Telefongespräche zu verstehen sind, und worum sie sich gedreht haben sollen. Sie sagt, am 19. August 2016, als sie in ihre Wohnung zurückgekehrt sei, habe »der Terror« angefangen. Jason habe ihr einen Tag nach dem Tod der Mutter zum ersten Mal Kokain beschafft – dadurch habe er sie in der Hand gehabt. Er habe sie auch einmal vergewaltigt. Dann sei ein Drogendeal geplatzt, weil sie nicht mit den beiden Schmugglern aus Kolumbien Sex haben wollte, die Jason in ihre Wohnung gebracht habe. Zwei Tage seien die Kolumbianer bei ihr gewesen. Sie sei nicht gastfreundlich gewesen. Jason habe daher gesagt, sie müsse als Wiedergutmachung 20 000 Franken bezahlen – sonst bekäme sie ihre Tochter als Paket in Einzelteilen zurück.

Vier Jahre später, bei der ersten Gerichtsverhandlung, klingt die Geschichte wieder anders. Von Vergewaltigung oder verweigertem Sex ist nicht mehr die Rede. Es geht auch nicht um 20 000, sondern um die 300 000 Franken, die im abgehörten Telefongespräch ein Thema waren. Die Auszahlung sei für einen geplatzten Drogendeal gedacht gewesen, sagt Stefanie den Richtern, es seien aber eher 30 000 Franken gewesen, da sei es wohl um die Lieferung von einem halben Kilo Kokain von Kolumbien in die Schweiz gegangen. In dem Zusammenhang hätten sich auch zwei Südamerikaner in ihrer Wohnung aufgehalten, die offenbar etwas mit dem Deal zu schaffen gehabt hätten. Jason habe ihr die Schuld daran gegeben, dass der Drogendeal geplatzt sei – das wäre aber schon vor dem Tod ihrer Mutter passiert. Sie wisse bis heute nicht, warum. Sie habe den fehlenden Geldbetrag bezahlen wollen, um aus der Geschichte herauszukommen. Zumal Jason ihr erzählt habe, dass er bedroht werde. Sie sei davon ausgegangen, dass sie mit ihrem Erbteil das geforderte Geld hätte bezahlen können. Wer der »andere« gewesen sei, wisse sie nicht.

Die Person, die möglicherweise der »andere« war, wird am 7. März 2018 verhaftet. Es ist Zufall, dass Matteo S., aus Kolumbien zurückgekehrt, der Polizei ins Netz geht. Um circa 17 Uhr ist Matteo mit ein paar Kumpel im Zürcher Langstrassenquartier unterwegs, wo sie mit Flaschen werfen und umgehend von einer Streife der Stadtpolizei Zürich kontrolliert werden. Während seine Kollegen ihre Ausweise hervorholen, entfernt sich Matteo von der Gruppe. Die Beamten fordern ihn auf, stehen zu bleiben, doch er rennt davon. Matteo kommt nicht weit; die Polizisten sind schneller, bringen ihn zu Fall und können ihm trotz heftiger Gegenwehr Handfesseln anlegen. Erst nach der Festnahme wird klar, wen die Polizei da gerade erwischt hat: Den Mann, der mit Jason in der Tatnacht unterwegs gewesen sein könnte, mit dem Jason vor der Tat mehrmals telefoniert hat und dessen Handy während der Tatzeit ebenfalls ausgeschaltet war. Matteo wandert direkt in Untersuchungshaft, wo er ein Jahr lang bleiben wird.

Matteo streitet alles ab. Er kenne weder das Opfer Veronika T., noch sei er jemals in deren Villa in Küsnacht gewesen. Konfrontiert mit den Handydaten, meint er, er habe sich in jener Nacht im Zürcher Seefeld aufgehalten, weil er dort ausgegangen sei. Er räumt einzig ein, dass Jason ein Kollege ist, mit dem er hin und wieder unterwegs ist – und dass er in der Nacht auf den 21. August mit ihm im *Red Lips* gefeiert hat, was Fotografien von jenem Abend beweisen. Matteo sagt, er habe sich nicht gefragt, woher Jason plötzlich das viele Geld hatte. Stefanie kenne er auch, sie sei bei seiner Abschiedsparty gewesen, bevor er nach Kolumbien gegangen sei, einer Reise, die schon lange geplant gewesen sei. Er streitet ab, dass Stefanie ihm Geld schulde.

»Ich habe von ihr keinen Auftrag erhalten.«

Gabriel will er an dem Abend gesehen haben, kennen tut er ihn aber nicht.

Seine weiteren Angaben sind vage, er macht Erinnerungslücken geltend, die betreffende Nacht liegt fast zwei Jahre zurück, als er befragt wird. Bestimmt sei er ein-, zweimal mit Jason in einem Wagen am See entlanggefahren, aber nie in einem Mini Cooper. Allerdings erinnert sich Matteo, dass er um diese Zeit herum mal in der Nacht in einem Auto mit Jason unterwegs gewesen ist, doch er kann nicht sagen, an welchem Datum das war. Er habe hinten gesessen und sei besoffen gewesen. Wer den Wagen gesteuert habe, wisse er nicht mehr, ebenso wenig, wie die Ortschaft hieß, wo sie hinfuhren, er sei mit seinen Drogen beschäftigt gewesen. Sie seien dann in einem Wohnquartier auf einen Parkplatz gefahren, das sei mitten in der Nacht gewesen. Jason sei dann ausgestiegen, er habe gesagt, dass er sich umziehen gehe, und sei etwa zehn bis fünfzehn Minuten später wieder da gewesen.

Dass sich sein Handy und jenes von Jason in der Tatnacht nahezu während der gleichen Zeit mit keiner

Mobilfunkzelle verbunden haben, sei reiner Zufall, behauptet Matteo. Woher er gekommen sei, als sich sein Handy im Seefeld wieder mit einer Mobilfunkzelle verbunden hat, will er nicht mehr wissen. Auch nicht, wer sonst noch mit ihnen unterwegs gewesen sei, er könne sich schlicht nicht erinnern. Aber er sei sicher nicht mit Jason in Küsnacht gewesen, er habe nichts mit Veronikas Tod zu tun.

Die zweiten Schuhspuren, die am Tatort gefunden wurden, passen nicht zu Matteos Füßen – sie sind zu klein. Auch der Abgleich mit der zweiten Fremd-DNA eines unbekannten Mannes ergibt keinen Treffer: Sie stammt nicht von Matteo.

Es gibt noch immer einen unbekannten Dritten, der wohl mit Jason im Wagen und später mit ihm in der Villa war.

Nach einem Jahr hinter Gittern und nach mehreren Beschwerden verfügt das oberste Gericht der Schweiz, dass Matteos Untersuchungshaft nicht länger gerechtfertigt ist. Nach Ansicht des Bundesgerichts hat die Staatsanwaltschaft zu wenig Beweise gegen ihn in der Hand; andere Haftgründe wie Flucht- oder Verdunkelungsgefahr erkennt das Bundesgericht nicht. Matteo muss sofort aus der Untersuchungshaft entlassen werden. Kaum ist er draußen, setzt er sich nach Kolumbien ab.

So findet Anfang April 2020 der Prozess am Bezirksgericht ohne den Mitbeschuldigten Matteo statt. In diesem ersten Verfahren wird Jason wegen Mordes verurteilt – Stefanie und Matteo werden jedoch im Zweifel für die Angeklagten freigesprochen. Für Stefanie bedeutet das Urteil, dass sie nach über drei Jahren aus der Untersuchungshaft entlassen wird. Doch es ist womöglich nur eine Freiheit auf Zeit: Staatsanwalt Stammbach legt gegen die Freisprüche Berufung ein, und es kommt zu einem Revisionsverfahren.

Es ist Dienstag, der 21. Juni 2022. Fast sechs Jahre sind seit dem Tag vergangen, an dem Veronika von ihrem Sohn tot im Bett gefunden wurde. Draußen ist es brütend heiß, im in dunklem Holz gehaltenen Saal des Zürcher Obergerichts hingegen herrscht Kälte. Jetzt, im Revisionsverfahren, geht es für Stefanie darum, ihre Freiheit zu verteidigen – während Jason seine Freiheit zurückerlangen will. Matteo glänzt noch immer mit Abwesenheit; er ist nicht aus Kolumbien in die Schweiz zurückgekehrt.

Stefanie trägt eine weiße Bluse, eine elegante, weitgeschnittene schwarze Hose, dazu Trekkingschuhe. Die Haare sind dunkelblond und schulterlang. Sie sitzt sehr aufrecht, die Hände vor sich gefaltet, ab und zu streicht sie sich eine Strähne aus dem Gesicht. Mit ihrem Bruder, der im Publikum sitzt, wechselt sie keinen Blick. Nicht im Gerichtssaal, nicht in der Wartehalle, auch nicht draußen vor dem Gerichtsgebäude. Wer nicht weiß, dass sie Geschwister sind, würde nicht ahnen, dass sie sich kennen.

Zu Jason sieht Stefanie ein-, zweimal hinüber. Sie müssen einmal ein schönes Paar gewesen sein. Unter anderen Umständen würde man sie eher für Anwälte denn für Beschuldigte in einem Mordprozess halten.

Jason hat sein schwarzes Haar streng in einem Haarknoten zusammengebunden, den Bart akkurat gestutzt. Er trägt einen schwarzen Anzug, dazu ein rosa Hemd mit weißem Kragen und eine elegante Brille; außerdem hat er eine Plastiktüte voller Akten bei sich.

Neben dem massigen Richterpult aus dunklem Holz stehen fünfunddreißig mausgraue Bundesordner voller Fallakten auf einem Metallgestell. Hinter den Richterinnen und Richtern ist das Wappen des Kantons Zürich ins Holz geschnitzt, getragen von zwei Löwen. Die Lampe im Saal ist ein goldenes, schwebendes Oval, das an einen überdimensionierten, in die Länge gezogenen Ehering erinnert. Die fünf hohen Bogenfenster führen in einen geschlossenen Innenhof.

In diesem Saal will der Gerichtspräsident versuchen, die Wahrheit zu finden. Er will wissen, wie und warum Veronika sterben musste und wer dafür bestraft gehört. Doch die wenigen Personen, die ihm dabei helfen könnten, erweisen sich wie schon während der Untersuchung als auch in erster Instanz als schlechte Auskunftsgeber. Die rechtsmedizinischen Experten, weil sie unterschiedlicher Meinung sind, Matteo, weil er gar nicht erst zur Verhandlung erscheint, Stefanie, weil sie sich praktisch an nichts erinnern kann oder erinnern will, und Jason, weil er sich nach wie vor weigert zu reden.

Nur einmal hat er sich zu Wort gemeldet, vor dem Prozess, in schriftlicher Form, in einem Brief an das Gericht. Darin hält er fest: *Wer mich kennt, wirklich kennt, weiß, dass ich mit der Tötung der Frau nichts zu tun habe.* Doch jetzt, wie er hier sitzt, hält er stur an seinem Recht zu schweigen fest.

»Herr Jason B., haben Sie damals bei der Befragung zu Ihrer Person die Wahrheit gesagt?«, fragt ihn der Richter.

»Ich verweigere die Aussage.«

»Sie wollen gar keine Fragen beantworten, auch nicht zur Person?«

»Ich verweigere die Aussage.«

»Sie wissen, dass Sie von schwerwiegenden Indizien belastet sind, die auf Ihre Tat hinweisen. Wenn Sie erklären können, wie es dazu kommen konnte, dann würde Ihnen das vielleicht helfen.«

»Ich verweigere die Aussage.«

»Herr B.«, hakt eine beisitzende Richterin nach. »Es interessiert mich nun doch: Sie haben dem Gericht in einem handschriftlichen Brief mitgeteilt, Sie hätten nicht getan, was Ihnen vorgeworfen wird. Sie hätten während der sechs Jahre im Gefängnis Ihre Kinder nicht mehr sehen und nicht mehr in die Arme schließen können. Mit der Ausgangslage nach der ersten Verurteilung ist es möglich, dass Sie erneut schuldig gesprochen werden. Ist es nicht unbefriedigend, dass nur Ihnen die Strafe droht, obwohl aufgrund der Spurenlage feststeht, dass sich mindestens zwei Personen gleichzeitig in der Villa aufgehalten haben müssen?«

»Ich gebe keine Auskunft.«

»Sie nehmen also in Kauf, dass Sie als einer von mehreren mutmaßlichen Tätern als Einziger für Jahre in Haft sein werden und die Kinder noch länger nicht sehen können?«

»Ich gebe keine Auskunft.«

Der forensische Psychiater, der sein Gutachten über Jason aufgrund der Akten erstellen musste – Jason hat auch mit ihm nicht reden wollen –, diagnostiziert bei ihm eine »ausgeprägte dissoziale Persönlichkeitsstörung mit psychopathischen Zügen«, kombiniert mit einer Suchtmittelproblematik. Die Rückfallgefahr für schwere Gewaltdelikte stuft er als mittelgradig ein, für andere Delikte wie Diebstähle als groß.

Auch über Stefanie hat der forensische Psychiater ein Gutachten erstellt. Er diagnostiziert eine psychische Störung und eine Verhaltensstörung, verursacht durch Medikamente und verschiedene Substanzen. Er attestiert Stefanie eine emotionale Persönlichkeit sowie eine Borderline-Störung, aber auch die volle Schuldfähigkeit. Die Gefahr eines Rückfalls für Gewaltdelikte stuft er indes als gering ein.

Stefanie hält derweil eisern daran fest, dass es gar keinen Rückfall geben könne, weil sie noch nie ein Gewaltdelikt begangen habe – auch habe sie nie ein solches in Auftrag gegeben. Sie beharrt darauf, nichts mit dem Tod ihrer Mutter zu tun zu haben, und betont ihre Unschuld. Ihre Aussagen über die folgenschwere Nacht, in der das Leben ihrer Mutter endete, bleiben aber auch vor dem Obergericht lückenhaft.

»Haben Sie Jason B. vor jener Nacht einen Schlüssel für die Villa Ihrer Mutter übergeben?«

»Das weiß ich nicht mehr, ich muss auf die früheren Aussagen verweisen.«

»Haben Sie Jason B. gesagt, wo der Schlüssel im Schuppen versteckt ist?«

»Auch da muss ich auf frühere Aussagen verweisen.«

»Erinnern Sie sich, dass in dieser Nacht ein Mini Cooper gemietet worden ist?«

»Nein, ich erinnere mich nicht.«

»In den Chat-Nachrichten war einmal die Rede davon, dass Sie Jason und Matteo Geld auszahlen sollten. Erinnern Sie sich daran?«

»Es gab mal einen geplatzten Drogendeal, es muss darum gegangen sein.«

»Um wie viel Geld ging es?«

»Ich weiß es nicht mehr, ich denke, es ging um 30 000 Franken.«

»Könnten es auch 300 000 gewesen sein?«

»Ich weiß es nicht. Ich glaube nicht.«

»Können Sie mir sagen, was ein ›C-Trip‹ ist?«

»Ich weiß es nicht.«

»Cocain- oder Columbia-Trip vielleicht?«

»Beides ist möglich.«

»Nachdem Jason verhaftet worden ist, haben Sie alle Nachrichten von und an ihn gelöscht. Warum?«

»Ich kann es Ihnen nicht sagen.«

»Es ist etwas auffällig, dass Sie so vieles nicht mehr wissen, Sie sind ja schon so oft befragt worden. Es erstaunt mich ein bisschen, dass Sie eine so große Gedächtnislücke aufweisen. Wollen Sie sich gar nicht mehr erinnern?«

»Nein, ich *kann* mich nicht mehr erinnern. Ich kann nicht unterscheiden, was meine Erinnerung ist und was ich aus den Akten weiß.«

»Haben Sie denn früher die Wahrheit gesagt?«

»Ja.«

Das Gericht bekommt auf seine Fragen keine klaren Antworten. Auch nicht, als der Gerichtspräsident die Experten in den Zeugenstand ruft. Einen veritablen Schlagabtausch liefern sich insbesondere die Gerichtsmediziner. Für den einen sind die zerrissenen Wände der Lungenbläschen in Veronikas Körper in Kombination mit der Fundsituation ihrer Leiche ein klarer Hinweis darauf, dass Veronika erstickt worden ist. Für den anderen sind die zerrissenen Lungenbläschen im Rahmen des Verwesungsprozesses entstanden; ein Erstickungsvorgang könne, weil das Lungengewebe zu spät untersucht worden sei, keineswegs zweifelsfrei nachgewiesen werden. Die Veränderungen des Lungengewebes seien völlig überbewertet und eindeutig kein Beweis für ein Ersticken. Vielmehr habe die Frau seit Jahren an einer Lungenüberblähung leiden können, auch ein plötzlicher Herztod sei möglich oder aber eine bakterielle Blutvergiftung, die zum Tode führte. In aller Kürze: Die Meinungen der Rechtsmediziner gehen weit auseinander. Sowohl ein natürlicher wie ein gewaltsamer Tod ist möglich. Veronikas exakte Todesursache bleibt unklar.

Für den Verteidiger von Jason ist dies eine Steilvorlage: »Auf die relevante Frage, woran das Opfer starb, gibt es bis heute keine eindeutige Antwort«, hält er in seinem Plädoyer fest. »Hätte das Rechtsmedizinische Institut die Untersuchungen rechtzeitig vorgenommen, säßen wir heute vielleicht gar nicht hier.« Die Chance auf eine bessere Sektion sei versäumt worden, damit müsse man leben. »Es kann aber nicht sein, dass eine Person aufgrund eines Versäumnisses mit einer langen Freiheitsstrafe bestraft wird.«

Für den Verteidiger ist ein plötzlicher Herztod Veronikas wahrscheinlich – oder aber eine Vergiftung. Um seinen Mandanten aus der Schusslinie zu nehmen, zielt er auf Stefanie und greift den Verdacht ihres Bruders auf, der in den ersten Stunden nach Veronikas Tod geäußert wurde.

Nach der Operation im Juli, bei der Veronika der Tumor entfernt wurde, sei sie ziemlich fit gewesen. Ihr Zustand habe sich geändert, nachdem Stefanie bei ihr eingezogen sei. Plötzlich sei sie müde und verwirrt gewesen, und es sei ihr immer schlechter gegangen. Danach machte Veronika Urlaub, wo sie sich wieder erholte. Zurück zu Hause, sei es ihr wieder schlechter gegangen.

»Der Bruder glaubt, dass seine Schwester am Abend nach dem heftigen Streit die Dosis erhöht und die Mutter vergiftet hat«, sagt Jasons Verteidiger. »Er ist zu neunundneunzig Prozent überzeugt, dass der Einbruch nur fingiert war, um abzulenken.«

Da das toxikologische Gutachten erst zwei bis drei Tage nach Veronikas Tod erstellt worden sei, hätten gewisse Stoffe schon nicht mehr nachgewiesen werden können –wie zum Beispiel das starke Beruhigungsmittel Xanax, das Veronika aufgrund ihrer Erkrankung einnehmen musste. Der Verteidiger mutmaßt, dass Stefanie Veronika eine Überdosis verabreicht haben könnte – was zu einem plötzlichen Herztod führte. Er zitiert einen Brief, den eine Mitgefangene von Stefanie an eine Drittperson geschrieben hat: *Jetzt ist eine Frau da, die ihre Mutter umgebracht hat und das offen erzählt.*

Hinzu komme, dass die Spurenlage in der Liegenschaft realitätsfremd sei und geradezu inszeniert wirke, als sei es nachgestellt worden, um ein anderes Tatgeschehen zu vertuschen. Seiner Meinung nach beweisen die in der Villa gefundenen DNA-Spuren nichts. »Die Spuren wirken konstruiert«, sagt Jasons Verteidiger. Es sei unbestritten, dass sich mehrere Personen in der Villa aufhielten. »Wer die spurengebenden Personen gewesen sind, was sie zu welchem Zeitpunkt genau gemacht haben, und ob es ein Zusammenwirken der Spuren gibt, ist unklar.«

Nach all den Jahren und nach zwei Gerichtsverhandlungen sei noch immer ungeklärt, was genau in der Villa in jener Nacht geschehen sei – darum sei Jason im Zweifel für den Angeklagten freizusprechen.

Einen Freispruch fordert auch der Verteidiger von Stefanie. Er bezweifelt grundsätzlich, ob überhaupt ein Tötungsdelikt vorliegt – und falls doch, dann sei seiner Mandantin nichts vorzuwerfen. Insbesondere den Vorwurf, dass sie ihren Freund Jason zum Mord angestiftet haben soll, weist er zurück: »Eine Anstiftung gibt es nicht!«

Es existiere kein einziger Beweis dafür, auch nicht für Gehilfenschaft oder Raub, es gebe nicht einmal verbindliche Hinweise. »Egal ob man in den Worten des Staatsanwalts von einem *Indizien-Teppich*, von einem *Indizien-Mosaik* oder von einem *Indizien-Puzzle* spricht – das Bild kann unterschiedlich gelesen werden.« Der Staatsanwalt habe einzig fünfzehn Puzzleteile auf den Tisch gelegt, ohne sie zusammenzusetzen, gar ohne sicherzustellen, ob sie zum gleichen Puzzle gehörten.

Bei den abgehörten Telefongesprächen, in denen von Geld die Rede war, sei es um einen Drogendeal gegangen, keineswegs um einen Auftragsmord. Auch das wortwörtliche Schlüsselargument zerpflückt Stefanies Verteidiger: »Der Umstand, dass die Täterschaft einen Schlüssel benutzte, bedeutet nicht, dass Stefanie T. davon wusste und damit einverstanden war.« Es wäre für Jason ein Leichtes gewesen, sich des Schlüssels im Schuppen oder jenes in Stefanies Schlüsselkasten zu bemächtigen.

Der Verteidiger hat auch eine Begründung zur Hand, warum sich seine Mandantin an fast nichts mehr erinnert und teils widersprüchliche Aussagen zur Tatnacht gemacht hat: »Weil diese Nacht für sie ein banales Ereignis war, das sich nicht eingeprägt hat – wichtig wurde die Tatnacht erst im Nachhinein, doch von dem Moment an vermischten sich ihre Erinnerungen mit den Akteneinsichten. An den Abend selbst konnte sie sich nicht erinnern, weil er für sie nicht wichtig war.«

Stefanies Verteidiger plädiert auf Freispruch und verlangt Schmerzensgeld sowie Schadensersatz dafür, dass Stefanie als Unschuldige zu Unrecht fast vier Jahre in Untersuchungshaft gesessen hat.

Auch der dritte Verteidiger, der jenen Mann vertritt, der nicht vor Ort ist, verlangt einen Freispruch. Matteo sei nicht hier, weil er sich nach Kolumbien abgesetzt habe, sondern weil er sich die Reise in die Schweiz nicht leisten könne, stellt er klar. Matteos wirtschaftliche Situation sei prekär. Der Verteidiger bestreitet vehement, dass Matteo in den Mord involviert war. Allein die Tatsache, dass sein Handy in der Tatnacht zu einer ähnlichen Zeitspanne wie jenes von Jason nicht mit dem Netz verbunden war, stelle keinen Beweis dar, dass die beiden zusammen unterwegs gewesen seien. Es seien nirgends irgendwelche Spuren seines Mandanten gefunden worden – und dies, während es in der Villa von Jasons Spuren und den Spuren eines Dritten nur so wimmelte. Für den Verteidiger ist es offensichtlich, dass sich Matteo *nicht* im Haus von Veronika aufgehalten habe. Es gebe keine Erkenntnisse, die Matteo belasten würden. Es sei nicht zu erkennen, welchen Tatbeitrag er geleistet haben solle. Darum sei auch ihm, der sich ein Jahr lang unschuldig in Untersuchungshaft befand, Schmerzensgeld und Schadenersatz auszuzahlen.

Staatsanwalt Matthias Stammbach macht in seinem Plädoyer klar, dass er ganz anderer Meinung ist: »Ich bin überzeugt, dass Jason B. Veronika T. tötete, ich bin überzeugt, dass er dabei von Matteo begleitet wurde, und ich bin überzeugt, dass Stefanie T. die Tötung wollte und Jason B. dafür Versprechungen machte.«

Das Spurenbild am Tatort und die Indizien ließen in der Gesamtheit keinen Zweifel offen, dass Jason B. in den frühen Morgenstunden des 20. Augusts 2016 Veronika tötete, indem er ihr eine Folie auf den Mund presste und sie qualvoll erstickte. »Der Mordtatbestand ist unzweifelhaft erfüllt.«

Begangen habe Jason den Mord aber nicht aus eigenem Antrieb. Stefanie habe den Tod ihrer Mutter gewollt, weil sie nach einem heftigen Streit um ihr Erbe fürchtete. Mit ihrem Besuch im Club *Heile Welt* habe sie sich absichtlich ein Alibi verschafft. Warum sonst hätte sie bei der ersten Befragung am Tag, als man die Mutter fand, ohne gesonderte Aufforderung extra betont, dass der Eintrittsstempel auf ihrem Handgelenk noch sichtbar sei? Um Jason zu schützen, sagte sie aus, er sei stockbesoffen bei ihr zu Hause geblieben – was nachweislich gelogen war. Auch mit anderen Aussagen habe sie die Wahrheit verschleiert.

»Eine unschuldige Tochter hätte ein großes Interesse daran, den Fall aufzuklären«, sagt Stammbach in seinem Plädoyer. »Stefanie T. aber wusste, was vorgefallen war – die Wahrheit ans Licht zu bringen hätte für sie bedeutet, dass sie selbst wegen ihres Tatbeitrags zur Rechenschaft gezogen würde.«

Für Staatsanwalt Stammbach sind die Telefonate und die fast zeitgleich ausgeschalteten Handys von Matteo und Jason Beweis genug, dass Matteo mit dabei gewesen sein muss, als Jason zur Tat schritt, Veronika umbrachte und ausraubte.

Der Staatsanwalt fordert für Jason B. eine Freiheitsstrafe von neunzehneinhalb Jahren sowie eine ambulante Therapie, Stefanie soll für achtzehneinhalb Jahre hinter Gitter, kombiniert mit einer ambulanten Therapie, und für Matteo verlangt er fünfzehneinhalb Jahre Gefängnis.

Die Plädoyers sind beendet. Das letzte Wort gehört den beiden anwesenden Angeklagten. Jason B. jedoch macht das, was er im gesamten Verfahren tat: Er verzichtet auf das Schlusswort und schweigt. Stefanie hingegen führt aus, wie schwierig es für sie gewesen sei, nach dem ersten Freispruch durch das Bezirksgericht nach fast vier Jahren in Untersuchungshaft wieder in den Alltag zurückzukehren, ihre eigene Tochter, mittlerweile ein Teenager, neu kennenzulernen, eine Stelle zu finden und sich wieder im Leben zurechtzufinden. Sie lebe mittlerweile erneut mit dem Vater ihrer Tochter zusammen.

»Ich habe es geschafft, ich lebe mit meiner Familie, ich arbeite, und gerade gestern habe ich die Nachricht erhalten, dass ich befördert werde«, wendet sich Stefanie an das Gericht. »Ich bitte Sie: Nehmen Sie mir das Leben nicht wieder weg.«

Entweder hat Stefanie ein großes Unrecht begangen und eine schlimme Tat in Auftrag gegeben – oder aber sie hat ein großes Unrecht erlitten und wurde zu einem doppelten Opfer: Zuerst hat sie ihre Mutter verloren, dann saß sie, selbst Mutter einer kleinen Tochter, fast vier Jahre lang unschuldig in Untersuchungshaft.

Wo liegt die Wahrheit? Und gibt es sie überhaupt, diese eine, eindeutige Wahrheit? Matteos Verteidiger hat während des Verfahrens einmal gesagt: »Wir suchen nicht die Wahrheit. Wir suchen die prozessuale Wahrheit. Die wirkliche Wahrheit werden wir nicht finden.«

Das Gericht tut sich selbst mit der prozessualen Wahrheit schwer. Einig sind sich die drei Richter des Obergerichts in zwei Fällen: Jason wird wegen Mord, Raub und weiterer kleinerer Delikte schuldig gesprochen und zu einer Gefängnisstrafe von neunzehn Jahren verurteilt. Für die Richtenden ist klar, dass Veronika getötet wurde, selbst wenn die Rechtsmediziner die genaue Todesursache nicht mehr feststellen konnten.

»Der Beschuldigte wurde anhand des Spurenbildes überführt«, sagt der Gerichtspräsident.

Matteo, Jasons Freund hingegen, wird wie auch in erster Instanz freigesprochen – die Indizienlage ist zu schwach. Das Gericht spricht ihm eine Entschädigung von 42 000 Franken zu.

Und Stefanie? Welche Rolle die Tochter in Zusammenhang mit dem Tod ihrer Mutter gespielt hat – darin sind sich die drei Richtenden nicht einig: Einer möchte sie schuldig sprechen, zwei stimmen für einen Freispruch. »Die Entscheidung«, so der Gerichtspräsident, »stand auf des Messers Schneide.«

Es bleibt ein Freispruch mit Makel. Oder, wie der Richter zu Stefanie sagt: »Seien Sie nicht allzu stolz auf diesen Freispruch dritter Klasse.«

In seiner ungewöhnlichen Urteilsbegründung macht der Gerichtspräsident Stefanie T. klar, dass er alles andere als von ihrer Unschuld überzeugt ist. Sie werde »durch die Indizien schwer belastet« und profitiere massiv vom Tod ihrer Mutter. Jason könne den Schlüssel eigentlich nur von ihr erhalten haben – sie habe gewusst, was ihr Freund in dieser Nacht getan habe.

»Sie sind in den Fall verstrickt und haben mit dem Tod der Mutter zu tun. Aber wir wissen nicht genau wie. Wir können die Anstiftung zum Mord nicht beweisen. Deshalb müssen wir sie freisprechen.«

Obwohl es dem Gericht »schwerfällt«, muss der Freispruch auch finanzielle Folgen haben: Es spricht Stefanie für die lange Haftzeit eine Entschädigung von 200 000 Franken zu.

Die Entschädigung wie auch die Hälfte des Millionenerbes ihrer Mutter wird Stefanie erst dann erhalten, wenn das Urteil in Kraft tritt. Bis es so weit ist, wird jedoch noch einige Zeit vergehen: Der Staatsanwalt hat das Urteil erneut angefochten. Nun wird das höchste Gericht entscheiden müssen. Ob das Urteil des Bundesgerichts dereinst anders ausfallen wird als die Verdikte der Vorinstanzen, wird auch davon abhängen, ob es sich Jason doch noch anders überlegt und er sein Schweigen brechen wird.

»Wir haben Sie freigesprochen, obwohl wir wissen, dass Sie nicht sauber sind«, sagt der Oberrichter zu Stefanie. Sie könne sich bei Jason für den Freispruch bedanken, der »wie ein Goldfisch im Aquarium stumm geblieben ist«.

Das Schweigen des Täters hat alles entschieden. So lautet die letzte große Frage, die bis heute bleibt: Warum hat er sich entschieden zu schweigen?

Der Vergewaltiger

Am Anfang dieser Geschichte stand ein Brief. Er hat ihn mir an meine private Adresse geschickt; das war zu einer Zeit, als ich noch im digitalen Telefonbuch verzeichnet war. Der Absender lautete: *Paul W., Ziegeleiweg 13, Lenzburg*. Am Ziegeleiweg in Lenzburg liegt eine der größten Strafvollzugsanstalten der Schweiz.

Paul W. bat mich darum, einen Artikel über ihn zu schreiben. Er saß seit vielen Jahren im Gefängnis und sollte noch lange einsitzen. Zwar hatte er seine Freiheitsstrafe bereits verbüßt, doch zum Schutz der Öffentlichkeit blieb er auf unbestimmte Zeit vorsorglich weggesperrt: Die Richter hatten Paul W. zu anschließender Sicherheitsverwahrung verurteilt. Der Grund: Er hatte Frauen vergewaltigt. Viele Frauen.

Trotzdem war Paul W. überzeugt, so versicherte er mir in seinen wohlformulierten Zeilen, dass die Sicherheitsverwahrung in seinem Fall nicht mehr gerechtfertigt sei. Das könne er belegen, und das habe er bewiesen: Er sei lange auf der Flucht gewesen und habe sich in dieser Zeit nichts zu Schulden kommen lassen – auch ein psychiatrisches Gutachten attestiere ihm, dass er nicht mehr gefährlich und nicht rückfallgefährdet sei. Er werde zu Unrecht verwahrt. Darum solle ich über ihn berichten.

Es geht mir dabei nicht um die Frage meines Urteils der Verwahrung, schrieb Paul W. *Viel mehr geht es mir darum, wie die Verantwortlichen, Vollzugsbehörden, Gutachter, Therapeuten und Strafanstalten damit umgehen. Ich möchte aufzeigen, wie viel Willkür hinter dieser »Fabrik« Strafvollzug steht, immer unter dem Deckmantel »zur Sicherheit der Öffentlichkeit«.*

Er würde sich sehr gerne mit mir darüber unterhalten, ich solle ihn doch mal besuchen.

Das tat ich dann auch.

Es war ein grauer Tag, als ich vor der Strafanstalt in Lenzburg stand und realisierte, dass ich in Sachen Gefängnisbesuche eine Anfängerin war. Zwar war ich pünktlich zum offiziellen Besuchstermin erschienen, doch es stellte sich heraus, dass pünktlich eigentlich zu spät ist. Denn ich war nicht die Einzige, die angereist war: Zahlreiche Frauen standen bereits in der Warteschlange, um ihre inhaftierten Ehemänner oder Söhne, Partner oder Brüder zu besuchen. Jede von ihnen hätte eine Geschichte zu erzählen gehabt. Dass es meist nicht gute Geschichten waren, konnte ich manchen Frauen ansehen. Das Leben hatte Spuren hinterlassen, die sich auch mit Make-up nicht übertünchen ließen. An ihrer Routine, wie sie die Eingangskontrolle über sich ergehen ließen, erkannte ich, dass sie das nicht zum ersten Mal machten. Wahrscheinlich war der wöchentliche oder monatliche Besuchstermin im Gefängnis fix in ihrer Agenda eingetragen.

Ich stellte mich hinten an der Schlange an, und bis ich endlich drin war – Ausweis deponieren, Tasche und Handy abgeben, Schmuck und Uhr ablegen –, war ein Drittel der Besuchszeit bereits abgelaufen. Kaum durch die Sicherheitsschleuse durch, wurde ich von einem Vollzugsangestellten gestoppt. Er wollte wissen, in was für einer Beziehung ich zu Paul W. stünde. W. hatte mir versprochen anzugeben, dass ich ihn als Journalistin besuchen würde. Das hatte er nicht getan. Sie ließen mich trotzdem rein.

Ich wurde in einen großen Besucherraum geführt, in dem in gebührendem Abstand Zweiertischchen aufgereiht standen. Eine Aufsichtsperson wies mir einen Platz zu, und sobald ich mich gesetzt hatte, brachte man Paul W. an meinen Tisch. Wir gaben uns die Hand.

Paul W. war eher klein und untersetzt, sein dünnes Haar schmutzig blond, kein Mann, der einem auffallen, geschweige denn gefallen würde. Doch als er zu sprechen begann, klang er ganz anders, als man es von einem Straftäter gemeinhin erwarten würde: Er war wortgewandt, wählte seine Sätze überlegt, gab sich differenziert und überaus höflich. Er bedankte sich überschwänglich, dass ich zu Besuch gekommen war, und brachte sein Anliegen hervor, das er bereits im Brief geschildert hatte: Er war überzeugt, dass er zu Unrecht als gefährlich eingestuft wurde. Er könne es belegen. Dann erzählte er mir seine Geschichte, schnell und detailliert, als habe er sie schon hundertmal erzählt, er verwendete dabei Begriffe, die von den vielen Psychiatern stammen mussten, die er bereits gesehen hatte. Manchmal klang er wie sein eigener Psychiater. Paul W.'s Geschichte beginnt im Jahr 1957.

Paul W. wird an einem Ort geboren, wo die Hänge steil und die Berge hoch sind. Der Schatten legt sich früh ins

Tal im Berner Oberland unterhalb des Grimselpasses, wo er seine Kindheit verbringt, die nicht wirklich eine Kindheit ist; seine Jugend ist geprägt von der Frömmigkeit und Bigotterie der Eltern. Die Mutter Gemeindekrankenschwester, der Vater Kraftwerksarbeiter. Paul W. ist das jüngste von vier Kindern. Er muss früh mit anpacken, sein älterer Bruder scheucht ihn herum, das Geld, das Paul als achtjähriger Bub auf der Alp verdient, muss er zu Hause abgeben. Er nässt sich trotz seines Alters nachts ein, gleichzeitig muss der Junge schon den kleinen Mann spielen. Mit zehn trinkt er zum ersten Mal so viel Schnaps, dass er sich übergeben muss.

Zur Strafe gibt es Schläge. Oder er wird in den Keller gesperrt. Der Vater trinkt und wendet manchmal auch Gewalt gegen seine Frau an. Paul W. besucht eine christliche Jugendgruppe, er ist ein aufmüpfiges Kind, später prügelt er sich immer wieder mit anderen Jungs. Einmal erwischt ihn die Mutter beim Onanieren; sie sagt ihm, Gott werde ihn dafür bestrafen. Aufgeklärt wird er zu Hause nicht.

Als die Familie Ende der Sechzigerjahre einen Fernseher anschafft, sieht Paul W. die Schweizer Skifahrer die Piste hinunterbrausen und erlebt, wie sie mehrere olympische Medaillen gewinnen. Auf einmal hat er einen Traum: Genau das will er werden, Skifahrer. Er nimmt an Jugendrennen teil, ist ehrgeizig, immer will er gewinnen, und oft tut er das auch. Der zweite Rang ist ihm nie gut genug.

Mit sechzehn hat er zum ersten Mal Sex; im Keller eines Jugendhauses, im Dunkeln, im Stehen, man habe kaum ein Wort miteinander gesprochen und auch nachher nichts mehr miteinander zu tun gehabt.

Nach der Schule die Lehre zum Maschinenschlosser in Oerlikon bei Zürich. Obwohl er es sich nicht ausgesucht hat und nur dem Befehl des Vaters folgt, schließt Paul W. die Lehre ab. Als er nach einem Firmenskirennen eine Frau kennenlernt und sie miteinander eine Affäre beginnen, sagt sie ihm, es sei wichtig, nicht bloß Geschlechtsverkehr zu haben, es gehe um mehr als nur ums »Rein-Raus«. Paul W. weiß nicht, was sie damit meint. Überhaupt, so erinnert er sich im Nachhinein, habe er über die weibliche Sexualität und Anatomie so gut wie nichts gewusst.

Wenn Paul W. von seiner Kindheit und Jugend erzählt, sagt er, sie sei nicht glücklich gewesen, aber er habe zu Hause dennoch auch Wärme erfahren.

»Was ich als Kind erlebt habe, entschuldigt die Taten nicht, die ich begangen habe.«

Mit zwanzig wird Paul W. zum ersten Mal verurteilt: zwanzig Tage Haft, weil er – ohne Führerschein – mit dem Auto der Eltern einen Unfall verursacht hat. Im gleichen Jahr muss er einer achtzehnjährigen Frau für das gemeinsame uneheliche Kind eine »Abfindung« zahlen: Sie teilt ihm in einem Brief mit, dass er sie geschwängert hat. Er entrichtet ihr die geforderten 70 000 Franken – woher das Geld stammt, bleibt Spekulation – und sieht seinen Sohn nicht ein einziges Mal. Er weiß aber, dass der Sohn Polizist geworden ist – als wollte das Schicksal Paul W. verhöhnen.

Später trifft er Verena, verliebt sich, eine Jugendliebe, die irgendwann auch wieder endet. Er tritt in die Rekrutenschule ein, in der er übermäßig Alkohol trinkt. Bald folgt das nächste Delikt: Er bricht einem anderen jungen Mann einen Schädelknochen sowie das Brustbein und wird wegen Körperverletzung zu drei Monaten Gefängnis verurteilt.

Es ist die Nacht vom 8. auf den 9. April 1978 – Paul W. ist einundzwanzigjährig – als er sich zum ersten Mal nimmt, was ihm eine Frau nicht geben will. Er ist in Interlaken mit dem Auto unterwegs, stoppt neben einer jungen Frau und fragt sie nach dem Weg zu einer Discothek. Sie will ebenfalls dorthin und steigt zu ihm in den Wagen. Doch Paul W. schlägt trotz ihres Widerspruchs eine andere Richtung ein und fährt zu einem abgelegenen Steinbruch. Er packt die junge Frau am Hals und vergewaltigt sie.

Sie sagt später der Polizei, dass sie es über sich ergehen ließ, ohne sich körperlich zur Wehr zu setzen. Sie wäre chancenlos gewesen.

Als er fertig ist, entschuldigt sich Paul W. bei ihr und fährt sie zurück nach Interlaken. Nur drei Wochen später macht er es wieder; er vergewaltigt eine weitere junge Frau.

Einen Monat später geht Paul W. mit seinem Bruder aus. Er lernt eine Frau kennen, sie tanzen miteinander, nach dem Clubbesuch fährt sie mit in die Wohnung des Bruders, bei dem Paul W. zu dieser Zeit wohnt. Paul W. küsst die junge Frau, doch mehr will sie nicht. Obwohl sie sich heftig wehrt, zieht er sie aus und vergewaltigt sie. Einige Tage später erstattet sie Anzeige bei der Polizei. Im Unterschied zu den beiden ersten Opfern kennt sie Name und Wohnort des Täters.

Paul W. wird während der Hochzeit seiner Schwester verhaftet. Wegen der drei Vergewaltigungen verurteilt ihn das Gericht zu einer Gefängnisstrafe von achtzehn Monaten. Doch die Strafe nützt wenig, um nicht zu schreiben gar nichts.

Als er auf Bewährung rauskommt, holt ihn zu seiner Überraschung seine Ex-Freundin Verena ab. Sie werden wieder ein Paar. Paul W. schlägt sich als Kranbaumechaniker, als Monteur im Stahl- und Kunststoffbau und als Liftmonteur durch. Daneben arbeitet er bei einem Wachdienst. Weil er als Monteur so oft unterwegs ist, zerbricht die Beziehung zu Verena erneut.

Keine zwei Jahre nach seiner Entlassung wird Paul W. rückfällig, obwohl er noch auf Bewährung ist. Dennoch ahnt niemand, dass er der Täter ist.

In einem polizeilichen Bericht von 1983 ist festgehalten, dass eine Häufung von Notzuchtdelikten festgestellt wurde: *Eine Analyse der Fälle hat ergeben, dass es sich um einen Einzeltäter handeln muss, und zwar um einen 25 bis 40 Jahre alten, mittelgroßen, kräftigen Mann von sauber gepflegter Erscheinung. Er hat seine Opfer jeweils mit einem Würgegriff angefallen und sie auch gleich in eine liegende Stellung gebracht, sei dies auf dem Boden oder auf dem Fahrersitz im Auto der angefallenen Frauen. Sofort hat er die Frauen angewiesen, sich auszuziehen. Sind die Opfer nicht willfährig gewesen oder haben sich gewehrt, hat er den Würgegriff verstärkt. Andererseits hat er die Halsumklammerung gelockert, wenn die Frauen sich gefügig gezeigt haben. Der Täter hat in den meisten Fällen seine Opfer in den frühen Morgenstunden ausgesucht und in der Regel die Frauen auf Parkplätzen in deren Fahrzeugen auf den Vordersitzen mit Gewalt zum Geschlechtsverkehr gezwungen. In Bezug auf die Opfer sind keine offensichtlichen Gemeinsamkeiten zu entdecken. Eigen ist dem Täter, dass er meist maskiert handelte und seine Sprache veränderte. Die Analyse hat ergeben, dass der Täter seit dem 17.9.1983 jedes Wochenende zweimal loszog, sich seine Opfer gesucht und auch gefunden hat. Es kann angenommen werden, dass er auch am zweiten Oktoberwochenende wieder aktiv werden könnte.*

Zwei Vergewaltigungen pro Wochenende. Die Behörden stehen unter Druck. Polizisten beziehen in der Region, in der sich die Vorfälle häufen, sechs feste Beobachtungsposten, zudem schicken sie Lockvogelteams los; junge Polizistinnen, die ins Opferschema passen.

Der Plan geht auf, und die Falle schnappt zu. Bei der Kontrolle eines verdächtigen Autos ergreift der Fahrer die Flucht. Zunächst entkommt er den Polizisten, doch es gelingt ihnen später doch, den »sich heftig wehrenden Exploranden« festzunehmen. Noch während der Festnahme meldet sich ein weiteres Opfer; eine Frau sagt den Polizisten, sie sei gerade von dem Mann angefallen worden. Im Polizeirapport steht: *Der Explorand war außer sich; seine Wäsche und sein Hemd waren vom Schweiß total durchnässt.*

Am 10. Oktober 1983 gesteht Paul W. fünf Sexualdelikte, in den folgenden Tagen gibt er weitere Taten zu. Insgesamt hat Paul W. zwischen Januar und Oktober 1983 im Raum Zürich und der Zentralschweiz dreizehn Notzuchtdelikte verübt, wobei es in fünf Fällen beim Versuch blieb.

Die Polizei schreibt über den endlich gefassten Sexualstraftäter: *Den Beamten ist aufgefallen, dass es sich beim Exploranden um eine gut trainierte, kräftige Figur handelt. Seine Fitness habe er sich bei zahlreichen Skirennen, teilweise sogar mit der Schweizer Auswahl, und bei vielen*

Schwingfesten geholt. Auch aus dem beruflichen Bereich kann man ableiten, dass er über überdurchschnittliche Kräfte verfügen muss. Rein äußerlich sind bei der Persönlichkeit keine negativen Aspekte zu erkennen. Er kann sogar als sympathischer Typ bezeichnet werden, da er auch einen recht großen Bekanntenkreis haben muss, hauptsächlich bei Personen weiblichen Geschlechts. Während man mit ihm über viele Bereiche des Lebens angeregt diskutieren kann, ist er eher verschlossen, wenn man auf seine Straftaten zu sprechen kommt.

Den Beamten ist überdies aufgefallen, dass der Explorand sich nie um die sekundären Geschlechtsmerkmale seiner Opfer gekümmert hat; es ist, als ob die Brüste der Frauen für ihn tabu gewesen seien.

Bevor es zu einem Gerichtsverfahren kommt, wird Paul W. in der Klinik St. Urban psychiatrisch beurteilt. Sein Aufenthalt in der Klinik muss allerdings vorzeitig abgebrochen werden: Paul W. bedroht eine Angestellte derart, dass er sofort ins Zentralgefängnis zurückverlegt wird. Nach dem Vorfall kommt ans Licht, dass er eine zweite Angestellte in einem geschlossenen Raum sexuell missbraucht hat. Die Psychiater schreiben im Gutachten über Paul W: Die bestehende Sozialgefährlichkeit des Explorანden könne weder durch eine ambulante noch durch eine stationäre psychische Behandlung behoben werden. Paul W. wird in erster Instanz zu einer Gefängnisstrafe von sieben Jahren und zu anschließender Sicherheitsverwahrung verurteilt; in zweiter Instanz, vor dem Obergericht, wird die Zuchthausstrafe bestätigt – die Sicherheitsverwahrung aber wird aufgehoben. Mit fatalen Folgen.

1987. Vollzugslockerung vor der baldigen Entlassung. Paul W. hat zum wiederholten Male Hafturlaub. Dieses Mal passiert etwas: Im Grenzgebiet bei Konstanz überfällt Paul W. eine junge Frau im Auto vor ihrem Haus. Er würgt und bedroht sie, sie setzt sich zur Wehr. Nach etwa fünf Minuten lässt er von ihr ab und flieht mit seinem Auto. Obwohl er wegen Körperverletzung weitere drei Monate aufgebrummt bekommt, wird er 1988 dennoch entlassen. Er hat sich nicht gebessert. Im Gegenteil.

Zwar sieht es zunächst beinahe so aus, als ob er ein geordnetes Leben führen könnte. Paul W. arbeitet als Mechaniker im Tunnelbau in Interlaken und ab Ende Oktober 1989 als Werkstattchef der Arbeitsgemeinschaft Bötzbergtunnel. Doch es dauert nur sechs Monate, bis Paul W. wieder zur Tat schreitet. Er nimmt sich die Frauen, wie es ihm gefällt, ohne Scham, ohne Gnade, auf hinterlistige und brutale Art und Weise.

Im »Deliktverzeichnis« des Kriminalgerichts steht später: *In der Nacht vom 3. auf den 4. oder 10. auf den 11.06.1989 wurde der Explorand beim Bahnhof Interlaken auf eine Frau aufmerksam, die mit einem Mann schmuste, der eine Uniform der Milizarmee trug. Er ist ihr gefolgt, als sie sich mit einem Taxi nach Hause begeben hat. Er hat sich ihr gegenüber als Angehöriger der Militärpolizei ausgegeben und ihr irgendeinen Ausweis gezeigt. Unter dem Vorwand, dass man wegen eines Unfalls des illegalerweise mit ihr ausgehenden Soldaten eine Aussage brauche, bat er sie, sie in seine Wohnung zu begleiten. Dort hat er der Geschädigten unbemerkt in einem Getränk eine Rohypnol-Schlaftablette verabreicht. Er hat daraufhin mit der betäubten Geschädig-*

ten im gleichen Bett genächtigt und mit ihr den Geschlechtsverkehr vollzogen. Die Geschädigte hat zunächst von diesem Vorgang nichts bemerkt und sich nach Hause bringen lassen. Der Explorand gibt an, die Geschädigte sei mit dem Geschlechtsverkehr einverstanden gewesen.

Es bleibt nicht bei diesem einen Delikt. Im August 1989 nimmt Paul W. in den frühen Morgenstunden eine Anhalterin mit und belästigt sie, bis er wegen ihres heftigen Widerstands von ihr ablässt. Also greift er beim nächsten Mal wieder zum Hypnotikum Rohypnol. Er hält sich in Discotheken und in Nachtclubs auf, in Pubs und in Bars. Dort schüttet er das Rohypnol heimlich in das Getränk von Frauen, spricht sie an, spielt sich als Helfer auf, begleitet sie nach draußen, bis die Wirkung des Mittels sie wehr- und willenlos macht. In der Nacht vom 4. auf den 5. August versucht er, sich auf diese Weise auch an einer Bekannten zu vergehen. Doch die Dosierung ist nicht hoch genug, sie entkommt.

Auszug aus dem »Deliktverzeichnis«: *In der Nacht vom 28. auf den 29.9.1989 ist der Explorand unter falschem Namen über die interne Geschäftsnummer mit einer Geschädigten in Kontakt getreten. Sie ließ sich vom Exploranden in eine Disco einladen, wo ihr dieser Rohypnol in ein Getränk geschmuggelt hat. Auf der anschließenden Rückfahrt hat der Explorand mit dem schlafenden Opfer auf einem Parkplatz im Auto den Geschlechtsverkehr vollzogen.*

Drei Wochen später: andere Frau, gleicher Trick. Während sie sich in einer Bar zur Toilette begibt, mischt er ihr das Betäubungsmittel in den Drink. Als sie sich unwohl fühlt, fährt er sie nach Hause, hält unterwegs auf einem Parkplatz und versucht, sich an ihr zu vergehen, obwohl sie erwacht und sich heftig wehrt.

Auszug aus dem »Deliktverzeichnis«: *Am 11.12.1989 hat der Explorand eine Frau bis zu ihrem Wagen verfolgt. Als sie den Motor gestartet hat, hat der Explorand die Tür geöffnet und sich auf den Beifahrersitz gedrängt. In der Folge versuchte er, nachdem er der Frau die Strumpfhose und einen Stiefel ausgezogen hatte, in sie einzudringen. Nachdem ihm das zufolge ungenügender Erektion nicht gelungen ist, befriedigte er sich schließlich selbst. Das Sperma spritzte er der Geschädigten aufs Bein; mit dem Finger strich er der Frau schlussendlich noch etwas Sperma in die Scheide.*

Nur eine Woche später offeriert Paul W. einer ahnungslosen Arbeitskollegin in einer Bürobaracke auf der Tunnelbaustelle einen mit Rohypnol versetzten Kaffee. Nachdem sie eingeschlafen ist, vergewaltigt er sie. Als sie, noch immer benommen, mit dem Auto nach Hause fährt, baut sie einen Unfall.

Das Jahr 1990 ist erst gerade vier Tage alt, als Paul W. eine ihm unbekannte Frau bis ins Treppenhaus ihres Wohnhauses verfolgt. Dort fällt er sie von hinten an und versucht, ihr einen Plastiksack über den Kopf zu stülpen. Weil sich die Frau heftig wehrt, ergreift er die Flucht.

Ein paar Tage später hat er mehr Erfolg. Auszug aus dem »Deliktverzeichnis«: *Am 18.1.1990 suchte der Explorand eine Frau, die er eine Woche zuvor überwacht hatte, im Entrée ihres Wohnhauses auf. Kurz vor Betreten des Hauses ergriff er sie von hinten und stülpte ihr einen Plastiksack über den Kopf. Trotz ihrer Gegenwehr vermochte er sie in den Keller zu tragen, wo er mit der zu keinem Widerstand mehr fähigen Frau den Geschlechtsverkehr vollzog.*

Die Angst geht um in diesen Monaten. Junge Frauen gehen nicht mehr allein aus. Die Polizei ruft alle dazu auf, in öffentlichen Räumen ihre Getränke nicht aus den Augen zu lassen. Sie warnt vor dem unbekannten Vergewaltiger und schickt Beamte in Zivil in die einschlägigen Lokale, in der Hoffnung, den Täter in flagranti zu ertappen.

Dann der Durchbruch: Ende Januar 1990 wird Paul W. verhaftet. Nach und nach gesteht er die Vergewaltigungen. Er gibt zu, dass einige seiner Überfälle brutal gewesen seien. Es sei ihm aber nicht bewusst gewesen, dass die Opfer auch hätten sterben können, weil er sie gewürgt hat – doch selbst wenn er es gewusst hätte, räumt er ein, hätte er nicht anders gehandelt. Er sei wie besessen gewesen von dem Gedanken, Frauen gefügig zu machen. Nie aber habe er vorgehabt, eine Frau zu töten: Es sei sein Wunsch gewesen, Frauen zu demütigen – es hätte also keinen Sinn gemacht, sie nicht am Leben zu lassen.

Den Ermittlern ist klar, dass Paul W. es wieder und wieder getan hätte – umso größer ihre Erleichterung, dass sie ihn endlich stoppen konnten.

Doch neun Monate nach seiner Festnahme, noch bevor er erneut vor Gericht gestellt und verurteilt wird, gelingt ihm die Flucht.

Erzählt Paul W. von seiner ersten Flucht, glänzen seine Augen. Plötzlich spricht er nicht mehr im Fachjargon der Psychiater, sondern mit seinem eigenen Wortschatz in seinem weichen Dialekt. Er wirkt beinahe stolz.

Paul W. ist im Zentralgefängnis von Luzern als Bibliothekar tätig. Hinter Gittern gilt er als zuverlässig, darum werden ihm auch anspruchsvollere Aufgaben übertragen. Während seiner Arbeit, in einem Moment, in dem das Garagentor des Zentralgefängnisses offen steht, ergreift er die Flucht. Paul W. setzt sich nicht etwa ins Ausland ab, er bleibt dreist in seinem Heimatkanton. Er mietet eine Wohnung und eröffnet in der Stadt Bern unter seinem richtigen Namen ein eigenes Geschäft. Sein Name ist ein Allerweltsname, aber womöglich fällt Paul W. auch deshalb niemandem auf, weil er sich gar nicht erst zu verstecken versucht. Zweifelsohne braucht es eine gehörige Portion Kaltschnäuzigkeit und gute Nerven, als geflohener Straftäter ein normales Leben zu führen.

Mehrere Monate lang geht alles gut. Doch dann wird Paul W. eine alte Leidenschaft zum Verhängnis: Er war schon früher ein hervorragender Skifahrer und ist es bis heute. Also nimmt er im Berner Oberland an einem Skirennen teil und fährt prompt aufs Podest. Ein Journalist schießt ein Bild, das Lokalblatt berichtet über das Rennen – und ein Polizist, der mit dem Fall W. betraut war, traut seinen Augen nicht, als er auf dem Foto des Siegerpodests den Mann erkennt, der eigentlich hinter Gittern sitzen müsste. Paul W. hat sich mit richtigem Namen inklusive Adresse für das Skirennen angemeldet. Im März 1991 wird er wieder verhaftet.

Kurz darauf entweicht er während eines begleiteten Freigangs erneut. Nach wenigen Tagen erwischt ihn die Polizei. Ein Jahr später, am 14. Januar 1991, flieht er aus der halb offenen Anstalt St. Johannsen. Am 24. April 1991 kann er in einer spektakulären Aktion wieder verhaftet werden. Paul W. wird dabei von den Polizisten angeschossen und direkt nach Bern ins Universitätsspital gebracht, wo ihm bereits am nächsten Tag erneut die Flucht gelingt; dieses Mal dauert sie jedoch nur ein paar Stunden.

Paul W., dem nun der Ruf als notorischer Ausbrecher vorauseilt, wird in die Justizvollzugsanstalt Lenzburg verlegt. Fast zwei Jahre vergehen. Niemand ahnt, dass Paul W. vom Gefängnis aus die Fäden zieht und seine nächste Flucht organisiert. Dieses Mal muss es klappen. Dieses Mal will er nicht wieder gefasst werden.

Es ist der 18. Februar 1993, Paul W. hat sich vor zwei Wochen die Hand gebrochen, nun soll er für eine ärztliche Behandlung ins Kantonsspital Aarau überführt werden. Als ihm der begleitende Polizist die Handschellen aufschließt, damit ihm der Gips abgenommen werden kann, gelingt es Paul W., seine Bewacher zu überrumpeln und zu fliehen.

Etwas länger als einen Monat versteckt sich Paul W. in der Schweiz. Anfang April stiehlt er einen roten BMW 325 IX und flieht damit über die Grenze Richtung Norden, Ziel unbestimmt. In Thüringen, in der Nähe von Jena, will er am Morgen nach der nächtlichen Fahrt den Wagen tanken. Da spricht ihn eine Frau an – und Paul W. bleibt.

Er und Tjana lernen sich näher kennen und verlieben sich. Sie werden ein Paar – ohne dass Tjana etwas über die Vergangenheit ihrer neuen Liebe weiß. Paul W. gründet unter Tjanas Namen ein eigenes Geschäft, baut es auf und ist erfolgreich. Er scheint in Deutschland ein ganz normales Leben zu führen. Er ist gesellig, hat Freunde, man nennt ihn hier den »Schweizer«. Die Liebe zwischen Tjana und Paul W. hält zwar nicht länger als ein paar Monate, aber sie bleiben miteinander verbunden. Auch dann noch, als Paul W. Irene kennenlernt.

Irene besitzt einen Landgasthof in der Nähe, Paul W. kehrt dort hin und wieder ein. Sie verliebt sich in den Mann, der witzig ist, hilfsbereit und charmant. Er packt stets sofort mit an, wenn jemand Hilfe braucht. Irene ahnt nicht, dass er gesucht wird. Sie bekommt auch nichts davon mit, dass er ein Jahr nach seiner Flucht um ein Haar auffliegt.

Es ist der 22. April 1994, als das Bundeskriminalamt Wiesbaden nach einem »Auffahrunfall mit Fahrerflucht« ein Amtshilfeersuchen an die Kollegen in der Schweiz richtet: Die deutschen Polizisten erkundigen sich nach dem Besitzer des roten BMWs mit dem Schweizer Kennzeichen. Die Antwort folgt einen Monat später: Das Fahrzeug ist als gestohlen gemeldet. Es bestehe der Verdacht, dass der flüchtige Paul W. es gestohlen haben könnte. Die Schweizer schicken dem Bundeskriminalamt Fotos des Gesuchten. Die Beamten, die beim Unfall vor Ort waren, können ihn anhand der Bilder als den Fahrer des Wagens identifizieren. Im beschlagnahmten Auto befindet sich ein Mietvertrag, den seine Firma für die Nutzung einer Lagerhalle abgeschlossen hatte. Doch die Spur wird nicht weiterverfolgt, Paul W. bleibt vorerst unbehelligt.

Er führt also weiterhin sein ganz normales Leben, die Beziehung zu Irene und sein mittlerweile gut laufendes Geschäft im Holzhandel. Er sammelt Holz in den Wäldern und liefert es an Kindergärten und Schulen, die noch mit Kohle heizen. Sein Ziel ist es, die Kohle mit dem in den Wäldern herumliegenden Holz zu ersetzen; er kann seine Idee derart überzeugend präsentieren, dass die Wirtschaftsförderung sein Projekt finanziell unterstützt. Nach zwei Jahren floriert sein Unternehmen.

In seiner alten Heimat wird Paul W. am 6. Mai 1994 in Abwesenheit wegen all der Notzuchtdelikte und Vergewaltigungen zu einer Freiheitsstrafe von acht Jahren verurteilt, gleichzeitig wird eine Verwahrung angeordnet – über den Mann, von dem niemand weiß, wo er sich aufhält.

Seine Partnerin Irene ahnt nichts von alldem – bis an einem Abend im Herbst 1995 Bruchstücke der Wahrheit in ihr Leben eindringen. Paul W. und Irene schauen gemeinsam einen Kriegsfilm; Soldaten plündern die Ruinen einer zerbombten Stadt, sie dringen in Häuser ein und vergewaltigen die Frauen. Irene sagt, dass man Vergewaltiger für immer wegsperren sollte.

Stille.

Dann fragt Paul, was wäre, wenn er selbst jemanden vergewaltigt hätte. Irene lacht laut auf und meint, sie würde ihn auf den Mond schießen.

Doch dann erzählt ihr Paul W. nach und nach, was er getan hat, nicht im Detail, nur andeutungsweise. Er berichtet, dass er wegen der Taten verurteilt wurde. Dass er geflüchtet ist. Es folgen lange, schwierige Gespräche, eine temporäre Trennung, Irene braucht Abstand. Doch sie kehrt zu ihm zurück. Weil er trotz allem noch immer derjenige ist, den sie kennengelernt hat: Paul W., der witzige, charmante, hilfsbereite Mann – nicht Paul W., der Vergewaltiger. Und es gibt noch einen anderen Grund, warum sie sich für Paul W. entscheidet: Weil er der Vater ihres künftigen Kindes ist. Irene ist schwanger. Am 11. Juli 1996 kommt der gemeinsame

Sohn zur Welt. Die Eltern taufen ihn auf den Namen des Vaters.

Es ist der 23. Januar 1997. Seit fast vier Jahren lebt Paul W. unerkannt in Thüringen. Einzig Irene weiß, dass er nicht in Freiheit sein dürfte; niemand sonst ahnt, dass er mehrere Frauen vergewaltigt hat. Paul W. ist an diesem Donnerstag mit Irenes Mercedes in Jena unterwegs. Er ist nicht nüchtern; vier bis fünf Gläser Bier und zwei Obstler hat er an dem Abend getrunken. Vielleicht fällt er der Streife auf, weil er den Sicherheitsgurt nicht angelegt hat, auf jeden Fall wollen ihn die zwei Polizisten anhalten, doch Paul W. bremst nicht ab, im Gegenteil, er drückt aufs Gaspedal und versucht zu fliehen. Es kommt zu einer wilden Verfolgungsjagd, bei der es den Polizisten gelingt, mit ihrem Fahrzeug Paul W. den Weg zu versperren. Der denkt indessen noch immer nicht daran anzuhalten, sondern hält unbeirrt auf den Streifenwagen zu, der quer auf der Straße steht. Die Polizisten können in letzter Sekunde wegfahren und eine Kollision vermeiden. Die herbeigerufene Verstärkung versucht ebenfalls, sich Paul W. in den Weg zu stellen, doch der knallt ungebremst in den Streifenwagen. Die zwei Polizisten werden leicht verletzt, der Mercedes ist Schrott. Paul W. stürzt aus dem Wagen und versucht wegzurennen. Doch er kommt nicht weit; die Polizisten können ihn festnehmen. Bald ist klar, wen sie da gefasst haben. Paul W. wird in die Schweiz ausgeliefert – seinen Fluchtversuch während des Transports können die Polizisten vereiteln – und ins Gefängnis gebracht. Von einem Tag auf den anderen ist er nicht mehr der erfolgreiche Geschäftsmann,

Lebenspartner und Vater – sondern ein verwahrter Vergewaltiger.

Tatsächlich gelingt ihm zwei Jahre später erneut die Flucht. Am 3. Dezember 1998 darf Paul W. bei einem begleiteten Ausgang seine Mutter besuchen. Die Begleitperson fährt ihn mit dem privaten Auto ins Berner Oberland zu dessen Mutter. Als sie kurz vor Mittag dort eintreffen, lässt der Begleiter Paul W. allein – angeblich, weil ihm sein Chef gesagt hat, er solle die Privatsphäre der Familie respektieren. Was genau unter »Privatsphäre« zu verstehen ist, wurde angeblich nicht besprochen. Fakt ist, dass der Begleiter den verwahrten Paul W. unbeaufsichtigt lässt und selbst in den nächstgrößeren Ort fährt, um dort zu Mittag zu essen. Um halb zwei ruft er bei der Mutter an. Es ist Paul W.'s Schwester, die den Anruf entgegennimmt und dem Begleiter mitteilt, sie habe Paul W. gerade eben zum Bahnhof gefahren. Er hatte ihr gesagt, dass das so vereinbart gewesen sei. Der Begleiter informiert die Polizei.

Wieder ist es ihm geglückt, erneut ist er auf der Flucht. Dieses Mal hat er auch genug Geld dabei, um sich abzusetzen: Vor dem Freigang wurden Paul W. 2000 Franken von seinem Konto ausgehändigt. Er hatte behauptet, er wolle das Geld an seine Familie in Deutschland überweisen – dass er seine Familie gleich besuchen wollte, hatte er wohlweislich verschwiegen. Obwohl die Polizei Irene und ihren Sohn im Auge behält, kann sie Paul W. nicht aufspüren.

Anfang 1999 strahlt die Sendung Aktenzeichen XY einen Fahndungsaufruf nach dem Getürmten aus. Noch am selben Abend meldet sich eine dreiunddreißigjährige

Frau, die angibt, Paul W. zwei Wochen zuvor in Konstanz getroffen zu haben. Sie hatte ihn über eine Dating-Hotline kennengelernt und war so mit ihm in telefonischen Kontakt gekommen. Der Mann habe ihr gesagt, er wohne in Schaffhausen, sei Anlageberater einer Bank und oft unterwegs. Er schlug ihr vor, sich sofort in Konstanz zu treffen, weil er gerade vor Ort sei. Bei einem gemeinsamen Abendessen in der Konstanzer Innenstadt war man sehr schnell beim Du. Plötzlich, so erzählt es die Frau, habe der Mann sie gefragt, welche Art Unterwäsche sie trage. Als er anfügte, er wolle sie »sofort ficken«, habe sie Angst gekriegt, sich unter einem Vorwand auf die Toilette begeben und das Lokal fluchtartig verlassen. Sie ist sich hundertprozentig sicher, dass es sich bei dem Mann um den gesuchten Paul W. gehandelt hat.

Die Polizei wendet sich erneut an Irene, die Partnerin von Paul W. und Mutter seines Kindes, sowie an seine Ex-Freundin Tjana. Beide Frauen geben zu, dass sie Paul W. mehrere Hundert D-Mark geschickt haben. Irene gesteht ebenso, dass sie sich mit ihm in einer Pension in Hagen getroffen hat.

Am 29. Januar 1999 wird Paul W. in Deutschland verhaftet. Die Ermittlungen zeigen, dass er im Januar täglich in Cafés und Nachtbars unterwegs war. Er gab sich als Schweizer Banker aus, spendierte Drinks und kaufte sich Sex bei Prostituierten. Am 22. April 1999 wird er in die Schweiz übergeführt. Dieses Mal wird er für längere Zeit hinter Gitter bleiben.

Der Mann, der zahlreichen Frauen sexuelle Gewalt angetan hat, der immer wieder geflohen ist, statt sich seiner Strafe zu stellen, dem eine Lüge leichter über die Lippen geht als die Wahrheit – dieser Mann saß mir also im Besucherraum der Justizvollzugsanstalt Lenzburg gegenüber und bat mich darum, einen Artikel darüber zu schreiben, dass er ungerecht behandelt werde. Dass er weder gefährlich noch rückfallgefährdet sei und dass seine Sicherheitsverwahrung schon lange nicht mehr gerechtfertigt sei.

Er erzählte mir seine gesamte Geschichte. Er stellte mir Akten zur Verfügung. Er nannte mir die Kontakte seiner Partnerin in Deutschland und seiner Schwester in der Schweiz. Er gewährte mir Einblick in die psychiatrischen Gutachten. Paul W. behauptete, dass ihm eine angemessene Therapie immer wieder verwehrt worden sei. Liest man die Akten, geht daraus ebenso hervor, dass er längst nicht jedes Therapieangebot akzeptiert hat. In einem Punkt pflichte ich ihm bei: Die zahlreichen psychiatrischen Gutachter, die Paul W. während seiner langen kriminellen Karriere untersucht haben, sind sich alles andere als einig.

Das erste Gutachten wird über Paul W. erstellt, als er gerade mal zweiundzwanzigjährig ist und bereits drei Sexualdelikte begangen hat. Der psychopathologische Befund, so schreiben die Psychiater, sei unauffällig. Allerdings habe Paul W. kaum Gefühle gezeigt. Das häusliche Milieu von W. beurteilen sie als »gestört«. Paul W., schreiben die Gutachter, habe zwiespältige Gefühle gegenüber seinen Eltern; der Vater imponiere ihm durch seine starke Männlichkeit, doch sein Jähzorn und die Gewalt stoßen ihn ab. Ähnlich empfinde er gegenüber der Mutter, die ihn einerseits verwöhne, andererseits fast nie für ihn da sei. Die Experten gehen davon aus, dass Paul W. die Delikte begangen hat, weil er die Frauen besitzen wollte. Ihre Ablehnung habe zu großer Aggression und Frustration und schließlich zum sexuellen Missbrauch geführt. Er habe zwar gewusst, dass er ein Unrecht beging, die Möglichkeit, nach dieser Einsicht zu handeln, sei aber herabgesetzt gewesen. Immerhin habe er sich so weit unter Kontrolle gehabt, dass er auf die Bitte der Frauen hin einen Coitus interruptus ausführen konnte – was aber wohl eher in seiner Angst begründet war, erneut ungewollt Vater zu werden. Die Diagnose im ersten psychiatrischen Gutachten über Paul W. lautet: »Milieugeschädigter, narzisstischer, neurotisch früh gestörter junger Mann mit einer schweren Reifestörung.«

Fünf Jahre später, Paul W. ist siebenundzwanzig, erklärt ein anderer Psychiater in einem neuen, neunzehnseitigen Gutachten, dass es bei Paul W. Hinweise auf eine Psychopathie, aber auch auf eine erworbene neurotische Störung gebe. Die Beurteilung lautet: »Ausgeprägte Sexualdelinquenz eines siebenundzwanzigjährigen Sportlers mit abnormer Persönlichkeit, mangelhafte Steuerbarkeit seiner aggressiv-destruktiven Impulse bei neurotischer Verhaltensweise.« Mit klinischen Methoden, so der Gutachter, könne die Gefahr weiterer Delikte nicht verhindert werden. In anderen Worten: Paul W. ist nicht therapierbar.

Zwei Jahre später schreibt ein Psychiater, Paul W. habe nach und nach begonnen, sein Verhalten zu ändern und seine neurotischen Verhaltensweisen einzusehen. Er habe gelernt, seine Unlust, Zwiespältigkeit und seine stetigen Versuche, andere für seine Zwecke einzuspannen, zu erkennen. Der Psychiater sieht in Paul W. nicht einen psychopathischen Sexualstraftäter – er habe seine Delikte viel mehr aus einer allgemeinen neurotischen Persönlichkeitsstörung heraus begangen.

Der forensische Psychiater, der Paul W. 1998 nach seiner Flucht nach Deutschland begutachtet, beschreibt einen ganz anderen Menschen als seine Kollegen zuvor. Paul W. leide unter chronischen Rückenschmerzen, sei depressiv verstimmt, ein abgemagerter Mann, der sich mühsam auf zwei Stöcke stütze. Paul W. beklagt sich in den Gesprächen darüber, dass er im Gefängnis sitzt, und beteuert, dass er nie wieder eine Frau vergewaltigen werde. Er spricht auch über innere Zwänge und darüber, dass er seine vielen sexuellen Erlebnisse nie habe verarbeiten können. Trotz des Jammerns und Klagens kommt der Psychiater zum Schluss, dass sich während der vierjährigen Flucht in der Persönlichkeitsstruktur von Paul W. nichts Wesentliches geändert hat. Auch er diagnostiziert eine schwere Persönlichkeitsstörung.

Nur zehn Monate später: Ein weiteres, über dreißig Seiten langes Gutachten. Dieses Mal stammt es aus der Feder von hoch angesehenen forensischen Psychiatern aus Basel. Sie stoßen auf keinen normabweichenden psychopathologischen Befund. Paul W. habe sich als Mensch dargestellt, dem es rasch gelinge, Kontakte zu knüpfen und für sich einzunehmen. Er sei freundlich, umgänglich und hilfsbereit, stelle die eigenen Bedürfnisse oft zugunsten anderer in den Hintergrund. Gleichwohl erachten sie die Diagnose einer Persönlichkeitsstörung mit zwanghaft-depressiven und narzisstischen Zügen als gerechtfertigt. Die Psychiater kommen zum Schluss, dass Paul W. seine Delikte immer dann begangen habe, wenn er sich beruflich oder privat überfordert gefühlt habe. Ein starker Drang nach sexueller Betätigung sei hingegen nicht belegt. Paul W. habe sich zum Positiven verändert, sei in den vier Jahren in Freiheit nicht rückfällig geworden, daher empfehlen sie anstelle der Sicherheitsverwahrung eine stationäre Therapie.

2001. Paul W. ist nun vierundvierzig. Ein neuer Psychiater legt ein fünfzigseitiges Gutachten vor, das wiederum zu einem anderen Schluss kommt: Die Flucht- und Rückfallgefahr von Paul W. sei hoch, eine Therapie kaum erfolgversprechend. Es bestehe eine unverändert schwere Persönlichkeitsstörung, und es gebe keine objektiven Anhaltspunkte für eine bedeutsame Wesensveränderung. Jede Hafterleichterung stelle eine erhöhte Gefahr für die Mitmenschen dar. Der Gutachter stellt fest: »Auffallend ist die fast magische Fähigkeit des Explorанden, Menschen zu manipulieren, Leute zu gewinnen und sie auf seine Seite zu ziehen.« Das sei auch der Grund, warum so viele psychiatrische Gutachten mit ganz unterschiedlichen Resultaten vorlägen: Paul W. verfüge über eine ungewöhnliche Sensibilität und Einfühlungsgabe gegenüber gewissen Menschen. Er könne mit akribischer Sicherheit voraussagen, was den Gesprächspartner fessle und wie er ihn positiv für sich einnehmen könne. Gelinge es ihm jedoch nicht, komme ein ganz anderer Mensch zum Vorschein. »Es ist zu erwarten, dass die Serie von Gutachten und Gegengutachten auf Drängen des Exploranden hin nicht abbricht und sich immer wieder Personen finden, die die komplexe Problematik des Explorandennicht sehen wollen.«

Der Psychiater sollte recht behalten. Es folgen weitere Gutachten, die zu unterschiedlichen Resultaten kommen. Einmal ist die Rede davon, dass Paul W.s »Sexualität keine Abweichung von der Normalität« zeige und seine generellen Werte »im Bereich einer normalen Persönlichkeit« lägen. Ein anderer Gutachter schreibt von »einer schwer behandelbaren Störung der Sexualpräferenz«. Ein Experte schätzt Paul W.'s Rückfallgefahr als gering, ein anderer als hoch ein. Es entsteht der Eindruck, dass niemand so recht weiß, was mit dem Mann geschehen soll, der die Strafe für seine Taten zwar verbüßt hat, aufgrund seiner Persönlichkeit aber noch immer eine Gefahr für Frauen darstellen könnte. Ist er nach wie vor zu Recht verwahrt, weil er, wieder in Freiheit, erneut zum Täter würde – oder wäre er fähig, in seiner Familie ein gesetzeskonformes Leben zu führen? Ist er so gefährlich, dass er weggesperrt bleiben muss – oder ist die Sicherheitsverwahrung einzig die Folge eines übersteigerten Sicherheitsbedürfnisses unserer Gesellschaft?

Nach meinem Besuch bei Paul W. und nach der Lektüre der zahlreichen Gutachten entscheide ich mich, keinen Artikel über ihn zu schreiben. Ich bin nicht bereit, ihm eine Stimme zu geben, indem ich über seine ausweglose Situation berichte. Seine Taten sind zu groß, es gibt zu viele Opfer, die ich nicht dazu befragen kann, weil ich ihre Namen nicht kenne. Lieber würde ich ihnen eine Plattform geben als dem Mann, der ihnen Gewalt angetan hat.

Paul W. reagiert mit einem freundlichen Brief auf meine Absage und zeigt sich verständnisvoll. Trotzdem unternimmt er indirekt noch einmal einen Versuch, mich umzustimmen: Drei Tage später erreicht mich ein Schreiben des Gefängnispfarrers, der mich darum bittet, den Artikel doch zu schreiben.

»Herr W. ist heute fähig, nicht nur über sein Leben und die Delikte zu reden, sondern weist auch eine beachtliche soziale Kompetenz auf, was ihm auch der letzte Gutachter ausdrücklich bestätigt«, schreibt der Gefängnispfarrer. »Wie wäre es, wenn Sie sich wieder einmal dem Thema ›Verwahrung‹ annehmen würden, zum Beispiel anhand dieses Falles von Herrn W.? Es geht dabei um Menschen, um Leben! Das von Herrn W. ist am Erlöschen …«

Ich lasse mich nicht umstimmen.

Wenige Monate später springt mir auf dem Weg zur Arbeit eine Schlagzeile ins Auge. *Schon wieder auf der Flucht,* lautet der Titel. *Spektakuläre Flucht aus der Strafanstalt Lenzburg: Der 49-jährige Paul W. ist ein gefährlicher Sexualstraftäter und schon mehr als ein halbes Dutzend Mal getürmt.*

Paul W. kennt meine Anschrift, und wahrscheinlich ist er nach meiner Absage nicht sonderlich gut auf mich zu sprechen. Vorsichtshalber schreibe ich meiner Mitbewohnerin, dass sie die Tür nicht öffnen soll, falls jemand klingelt.

Die neuerliche Flucht gelingt Paul W. am 12. Januar 2006. Er arbeitet an diesem Tag in der Gärtnerei der Justizvollzugsanstalt Lenzburg. Es ist drei Uhr nachmittags, als ihm der Meister der Gärtnerei die Frachtpapiere übergibt, die Paul W. einem Lkw-Fahrer weiterreicht. Als er sich abwendet, schlüpft W. rasch unter den Lastwagen und versteckt sich in einem Hohlraum über der Antriebswelle. An der Fahrzeugschleuse wird der Lkw kontrolliert, auch der Unterboden, doch W. bleibt unentdeckt. Also fährt der Lkw-Fahrer zu einem Gemüsehändler, ohne zu ahnen, dass er dieses Mal auch lebendige Fracht mit sich führt.

Paul W.'s Flucht wird rasch bemerkt, als er nicht mehr an seinem Arbeitsplatz auftaucht. Sofort wird eine Großfahndung eingeleitet, und an jener Stelle, wo der Lkw seine Ladung löschte, werden Spürhunde eingesetzt, die Paul W.'s Fährte aufnehmen können. Doch bei einer Bushaltestelle verliert sich seine Spur. Die Polizei setzt einen Helikopter der Armee ein, der mit einer Wärmebildkamera ausgestattet ist. Derweil zeichnet sich ab, dass Paul W. einen Fluchthelfer gehabt haben muss. In der Justizvollzugsanstalt gehen die Polizisten darum seine Besucherliste durch, auf der vierzehn Namen stehen. Sie lassen die Adressen jener Besucher observieren, die als Fluchthelfer infrage kommen könnten. Und tatsächlich: Mitten in der Nacht taucht der Gesuchte vor der Liegenschaft eines Mannes auf, der ihn vor Monaten im Gefängnis besucht hat. Paul W. trägt neue Kleidung und führt Bargeld mit sich, das jemand irgendwo für ihn deponiert haben muss. Als die Polizei Paul W. kontrolliert, gibt er einen falschen Namen an. Doch das nützt nichts. Neun Stunden nach seiner Flucht bringt ihn die Polizei wieder in die Strafanstalt zurück.

Im September 2007 lese ich erneut von Paul W. in der Zeitung. Dieses Mal allerdings nicht, weil er abgehauen ist. Ein Reporter hat ihn im Gefängnis besucht und jenen Artikel geschrieben, den sich Paul W. so sehr gewünscht hat: Die Geschichte über seinen Kampf gegen die Sicherheitsverwahrung und für die Freiheit. Die über zwanzig Sexualdelikte, die er begangen hat, handelt der Journalist in dem mehrseitigen Artikel in wenigen, nichtssagenden Sätzen ab. Dafür zitiert er Paul W. ausführlich, wie er von seinem Traum erzählt, entlassen zu werden, sich einen Rucksack zu besorgen, ihn vollzupacken und sich dann für zwei Wochen alleine in einer Alphütte zurückzuziehen.

Zwei Jahre später legt derselbe Journalist in einem neuen Artikel über Paul W. nach. »Dies ist die Geschichte von Paul W., 52, Bauarbeiter, Vater zweier Söhne, der sagt, er erfahre Unrecht. Seit Jahren, bis heute. Man hält ihn gefangen, weil eine Behörde, irgendjemand dort, niemand weiß wer, behauptet, er sei gefährlich.« Der Journalist macht keinen Hehl daraus, dass er diese Meinung nicht teilt. Er schreibt: »Diese Geschichte handelt von einem Mann, der verwahrt ist, und mehr noch: Sie ergreift Partei für ihn.« Er lässt Paul W. in seinem Text über die Behörden klagen – »Was die mir antun, ist psychische Folter« – und kommentiert: »Im ersten Moment findet man das grotesk, dass ein Vergewaltiger ein solches Wort in den Mund nimmt, und gleichzeitig merkt man, dass man ihm Unrecht tut. Er ist ja kein Vergewaltiger. Er war es. Er hat längst gebüßt. Die Frage ist nur, ob er noch gefährlich ist. Ist er es?«

Dann bleibt es eine Weile still um Paul W. Als mir sein Name das nächste Mal begegnet, bin ich überrascht, entsetzt, fassungslos und wütend. Und ich weiß im gleichen Moment: Die beste Entscheidung in meiner journalistischen Karriere war, einen Artikel nicht zu schreiben – den Artikel über einen verwahrten Vergewaltiger, der für seine Freiheit kämpfte.

Es ist ein warmer Sommertag im Juli 2013, als ich Paul W. wiedersehe. Mehr als zehn Jahre sind seit meinem Besuch bei ihm im Gefängnis vergangen. Nie hätte ich erwartet, dass ich ihn vor Gericht wiederfinden würde. Weil er es erneut getan hat – obwohl er noch immer in Sicherheitsverwahrung ist.

Paul W. sitzt auf dem Stuhl vor den Richtern, sein Schädel ist fast kahl, der Pulli schmutzig blau, die Hose gräulich, fahl sein Gesicht. Als wären ihm in seinem Leben die Farben verloren gegangen. Seine Füße sind über den Turnschuhen gefesselt. Die Lampen im Saal 2 des Strafgerichts Basel hoch über seinem Kopf sehen aus wie fliegende Untertassen.

Die Staatsanwältin wird später in diesem Verfahren sagen, es gehe hier um »die Chronik eines angekündigten Verbrechens«. Das stimmt zwar, aber gleichzeitig geht es um mehr: Was geschehen ist, hätte nie geschehen dürfen. Es ist die Chronik eines Skandals.

Das neueste Kapitel im Fall Paul W. dreht sich um Straftaten, die hätten verhindert werden müssen, und um drei Frauen, die ihr Leben lang darunter leiden werden. Sie sind Opfer Nummer 25, Nummer 26 und Nummer 27 des Sexualstraftäters Paul W., die Dunkelziffer nicht miteinberechnet. Der Zufall wollte es, dass sie den Weg von Paul W. kreuzten. Kein Zufall war es, dass sich Paul W. auf freiem Fuß befand. Dass er erneut zuschlagen konnte, obwohl er in Sicherheitsverwahrung war.

»Was glauben Sie, wie wird Ihre Zukunft aussehen?«, fragt der Richter Marc Oser Paul W.

»Das liegt nicht in meinen Händen. Aber ich hoffe, dass ich fortsetzen kann, was wir begonnen haben, und dass ich in absehbarer Zeit zu meiner Familie zurückkehren kann.«

Paul W., das wird das Verfahren zeigen, hat eine sehr eigenwillige Wahrnehmung der Realität. Oder er tut zumindest so.

Doch wie konnte es überhaupt so weit kommen, dass er wieder vergewaltigte? In den Jahren vor der Tat führte er seinen Kampf gegen die Verwahrung fort. Im Juni 2010 lehnen die Vollzugs- und Bewährungsdienste nach umfassenden Abklärungen ein Gesuch von Paul W. ab: Keine Entlassung unter Bewährungsauflagen, keine Vollzugslockerungen, die Sicherheitsverwahrung soll wieder in einer geschlossenen Anstalt erfolgen. Paul W. reicht Beschwerde gegen den Beschluss ein, die vom Luzerner Verwaltungsgericht teilweise gutgeheißen wird: Gegen den Willen des Amtes für Justizvollzug muss Paul W. in einer offenen Vollzugsanstalt untergebracht werden, auch Urlaube müssen ihm bewilligt werden. 2011 darf Paul W. wegen seiner Rückenbeschwerden nach Leukerbad zur Kur.

Dort trifft er auf Karen L., eine knapp vierzigjährige Frau, blondiertes Haar, langer Pferdeschwanz, die schon vor der Begegnung mit Paul W. genug zu leiden hatte. Achtzehn Rückenoperationen hat sie hinter sich, seit fünf Jahren braucht sie Morphin gegen die Schmerzen. Sie wird an einem Ort zum Opfer, wo man ihr hätte helfen sollen; im Juli 2011 fährt sie nach Leukerbad in die Reha, nicht ahnend, dass ein paar Zimmer weiter ein verwahrter Sexualstraftäter einquartiert ist.

»Ich war in der Klinik, um gesund zu werden«, sagt sie vor Gericht. »Wie konnte es passieren, dass ich dort auf diesen Mann getroffen bin?«

Karen L.:

»Als ich Paul W. das erste Mal begegnet bin, hat er mir gleich geholfen: Er hat mir die Cafeteria gezeigt, er hat mein Tablett getragen. Wir hatten gemeinsame Behandlungen, wir waren ja beide wegen des Rückens dort. Ich litt sehr nach der achtzehnten Operation.

Die Beziehung zu Paul W. war kompliziert. Er gab mir Kraft und hat mich unterstützt. Wir pflegten eine Freundschaft, auch wenn wir uns nicht so gut verstanden; meine Muttersprache ist Französisch, seine hingegen Deutsch. Wir führten eine Art platonische Liebesbeziehung. Wir haben uns auf Englisch Nachrichten geschrieben, aber auch da war die Kommunikation schwierig. Mir ging es nicht gut zu dieser Zeit, ich war demoralisiert, weinte viel und fühlte mich allein. Er legte manchmal den Arm um mich, weil er mich trösten wollte.

Eines Abends ging ich zwischen sieben und acht Uhr zu ihm ins Zimmer. Wir wollten gemeinsam mit anderen Patienten Karten spielen, so wie wir das schon oft getan hatten. Wir trafen uns dann bei jemandem im Zimmer oder im Garten. Es war seine Idee, dieses Mal in seinem Zimmer zu spielen. Er sagte, er habe auch die anderen eingeladen, sie würden später kommen.

Doch sie kamen nie.

Er hatte irgendwo Whisky aufgetrieben und ihn in die Klinik hereingeschmuggelt. Ich wollte aber keinen trinken, da ich Morphin eingenommen hatte. Also servierte er mir ein Bier in einem Glas. Ich mochte Paul W., er war mir sympathisch, gleichzeitig war ich müde und hatte Schmerzen, mir war langweilig, und ich hatte nichts zu tun. Warum also sollte ich mich nicht mit ihm treffen und etwas mit ihm trinken? Ich war arglos und dachte, ein Bier würde mir zur Entspannung guttun. Wir saßen auf dem Balkon. Er hatte wegen der Mücken eine Kerze angezündet. Ich trank das Bier – und von dem Moment an erinnere ich mich an nichts mehr.

Später bin ich auf seinem Balkon auf dem Liegestuhl aufgewacht. Ich verstand nicht, was mit mir passiert war, und war durcheinander. Ich hatte wahnsinnige Kopfschmerzen. Paul W. lag neben mir auf dem zweiten Liegestuhl, sein Oberkörper war nackt, unten rum war er angezogen. Ich trug einen Trainingsanzug.

Als ich wieder einigermaßen wach war, fühlte ich mich innerlich gestresst, unruhig und verängstigt. Ich wollte nur noch zurück in mein Zimmer. Dort stellte ich fest, dass ich Blutungen hatte, so stark, als hätte ich die Regel. Am Hals entdeckte ich eine Schwellung, die aussah wie ein großer Insektenstich. Ich war terrorisiert und hatte Angst. Das alles habe ich ihm aber nicht gesagt, ich habe fortan einfach versucht, ihm aus dem Weg zu gehen. Hin und wieder blitzten Erinnerungsfetzen auf: Ich sah, dass er auf mir lag, und wusste, dass das nicht normal war. Die Flashs kamen immer wieder, ich fragte mich, was genau passiert war, und sagte mir gleichzeitig, dass es nicht möglich war, dass das wirklich geschehen war.

Etwas später, als wir alleine auf einem Flur waren, stellte er mich zur Rede. Er drehte durch, warf mir vor, ich würde mit anderen Männern flirten, und plötzlich würgte er mich. Von dem Moment an hatte ich große Angst vor ihm. Ich sagte ihm das aber nicht, sondern machte gute Miene zum bösen Spiel, tat so, als ob nichts gewesen wäre. Wenn er mir schrieb, antwortete ich, damit er nicht wütend wurde. Gleichzeitig dachte ich, ich sei verrückt geworden; es sei doch nicht möglich, dass ein sonst solch freundlicher Mann so etwas mache. Aber ich wusste, dass das nicht nur in meinem Kopf passiert war – es war wirklich geschehen, es war wahr, und ich brauchte Hilfe.

Als ich meiner besten Freundin davon erzählte, glaubte sie mir nicht; sie meinte, ich bilde mir das nur ein. Doch ich hatte immer wieder Flashbacks. Eines Tages sah ich dann sein Bild in der Zeitung und erfuhr, mit wem ich es in den drei Wochen in der Kur zu tun hatte. Ich verspürte einen Hass, ich war angewidert und fragte mich: Warum konnte ein Vergewaltiger in einer Klinik zur Kur fahren, wie war es möglich, dass ich ihm dort begegnete? Da wandte ich mich an die Opferhilfe. Die Sozialarbeiterin riet mir, ihn anzuzeigen.«

Paul W. schildert die Begegnung und die Beziehung vor Gericht ganz anders als Karen L.: Er beschönigt, er leugnet, er sieht sich selbst als Opfer.

»Es passierte auf normalem Weg, dass sie sich in mich verliebte. Sie lief mir nach wie ein kleines Hündchen«, sagt Paul W.

Er habe sie sympathisch gefunden, sich aber nicht in sie verliebt – was ihr nun peinlich sei. Darum erzähle sie Unwahrheiten.

»Es kam zu keinem sexuellen Kontakt. Die Geschichte ist von A bis Z erfunden«, behauptet Paul W. »Alle Fakten sprechen dafür, dass ich die Wahrheit sage.«

Eine Aussage, die niemand in diesem Gerichtssaal unterschreiben würde – außer vielleicht der Beschuldigte selbst.

Als es passierte, ahnte niemand, was in der Klinik vorgefallen war. Die Kur in Leukerbad sollte der erste Schritt für Paul W. zurück in ein normales Leben sein. Sicherungsmaßnahmen gab es keine, allerdings wurde er in Leukerbad zeitweise observiert: Der Psychiater sagt vor Gericht aus, er habe in den Akten gelesen, dass W. oft um zwei Uhr morgens auf dem Balkon beim Rauchen beobachtet worden sei. Trotzdem merkte keiner was. Weil Karen L. schwieg – nicht zuletzt, weil sie bis heute selbst nicht weiß, was er genau mit ihr gemacht hat.

August 2011. Weil sich Paul W. während seines Kuraufenthalts in Leukerbad scheinbar bewährt, wird für ihn aufgrund des Verwaltungsgerichtsbeschlusses nach einer offenen Vollzugsmöglichkeit gesucht, zum Beispiel nach einer Einrichtung für begleitetes Wohnen. Doch niemand will Paul W. aufnehmen; alle Institutionen lehnen ihn ab, weil ihnen das Risiko zu hoch erscheint. Entgegen der Empfehlung von Experten beschließen die Behörden darum, für Paul W. eine Wohnung zu mieten und ihn dort ab Oktober unterzubringen; ein sogenanntes Wohnexternat, obwohl er offiziell noch immer verwahrt ist.

Das allein ist brisant. Schwierig nachvollziehbar ist überdies, dass der luzernische Bewährungs- und Sozialdienst auf Paul W.'s Wunsch hin im Kanton Basel eine Wohnung für ihn mietet – also in einem anderen Kanton. Und dass sich die Wohnung in einem Mehrfamilienhaus befindet, in dem viele alleinstehende Frauen leben. Niemand, auch nicht die Hausverwaltung, wird darüber informiert, dass der neue Bewohner ein verwahrter Sexualstraftäter ist. Seine Auflagen: Einmal pro Tag muss er den Luzerner Bewährungsdienst anrufen, einmal pro Woche dessen Büro in Luzern aufsuchen. Er muss seine wöchentlichen Termine beim Psychiater und jene in der Krankengymnastik wahrnehmen.

»Er war zuverlässig, pünktlich«, sagt die Frau von der Vollzugsbehörde, die für Paul W. das Wohnexternat organisiert hat. Und sie fügt an: »Er ist sehr umgänglich und hat eine gewinnende Art, er lernt schnell Leute kennen und kann sehr einnehmend sein.«

In Basel sucht Paul W. zu seinen Nachbarinnen Kontakt. Die alleinstehende Frau, die unter ihm wohnt, versucht er, zu sich in die Wohnung zu einem Käsefondue einzuladen; sie lehnt dankend ab. Im Jahr 2011 beginnt Paul W. eine Beziehung mit einer Frau. Doch das genügt ihm nicht. Niemand weiß, dass Paul W. über zwei Handys verfügt. Dass er mit dem einen in SMS-Chats mit Frauen flirtet und auf Dating-Seiten Kontaktanzeigen schaltet. Sein Nickname lautet: »Advokat«. Zynischer geht nicht. Mal gibt er sich als Anwalt aus, mal als Immobilienverwalter. Mal behauptet er, seine Frau und sein Kind seien bei einem Autounfall ums Leben gekommen. Die Wahrheit bleibt sein Geheimnis.

»Man kann mir nicht zum Vorwurf machen, dass ich mich besser darstelle, als ich bin«, sagt Paul W. dem Richter.

Es ist auch nicht verboten, dass er sich – wegen angeblicher Schlafstörungen – Dormicum verschreiben lässt. Der Mann, der so viele Opfer mit starken Schlafmitteln betäubte, bezieht mit den Rezepten verschiedener Ärzte innerhalb von acht Monaten fünfmal Packungen mit den betäubenden Tabletten – und niemand schreitet ein.

Irgendwann fällt den Detektiven, die Paul W. sporadisch beobachten, auf, dass er am Bahnhof Basel fremde Frauen anspricht. Die Reaktion: Ab November 2011 muss Paul W. eine elektronische Fußfessel tragen, damit geprüft werden kann, wo er sich aufhält. Eine weitere fatale Fehleinschätzung: Es ist eine Maßnahme, die, wie sich noch zeigen wird, überhaupt nichts bringt. Er nimmt seine Opfer künftig einfach zu sich nach Hause mit.

»Ich hatte sehr viele Kontakte zu Frauen: Wenn man zwanzig Jahre lang keinen Kontakt zur Außenwelt hatte, hat man schon das Bedürfnis, Leute kennenzulernen«, rechtfertigt sich Paul W. »Es waren aber keine zwei Handvoll bei mir in der Wohnung.«

Eine Frau, die bei ihm war, heißt Chantal F. Sie ist sechzig Jahre alt. Als sie vor Gericht berichtet, was ihr geschehen ist, hält sie ein kleines Plüschschaf in der Hand. Ein Trostspender und Talisman.

Chantal F.:

»Ich lernte ihn im Zug kennen, im Oktober 2011. Ich war unterwegs, um eine Freundin zu besuchen. Paul W. war der Herr im Abteil gegenüber. Als der Zug im Bahnhof einfuhr, stand ich auf und begab mich zur Tür. Ich trug ein T-Shirt mit der Aufschrift: *Single.* Er sprach mich darauf an. Ich habe mir nicht viel dabei gedacht und kam mit ihm ins Gespräch. Er fragte mich nach meiner Telefonnummer, und ich gab sie ihm. Erst schrieben wir uns hin und wieder Nachrichten, dann verabredeten wir uns. Er war mir sympathisch erschienen, darum dachte ich: Warum nicht? Zunächst trafen wir uns in einem Restaurant, etwa nach einer Stunde gingen wir spazieren. Ich hatte nicht die Absicht, zu ihm nach Hause zu gehen, er war derjenige, der den Weg vorschlug. Auf einmal musste ich dringend aufs Klo, ich war in Not, ich hätte nicht länger warten können. Da fragte ich ihn, ob er in der Nähe wohnte. Tatsächlich war es nicht weit, er sagte, dass ich bei ihm zu Hause auf die Toilette gehen könne. In seiner Wohnung schlug er dann vor, dass er etwas zubereiten könnte, zum Beispiel Käseschnitten. Ich hatte vor allem Durst, und er offerierte mir ein Glas Wasser, ohne Kohlensäure.

Ich trank schnell. Doch ich sagte sofort: Das ist kein normales Wasser, das hat einen medizinischen Beigeschmack. Ich stellte zudem einen weißen Belag am Rand des Trinkglases fest. Er fragte mich, ob ich mir die Wohnung anschauen wollte. Ich sah ihn noch aufstehen, dann endet meine Erinnerung. Ich war weg.

Irgendwann, ich weiß nicht, wie viel Zeit vergangen war, wachte ich auf. Ich lag im Schlafzimmer im Bett und trug nichts als meinen BH. Er war neben mir und war nackt, ziemlich sicher war er nackt. Ich fühlte mich sehr seltsam, beduselt. Ich habe in dem Moment nicht wirklich begriffen, was abging, stand irgendwie neben mir. Ich lag im Bett, er saß daneben, er fasste mich an, auch im Genitalbereich, ich konnte mich nicht dagegen wehren, ich war nicht klar im Kopf. An gewisse Dinge erinnere ich mich nicht mehr; ein Filmriss. Ich sah ihn neben mir, aber ich war nicht wirklich da.

Dann fragte er mich, ob ich duschen wolle. Obwohl ich mich seltsam fühlte, ging ich unter die Dusche. Ich suchte nach meiner Kleidung, zog mich an. Dann habe ich wieder eine Erinnerungslücke. Er ging ebenfalls duschen, ich weiß nicht, wo ich mich in dem Moment aufhielt. Als er zurückkam, legte er sich nackt auf mich. Ich wies ihn zurück und forderte ihn auf, er solle aufhören, da befriedigte er sich selbst. Ich war überrascht und dachte: Was macht der da? Er ist sehr schnell gekommen.

Danach brachte er mich zum Bahnhof. Ich war immer noch benommen und perplex, wir haben kein Wort miteinander gesprochen. Auch im Zug war ich noch immer nicht ansprechbar. Ich hatte ein riesiges Wirrwarr im Kopf und wusste dennoch, dass etwas passiert war. Am Abend schrieb er mir eine SMS, dass es ihm mit mir gefallen habe.

Ich habe damals keine Anzeige erstattet, weil ich mich nicht traute und weil ich mich schämte. Ich dachte, es würde Aussage gegen Aussage stehen und ich hätte keine Chance. Nicht einmal meinen Kindern habe ich davon erzählt, ich schwieg darüber. Nach dem Vorfall suchte ich den Arzt auf und machte einen HIV-Test.

Später las ich in der Zeitung über Paul W., weil er angezeigt worden war. Als ich die Artikel sah, wusste ich sofort, dass er es war. Ich wurde schließlich von der Polizei kontaktiert, nachdem sie sein Handy ausgewertet und meine Nummer und die Nachrichten gefunden hatten. Das war der Auslöser; darum habe ich dann doch noch Anzeige erstattet.«

Als der Richter Chantal F. fragt, ob und wie sich ihr Leben seit dem Vorfall verändert habe, bricht sie in Tränen aus.

Paul W., der nur wenige Meter von ihr entfernt im Gerichtssaal sitzt, lässt dies kalt. Er will das alles nicht getan haben.

»Ich hatte mit ihr weder Geschlechtsverkehr noch eine andere Art von sexuellem Kontakt«, sagt er, nachdem das Opfer den Raum wieder verlassen hat. »Wir haben uns nur umarmt, es gab einen Kuss auf die Wange, wir hatten einen schönen Nachmittag miteinander.«

Paul W. behauptet, Chantal F. erzähle Unwahrheiten, weil sie die Artikel über ihn gelesen habe. Und dann legt er noch einen drauf: Sie habe ihn gefragt, wo seine sexuellen Interessen lägen, ob er an »Urinspielchen« interessiert sei, was er verneint habe. »Und dann hat sie sich vor mir sexuell selbst befriedigt.«

Diese Version ist neu. Paul W. behauptet sie zum ersten Mal, und nicht eine einzige Person im Gerichtssaal schenkt ihm Glauben. Selbst sein Verteidiger windet sich und spricht von einer möglichen Verwirrtheit seines Mandanten. Der Richter sagt zu Paul W., dass er einen völlig unglaubwürdigen Eindruck mache, mit dieser Aussage und auch ganz generell.

Die dritte Frau, die in diesem Verfahren klagt, ist groß, attraktiv, um die fünfzig. Sie war es, die den Fall erst ins Rollen brachte – ohne sie wäre Paul W. erst viel später oder womöglich gar nicht gestoppt worden.

Getroffen hat Michaela S. Paul W. in einem Café in Basel – wo er einmal mehr seinen Charme spielen ließ.

Michaela S.:

»Ich war an jenem Abend in meinem Stammcafé in Basel. W. saß an der Theke und unterhielt sich mit der Chefin; sie ist eine Freundin von mir. Immer wieder schaute er zu uns herüber. Schließlich fragte W., ob er sich zu mir und meinen Kollegen an den Tisch setzen dürfe. Er stellte sich als Pablo W. vor, er sei aus dem Kanton Wallis. Wir schwatzten miteinander, er spendierte eine Flasche Weißwein. Wir sprachen über Bergbahnen im Berner Oberland; er erzählte, sein Bruder sei dort ein Investor, und er selbst habe an der Technischen Hochschule studiert. So kamen wir ins Gespräch und redeten eine ganze Zeit lang miteinander. Er zeigte uns auch Fotos von seinem Sohn. Später gab er uns seine Telefonnummer, nannte seine Adresse. Ich dachte mir: Das ist ein neuer Stammgast, der Kontakt sucht, weil er frisch hergezogen ist.

Gegen halb neun fragte W., ob ich mit ihm ein Fondue essen käme. Ich hatte Hunger, doch bevor ich mitging, fragte ich meine Kollegin, die das Café führte, ob sie W. näher kenne. Sie sagte ja, er helfe ihr, das Café wieder auf Vordermann zu bringen. Also dachte ich mir nichts dabei und fuhr mit ihm im Taxi zum Sommercasino, wo angeblich Fondue auf der Menükarte stand. Im Taxi versuchte W. mich plötzlich zu küssen. Ich sagte ihm, ich wolle das nicht, was er sofort akzeptierte. Dann wies er den Taxifahrer an, beim Bahnhof zu warten, er müsse rasch etwas einkaufen. Er kam mit einer vollen Tasche zurück; er hatte Brot besorgt. Ich fragte ihn, ob er meine, dass sie im Restaurant kein Brot servierten. Er erwiderte nichts darauf. Als wir beim Sommercasino ankamen, war der Restaurantbetrieb geschlossen. Daraufhin schlug er vor, dass wir zu ihm nach Hause gehen könnten; er habe auch Fondue dabei. Ich machte mir noch immer keine Sorgen, warum sollte ich auch, ich fühlte mich sicher. Auch dachte ich, dass ich mich andernfalls ja wehren könnte.

Als wir seine Wohnung betraten, lief auf einem kleinen Fernseher ein Pornofilm. Ich sprach ihn darauf an, ob das bei ihm nonstop laufe, was er verneinte. Er schaltete den Film aus und zeigte mir dann einen TV-Beitrag, in dem sein Bruder vorkam. Wir aßen schließlich das Fondue, danach fragte mich W., ob ich einen Espresso möchte. Ich lehnte ab, da ich abends keinen Kaffee trinke, aber er hatte ihn da schon gemacht. Er servierte mir den Kaffee mit Schlagsahne und Rum. Also trank ich ihn. Als wir den Kaffee getrunken hatten, setzte er sich aufs Sofa, schaute fern und sagte kein Wort mehr zu mir. Ich erinnere mich, dass ich dachte: Das stinkt mir jetzt, ich gehe! Doch von diesem Augenblick an weiß ich nichts mehr.

Ich erwachte erst am nächsten Morgen. Ich war nackt bis auf die Socken und fühlte mich wie betäubt, schlafwandlerisch. Auf einmal stand W. nackt vor mir. Er brachte mir Wasser und sagte, ich solle zu ihm ins Bett kommen, was ich aber nicht wollte. Ich fragte ihn, weshalb ich nackt sei. Er erklärte, ich hätte mich selbst ausgezogen, doch ich wusste, dass das nicht stimmte, dass etwas nicht richtig war. Ich dachte da bereits an K.-o.-Tropfen. W. brachte mich hinaus, ich war noch immer benommen und stieg zuerst ins falsche Tram. Dann fuhr ich direkt zum Arzt. Es war kurz vor sieben Uhr morgens, die Praxis war noch geschlossen. Schließlich erreichte ich einen anderen Arzt, den ich aufsuchen konnte und der mich untersuchte. Er fand in meinem Urin den Wirkstoff des Dormicums und stellte in meinem Genitalbereich Spermaspuren sicher. Der Arzt empfahl mir, die Polizei zu verständigen. Das habe ich dann auch getan, sie sind sofort gekommen.

Ich habe mich immer wieder gefragt, warum ich mit ihm mitgegangen bin. Doch ich war an jenem Tag ganz unbedarft; ich hatte Hunger, er hatte mich vor meinen Freunden angesprochen und wirkte sympathisch, zudem habe ich mich bei meiner Kollegin abgesichert. Ich hätte nie gedacht, dass so etwas passieren würde.

Heute habe ich Mühe, sexuelle Nähe zuzulassen. Noch immer. Ich habe seither kein Sexualleben mehr. Ich schlafe schlecht und träume oft von der Tat, dabei weine ich im Schlaf. Wenn ich aufwache und davon geträumt habe, verspüre ich Schmerzen im Unterleib. Seit er mir das angetan hat, kann ich keine Beziehung mehr eingehen, ich ertrage Nähe nicht mehr. Ich komme nicht zur Ruhe.«

»Wenn man die Akten genau liest, merkt man, dass sie unterschiedliche Aussagen gemacht hat«, behauptet Paul W. über Michaela S.

Der Richter fragt ihn nach einer plausiblen Erklärung, wie das Dormicum in Michaela S.' Blut und sein Sperma an ihre Genitalien geraten sei.

»Dazu sage ich nichts.«

Er sagt dann doch noch, dass er aus allen Wolken gefallen sei, als er von der Anklage erfahren habe. Er habe weder einen Orgasmus noch Geschlechtsverkehr mit der Frau gehabt. Er sieht sich als Opfer einer Verschwörung – was für die wahren Opfer ein Affront sein muss. Überhaupt jammert Paul W. in diesem Prozess die ganze Zeit und ertrinkt in Selbstmitleid. Kein Mitgefühl für die Opfer, keine Einsicht der Schuld, keine Reue. Stattdessen nur weitere Lügen. Paul W. lässt seinen Verteidiger auf unschuldig plädieren und fordert einen Freispruch.

Die Staatsanwältin sieht es etwas anders.

»Diese Verbrechen hätten nicht passieren müssen – hätten nicht passieren dürfen«, hält sie in ihrem Plädoyer fest. »Man hat die dunkelroten Alarmzeichen ignoriert und die Gesellschaft dem Täter schutzlos ausgeliefert. Es waren Verbrechen mit Ansage – und die drei Opfer werden ein Leben lang darunter leiden müssen. Der Beschuldigte hat sie auf menschenverachtende Weise zu Gegenständen degradiert und seine sexuellen Fantasien an ihnen ausgelebt.« Die Frauen seien ihm ausgeliefert gewesen – indem er sie betäubt habe, habe er ihnen jeden Anhaltspunkt für eine mögliche Verarbeitung der Taten vorenthalten. Damit spielte er einmal mehr seine Macht aus. Er lasse sich durch nichts von weiteren Taten aufhalten. »Die Frage, die man sich stellen muss, lautet: Wie kann die Gefahr, die von Paul W. ausgeht, gebannt werden?«, sagt die Staatsanwältin und liefert die Antwort darauf gleich nach: »Es gibt nur eine Möglichkeit, die Gesellschaft auf Dauer vor dem Angeklagten zu schützen: die lebenslange Sicherheitsverwahrung.«

Das Strafgericht Basel spricht Paul W. der sexuellen Nötigung und der einfachen Körperverletzung in zwei Fällen schuldig; einzig bei Karen L. blieben zu viele Fragen offen, sodass im Zweifel für den Angeklagten ein Freispruch erfolgt.

»Ihr Vorgehen mit dem Betäuben der Frauen war perfide, hinterhältig, feige«, sagt der Richter Marc Oser zu Paul W. »Und noch immer üben Sie Macht über diese Frauen aus, weil nur Sie alleine wissen, was genau passiert ist.«

Das Gericht verurteilt Paul W. zu einer Freiheitsstrafe von viereinhalb Jahren und ordnet gleichzeitig eine lebenslange Sicherheitsverwahrung an. Paul W. nimmt das Verdikt ohne Reaktion entgegen, nicht das kleinste Zucken in seinem Gesicht ist zu sehen. Als er in Handschellen und Fußfesseln abgeführt wird, hoffe ich, dass es das nun gewesen ist; dass ich nicht mehr von ihm lesen und ihn nie mehr sehen muss.

In zweiter Instanz wird die lebenslange Sicherheitsverwahrung in eine gewöhnliche Sicherheitsverwahrung umgewandelt, was bedeutet, dass regelmäßig überprüft werden muss, ob die Sicherungsmaßnahme noch gerechtfertigt ist. Es ist – so hoffe ich zumindest –

dennoch nicht davon auszugehen, dass Paul W. in absehbarer Zeit entlassen werden wird. Diese Chance hat er selbst verspielt.

Siebenundzwanzig Opfer und keine Reue. Es sind siebenundzwanzig Opfer zu viel.

Lebendig begraben

Selten zuvor hat mich ein Gerichtsfall derart berührt. Er ist mir so nahe gegangen, dass ich nachts davon träumte – ich begegnete im Schlaf dem Albtraum, der für das Opfer Wirklichkeit geworden war. Ich darf mir nicht zu genau ausmalen, wie groß seine Panik und sein Leiden waren, weil allein die Vorstellung unerträglich ist.

Das Verbrechen ist zu gewaltig, um es zu erfassen. Das Motiv ist nichtig, was das Entsetzen nur größer macht. Und der Täter ist ein feiges Milchgesicht, dem niemand einen Mord zugetraut hätte. Das Opfer glaubte, er sei sein bester Freund.

Am Anfang der Geschichte steht eine fatale Begegnung. Es ist Dezember, wir schreiben das Jahr 2018. Julian D., dessen Name ich hier geändert habe, ist vierundzwanzig Jahre alt, als er Pascal K. kennenlernt. Er wirkt aber nicht wie vierundzwanzig. Julian stottert. Er weist eine Entwicklungsverzögerung auf und leidet unter einer leichten kognitiven Störung. Doch die Familie unterstützt ihn, der Zusammenhalt ist groß. Er hat eine Lehre abgeschlossen, eine Arbeitsstelle gefunden, man schätzt ihn als hilfsbereiten Mitarbeiter, der stets ein Lachen im Gesicht trägt. Fotos von Julian zeigen einen sympathischen jungen Mann mit klarem Blick und Schalk in den Augen.

Er lebt noch zu Hause. Sein Vater sagt über die Beziehung zu seinem Sohn, dass es gleichzeitig eine tiefe Freundschaft sei. Alle mögen Julian – doch wirkliche, enge Freunde hat er kaum. Die Kollegen, die er kennt, sind nicht so unternehmungsfreudig wie er. Sie hängen rum, rauchen, trinken. Julian ist lieber unterwegs. Er will etwas erleben.

Dann trifft er Pascal K.

Die beiden lernen sich über gemeinsame Bekannte kennen. Julian meint, in Pascal jenen besten Freund zu finden, den er sich schon so lange gewünscht hat. Jemand, der unternehmungslustig ist wie er, keiner, der nur rumsitzt. Ein Seelenverwandter.

»Es tat sich etwas Neues auf für ihn«, erzählt Julians Schwager.

»Wir waren alle froh für ihn, dass er endlich einen Freund gefunden hatte, der viel mit ihm zusammen unternahm«, erinnert sich seine Schwester. Doch oft hat sie kein gutes Bauchgefühl, wenn ihr kleiner Bruder mit dem neuen Freund unterwegs ist. Aber das sagt sie niemandem. »Ich wollte Julian das nicht wegnehmen.«

»Ab wann sagen Sie, jemand sei Ihr Freund?«, wird der Richter Pascal K. später fragen.

»Das dauert Jahre, das geht nicht von heute auf morgen, man muss ihn gut kennenlernen.«

»Was muss ein Mensch denn für Eigenschaften haben, um Ihr Freund zu werden?«,

»Ich weiß gar nicht, ich schaue nicht speziell auf etwas. Aber es geht um Ehrlichkeit und Vertrauen.«

»Verfügte Julian über diese Eigenschaften?«

»Das kann ich so nicht sagen, ich habe ihn nicht lang genug gekannt.«

Julian und Pascal unternehmen gemeinsam Städtetrips. Sie machen Wochenendausflüge und gehen wandern. Sie besuchen den Europapark in Rust. Für Julian fühlt es sich an, als wären sie beste Freunde. Er ist glücklich, dass sie sich gefunden haben.

Dabei geben sie ein ungleiches Paar ab. Julian ist wohlbehütet aufgewachsen. Nicht nur zu den Eltern, auch zu den Geschwistern pflegt er eine enge Beziehung. Obwohl die Kinder längst erwachsen sind, trifft sich die ganze Familie einmal im Monat und geht spazieren. Julian hat einen festen Job, ein regelmäßiges Einkommen, ein schönes Zuhause. In Pascals Augen führt er ein perfektes Leben.

Pascal ist neunzehn, fünf Jahre jünger als Julian. Er hat keine Ausbildung absolviert, ist arbeitslos und erhielt bereits vor Jahren einen Beistand zugewiesen, weil er mit vielem überfordert ist. Pascal wohnt schon lange nicht mehr bei seinen Eltern; das hat nie funktioniert. Was Familie bedeuten kann, hat er nicht erlebt. Die einzige Konstante in seiner Biografie ist das Inkonstante. Schon kurz nach der Geburt ist er verhaltensauffällig. Seit früher Kindheit wechseln sich Heimaufenthalte ab, überall gibt es Probleme, macht er Probleme. Er fällt mit aggressivem Verhalten auf. Später die ersten Delikte, Diebstahl, Körperverletzung, der erste Aufenthalt in einer psychiatrischen Klinik.

Als Julian und Pascal sich kennenlernen, ist Pascal in einem Hotelzimmer untergebracht. Er lebt von den

Zuwendungen der staatlichen Sozialversicherung und ist immer knapp bei Kasse. Sind Julian und Pascal gemeinsam unterwegs, zahlt meist Julian für seinen Freund; die Bahntickets, die Hotelaufenthalte. Das ist ihm die Freundschaft wert.

»Sie erklärten in einer Einvernahme: ›Ich betrachtete Julian als schwächeres Mitglied‹«, hält der Richter Pascal K. vor.

»Grundsätzlich war er ja keine schwächere Person, er hat mehr gewusst als ich und war älter und auch vernünftiger«, sagt Pascal.

»Warum sagten Sie dann, er sei ein schwächeres Mitglied?«

»Vielleicht, weil er alles gemacht hat, was ich ihm sagte.«

Es ist Frühjahr geworden, 2019. Pascal ist mittlerweile zwanzig und hat Laune auf »mehr Action im Leben«. Es ist unklar, wie er auf die Idee kommt und warum. Wahrscheinlich aus Langeweile, vielleicht spielt auch schon da der Neid eine Rolle; der Neid darauf, dass Julian so vieles hat, was er selbst nie hatte und nie haben wird. Auf jeden Fall erfindet Pascal für seinen Freund ein Spiel. Am Anfang klingt es auch in Julians Ohren nach einem Abenteuer.

Pascal will Julian dabei helfen, ein »richtiger Mann« zu werden. Ein richtiger Mann, so viel ist klar, muss mutig, unerschrocken und stark sein. Darum muss Julian beweisen, dass er all das ist. Pascal denkt sich Mutproben für ihn aus, er nennt sie »Challenges«, also Herausforderungen, bei denen Julian Mut, Geschicklichkeit und Kraft unter Beweis stellen muss. Um den Druck auf ihn zu erhöhen, gaukelt Pascal Julian vor, dass er nicht der einzige Teilnehmer sei. In der ganzen Schweiz würden sich Personen am Spiel beteiligen und dieselben Prüfungen absolvieren. Wer am meisten Punkte sammle, wäre der Gewinner. Wer an einer Challenge scheitere, sei raus.

»Wie liefen diese Challenges ab, wie muss man sich das vorstellen?«, fragt der Richter Pascal.

»Man hat sich gegenseitig Challenges vorgeschlagen und dann darauf gewettet; zum Beispiel um eine Cola oder um ein Essen.«

»Sie haben die Challenges nur mit Julian durchgeführt?«

»Ja, weil es um ihn gegangen ist.«

»Wissen Sie noch, wann Sie zum ersten Mal eine Challenge mit Julian durchführten?«

»Nein, das hat plötzlich einfach angefangen.«

»Ihr Anwalt stellte Ihnen die gleiche Frage. Da sagten Sie, sie hätten auf einem Tessiner Berg die erste Challenge abgehalten.«

»Das weiß ich nicht mehr.«

»Aus was bestand die Challenge?«

»Das weiß ich nicht mehr, tut mir leid.«

»Wer hat jeweils bestimmt, wie die Challenge aussehen sollte?«

»Der, der die Idee hatte. Entweder hatte er die Idee, oder ich hatte eine Idee. Oder wir hatten beide eine Idee.«

»Sie haben ausgesagt: ›Wir kamen an einen Ort, wo ich entschied, was zu tun war. Ich habe die Regeln aufgestellt, ich vergab die Punkte, das habe nur ich gemacht.‹«

»Ich weiß nicht. Also, Julian hatte schon auch Ideen.«

»Sie haben also jeweils gewettet und dann die Challenges durchgeführt?«

»Wir haben alles gemacht«, sagt Pascal. »Das war immer witzig.«

Vielleicht für ihn, für Julian wohl kaum. Um zu beweisen, dass er ein Mann ist, muss er sich immer wieder in höchste Gefahr begeben. Das Gebaren der beiden Jungs erinnert an Mutproben aus James-Dean-Filmen in den Fünfzigerjahren. Julian muss zum Beispiel über ein hohes Brückengeländer balancieren, um eine Challenge zu bestehen. Ein falscher Schritt wäre fatal. Manche Prüfungen filmt Pascal mit seinem Handy, während er den Kommentator mimt – allerdings einen Kommentator der niedrigsten Art: »Wie ungeschickt er sich anstellt«, hört man Pascal in dem Video rufen, das zeigt, wie Julian durch den Dreck und durch ein Rohr kriechen muss. Er nennt ihn einen Hund, verflucht ihn, macht ihn in seinen Kommentaren fertig. Julian muss tun, was Pascal befiehlt, denn sonst, so droht Pascal, verliere er ihn als Freund. Er sagt ihm, er werde sogar seine Nummer auf dem Telefon sperren. Pascal verhält sich gegenüber Julian rücksichtslos und gemein. Er scheint Gefallen an der Macht zu finden, die er über ihn hat, und treibt das Spiel immer weiter. Indem er Julian kleinmacht, fühlt er sich auf einmal groß, er, der sonst im Leben ein Verlierer ist.

»Wie sind Sie mit Julian umgegangen?«, fragt der Richter.

»Grundsätzlich hatten wir es relativ gut miteinander«, antwortet Pascal.

Julian spielt widerwillig mit im bösen Spiel – in blindem Vertrauen und mit einer Gutmütigkeit, die ihm zum Verhängnis werden wird. Trotzdem will er sich nicht von Pascal lösen. Er ist für ihn der einzige und damit beste Freund. Einem Kollegen aber vertraut Julian an, dass er sich von Pascal zu den Challenges gedrängt und sich ausgenutzt fühlt. Er steckt in einem Dilemma: Er will seinen Freund nicht verärgern und ihn schon gar nicht verlieren. Gleichzeitig spürt er, dass nicht gut ist, was passiert, dass sich eine ungesunde Dynamik entwickelt hat und ihm der Freund nicht mehr guttut. Irgendwann ringt sich Julian durch, und er schreibt Pascal, dass er künftig lieber etwas weniger Zeit mit ihm verbringen wolle.

»Julian schrieb Ihnen eine Nachricht: ›Wäre es okay, wenn wir uns nur noch alle zwei Wochen sehen würden, so habe ich auch Zeit für andere.‹ Was hat das bei Ihnen ausgelöst?«, fragt der Richter Pascal.

»Vermutlich bin ich etwas wütend geworden. Heute würde man denken: Er kennt halt auch andere Leute, das ist völlig okay. Aber damals war ich ja noch jung, zwanzig oder so, da sah ich das wohl anders.«

»Wie alt sind Sie heute?«

»Dreiundzwanzig.«

»Einmal hat Julian auf den Tisch gehauen, während zuvor immer Sie bestimmt haben.«

»Heute würde ich sagen, das hat er gut gemacht. Man ist heute ja auch älter und denkt, wenn er nichts mehr mit mir zu tun haben will, muss ich das halt akzeptieren.«

»War das ein Problem, dass Sie plötzlich nicht mehr der bestimmende Chef waren?«

»Das kann ich so nicht sagen. Nein. Aber vermutlich bin ich etwas wütend geworden, keine Ahnung, ich weiß das nicht mehr. Damals hatte ich auch fast keine Kollegen. In der Zwischenzeit habe ich viele Leute kennengelernt. Heute könnte ich schon damit leben.«

Es ist Sonntag, der 31. März 2019. Julian und Pascal sind gemeinsam in den Süden der Schweiz gefahren, ins Tessin, um wie schon so oft miteinander zu wandern. Heute soll es ein Berggipfel sein. Mittag ist vorbei, sie sind schon seit mehreren Stunden unterwegs. Die Hänge der Tessiner Hügel sind schroff und steil. Pascal gibt die Route vor, er ist der Anführer, wie jedes Mal. Julian fällt auf, dass sie für die Bergroute nicht gut genug ausgestattet sind: Die Wanderer, die ihnen entgegenkommen, tragen alle robustes Schuhwerk, einige haben Trekkingstöcke dabei, andere sind zum Klettern ausgerüstet; sie hingegen sehen aus, als wären sie zu einem normalen Spaziergang aufgebrochen. Trotzdem erreichen sie den Gipfel des Berges Cimetta auf 1671 Metern über dem Meer. Es ist etwa drei Uhr nachmittags, als sie mit dem Abstieg beginnen. Pascal wählt einen steinigen und schmalen Pfad, der Hang fällt unter ihnen mehrere Hundert Meter steil ab.

Auf einmal spürt Julian einen Schlag. Er verliert das Gleichgewicht und stürzt.

An der Stelle, an der er stolpert, braucht man einen Schutzengel, wenn man überleben will. Julian hat offensichtlich einen: Wie durch ein Wunder bleibt er an einem Felsen im Steilhang hängen. Er hat sich bei dem Sturz sogar nur leicht verletzt. Doch aus eigener Kraft kann er sich nicht aus seiner misslichen Lage befreien. Verzweifelt ruft Julian nach oben, Pascal solle Hilfe holen. Doch der regt sich nicht. Julian weiß sich letztlich selbst zu helfen: Er hat auf seinem Handy die App der Schweizerischen Rettungsflugwacht REGA installiert und kann einen Alarm absetzen. Die Bergretter rücken sofort aus. Schnell ist klar, dass selbst sie sich hier nicht ins Gelände wagen; sie müssen Julian mit einer Seilwinde mit dem Helikopter bergen. Es ist Julian, der seinen Rettern sagt, dass sie ihn nicht alleine rausfliegen sollen, dass sie auch Pascal mitnehmen müssen. Die beiden jungen Männer werden schließlich gemeinsam mit dem Helikopter ins Tal gebracht.

Nach seiner Rettung ruft Julian die Eltern an und erzählt ihnen, was passiert ist. Dass er abgestürzt ist. Dass es ihm gut geht. Dass ihn die REGA mit der Seilwinde hat retten müssen. Dass ihm der Helikopterflug gefallen hat. All das berichtet er seinem Vater am Telefon, während sich dieser gerade mit der Familie auf einem Sonntagsspaziergang befindet. Und dann sagt Julian noch etwas.

»Julian erzählte mir, dass er von Pascal den Hang hinuntergeschubst worden sei«, erinnert sich sein Vater. »Gleichzeitig meinte er, es könne eigentlich gar nicht sein, dass man von seinem besten Freund gestoßen werde. Das sei doch völlig abnormal.«

»Warum stiegen Sie auf den Berg Cimetta?«, fragt der Richter Pascal.

»Wir haben einen Tagesausflug gemacht, nach Locarno und Ascona, und oben auf dem Berg gibt es eine Aussichtsplattform.«

»Sie haben in einer Einvernahme gesagt, Sie hätten dort oben mit Julian eine Challenge durchgeführt.«

»Das kann ich nicht sagen.«

»Als Sie gemeinsam wanderten, wie waren Sie da unterwegs?«

»Das kann ich nicht beschreiben.«

»Wer ist vorangegangen?«

»Das weiß ich auch nicht mehr.«

»Gemäß dem Gerichtspsychiater haben Sie von einem Wutausbruch im Tessin gesprochen.«

»Nach dem Helikopterflug war ich wohl wütend, weil sich Julian über den Flug über die Schlucht gefreut hat. Ich war wütend, weil ich dachte, dass ich diesen Flug bezahlen müsste, dass die uns das verrechnen werden, wenn er sich darüber freut. Der Flug war schon extrem, wir hingen an dem Seil, ganz ohne Boden, aber ich habe keine 20 000 Franken, um einen solchen Rettungseinsatz zu bezahlen. Da sagte Julian, dass er bezahlen würde, falls sie eine Rechnung stellen.«

»Im Gutachten des forensischen Psychiaters steht Folgendes: Sie hätten dem Psychiater erzählt, dass Sie Julian bei einem Vorfall geschubst hätten, dass die REGA habe kommen müssen, und dass Eifersucht der Grund dafür gewesen sei.«

»Das ist mir nicht bekannt. Ich glaube, Julian ist ausgerutscht. Er wollte ein Foto machen, und plötzlich war er dort unten, da war dürres Gras im Schnee.«

»Warum schreibt der Psychiater dann diese Sätze ins Gutachten?«

»Vermutlich hat er etwas verwechselt.«

»Sie wurden gefragt: ›Was ging Ihnen damals durch den Kopf, als Sie ihn geschubst haben?‹ Ihre Antwort war: ›Dass er runterfällt. Wahrscheinlich war ein Wutausbruch die Ursache.‹«

»Ich hatte einen Wutausbruch, als wir mit dem Helikopter wieder gelandet waren. Das ist der einzige Wutausbruch, an den ich mich erinnere. Dort unten. Vorher hatte ich keinen Wutausbruch. Ich müsste mal aufs Klo, wenn das möglich ist.«

Nachdem Julian seinem Vater geschildert hat, dass er von Pascal den Hang hinuntergestoßen worden sei, diskutiert seine Familie über den Verdacht.

»Wir sind sehr erschrocken, als Julian uns erzählte, dass Pascal ihn geschubst haben soll.« Wenn der Vater über das Geschehene spricht, muss er immer wieder heftig weinen. »Aber auch wir dachten uns: Das macht doch kein normaler Mensch! Niemand stößt seinen besten Freund einen Steilhang hinab. Wir hatten das Gefühl, es sei bestimmt ein Versehen gewesen; womöglich war Pascal selbst gestolpert und hatte Julian dadurch gestoßen. Etwas anderes kann und will man sich nicht vorstellen. Julian hat auch selbst wiederholt, dass er es nicht für möglich halte, dass Pascal ihn mit Absicht hinuntergestoßen habe.«

Auch Julians Schwester erzählt, wie geschockt sie war, als sie von Julians Verdacht gehört hat. »Wir haben darüber gerätselt und sind zum Schluss gekommen, dass keine Absicht dahinterstehen konnte. Gleichzeitig muss ich sagen, dass ich kein gutes Gefühl hatte. Ich hatte meine Zweifel, ob Pascal ihn nicht doch absichtlich gestoßen haben könnte, es war für mich denkbar. Ich hatte auch gehört, dass Pascal aus Julian einen richtigen Mann machen wollte. Das klang für mich sehr seltsam.«

»Wir haben nicht mehr weiter darüber nachgedacht«, erzählt Julians Vater. »Wir waren einfach sehr froh darüber, dass Julian nichts zugestoßen war. Er hatte nur ein paar Schürfwunden davongetragen. Das war für uns das Wichtigste.«

Die Erleichterung darüber, dass Julian nichts passiert ist, ist größer als die Frage nach dem Grund, warum er abgestürzt ist.

»Wenn wir gewusst hätten, dass es anders war, hätten wir schon reagiert – aber das geht einem ja nicht in den Kopf rein, dass es mit Absicht passiert sein könnte.« Dem Vater versagt die Stimme.

Auch Julian redet sich in seiner vertrauensvollen Art schön, dass er sich getäuscht haben muss. Weil nicht sein kann, was tatsächlich gewesen ist. Er bricht nicht mit seinem Freund. Er stellt ihn nicht zur Rede. Er hält an der Freundschaft fest, als ob nichts gewesen wäre. Auch in den folgenden Tagen trifft er sich wieder mit Pascal, er muss auch erneut Challenges bestehen, die sich sein Freund für ihn ausdenkt.

Am Samstag nach der Bergrettung ist die Herausforderung zu groß. Julian schafft die Prüfung nicht. Er glaubt, dass dies das Ende der Freundschaft bedeutet, so, wie Pascal es ihm mehrmals angedroht hat: Schafft er die Challenge nicht, ist die Freundschaft gestorben.

Doch Pascal behauptet gegenüber Julian, dass er ihm eine zweite Chance geben wird. Eine eiskalte Lüge.

Es ist Sonntag, der 7. April 2019. Erst eine Woche ist vergangen, seit die Bergrettung Julian mit dem Helikopter aus dem Hang evakuieren musste. Um 7.08 Uhr erhält er von Pascal eine Nachricht. Er schickt ihm die Zugverbindung nach Brugg, einer Kleinstadt im Schweizer Mittelland, am Südfuß der Jura-Gebirgskette. Pascal hat den Bruggerberg als Ort ausgesucht, um die Challenge zu wiederholen. Die Wahl ist wahrscheinlich kein Zufall. Pascal kennt sich hier aus. Seine Eltern wohnen in der Nähe.

Julian steht unter Druck. Er fürchtet, dass er wieder versagen könnte, dass Pascal ihm die Freundschaft kündigen und seinen Kontakt blockieren wird. Aus diesem Grund schreibt er ihm bereits vor ihrem Treffen eine Nachricht zum Abschied:

Ich sage dir jetzt schon: Es war schön, dich kennengelernt zu haben, und eine schöne Zeit noch, und hoffentlich bis irgendwann. Es ist zwar traurig, dass wir uns nicht mehr sehen, aber es ist halt so.

Wenig später schickt Julian eine zweite SMS hinterher: *Heute müssen wir genießen.*

Julian verpasst den vereinbarten Zug. Pascal ist erst sauer, sagt Julian aber dann, er solle halt den nächsten nehmen. Er schickt eine Sprachnachricht hinterher, teilt Julian mit, dass er heute großzügig sei. Und dass es am Abend etwas später werden könne, bis sie zurück seien. Um 10.40 Uhr treffen sich Julian und Pascal schließlich am Bahnhof in Brugg. Gemeinsam steigen sie durch den Wald hoch auf den Bruggerberg. Pascal stellt Julian weitere, demütigende Aufgaben, die ihn an die Grenze bringen. Es ist nicht ganz klar, ob Julian an der nächsten Challenge scheitert oder ob er sich weigert, sie zu absolvieren, auf jeden Fall kommt es zum Streit. Die beiden jungen Männer, von denen der eine noch immer denkt, der andere sei sein Freund, trennen sich. Um 14.09 schreibt Pascal Julian eine Nachricht:

Alles Gute. Hast halt keinen Spaß und Humor. Gehst halt lieber nur saufen und mit Achmed rumhängen.

Kurz darauf sendet er Julian eine Sprachnachricht, in der er ihm mitteilt, dass er nun aus dem Spiel rausgeflogen sei – außer, wenn er die Challenge hier und jetzt wiederhole.

Julian lenkt ein. Es ist der größte Fehler seines Lebens.

Die beiden, noch immer am Bruggerberg, treffen sich erneut. Pascal führt Julian erst über den Bruderhausweg, dann über einen ansteigenden Pfad hoch zu den Sandsteinhöhlen. Es gibt mehrere davon, einige tragen sogar Namen. Doch die Höhle, die sich Pascal ausgesucht hat, kennt kaum jemand. Wer nicht weiß, wo sie liegt, würde ihren Eingang nie finden: Er liegt am Fuß eines Sandsteinfelsens mitten im unwegsamen Wald, ein unscheinbares Loch, gerade mal dreißig Zentimeter hoch und fünfzig Zentimeter breit.

Bei der Höhle angekommen, stellt Pascal Julian die ultimative Aufgabe, um die Freundschaft doch noch zu retten. Die Challenge sieht folgendermaßen aus: Jeder von ihnen soll allein und ohne Uhr in die Höhle kriechen und zehn Minuten darin ausharren – bis derjenige draußen sagt, dass die Zeit um ist und er wieder herauskommen kann. So erzählt es Pascal. Tatsächlich denkt er gar nicht daran, selbst durch das Loch zu kriechen. Julian, so entscheidet er, muss als Erster rein.

Julian zögert. Er will nicht. Er hat Angst. Wer weiß, ob hinter dem schmalen Eingang wirklich eine Höhle liegt, wie groß sie ist, wie gefährlich. Pascal wird wütend. Erneut droht er Julian, dass ihre Freundschaft vorbei sei, wenn er es nicht tue. Julian willigt schließlich ein. Seine Furcht, den einzigen Freund zu verlieren, muss größer sein als jene vor der Höhle.

»Stellen Sie sich vor, Sie gehen den schmalen Weg hoch zur Höhle«, fordert der Richter Pascal auf.

»Ich sehe den Weg vor mir.«

»Was haben Sie dort gemacht?«

»Wir haben eine Challenge gemacht.«

»Aus was bestand die Challenge?«

»Ein paar Minuten in der Höhle drin sein. Ich habe sowieso Platzangst.«

»Wie kam es, dass Julian als Erster reinmusste?«

»Vielleicht wegen einem Wildtier, er war wohl mutiger als ich, darum hat er das gemacht.«

»Wegen einem Wildtier?«

»Ja, manchmal gibt es Tiere in den Höhlen, Wildschweine.«

»Ist es richtig, dass Julian das gar nicht machen wollte?«

»Es ist gut möglich, dass er das nicht tun wollte, aber er hat es am Ende trotzdem gemacht.«

»Wissen Sie, warum er es trotzdem gemacht hat?«

»Ich weiß es nicht. Vielleicht, damit er danach Ruhe vor mir hatte. Womöglich dachte er, er mache das rasch, und dann haue er ab und fertig.«

»Sie haben einmal ausgesagt, Sie hätten Julian gedroht.«

»Das weiß ich nicht mehr. Ich habe ihm stets gesagt, dass er mich als Kumpel verliert, wenn er bei der Challenge nicht mitmacht. Aber schlussendlich wollte er mich ja sowieso nicht mehr sehen, keine Ahnung.«

Julian bereitet sich vor. Er muss – auf Geheiß von Pascal – das Handy, die Uhr und die Jacke ablegen und draußen vor der Höhle deponieren. Einzig eine Fahrradlampe darf er mit hineinnehmen. Es kostet ihn die größte Überwindung, aber schließlich macht er es doch. Es ist etwa halb drei Uhr nachmittags, als er sich auf den Bauch legt und mit Armen und Kopf voran durch den engen Eingang in die Höhle robbt; dreißig auf fünfzig Zentimeter. Er hat keine Ahnung, was ihn dahinter erwartet.

»Warum musste er die Uhr abgeben?«, fragt der Richter.

»Damit er nicht auf die Zeit schauen konnte.«

»Warum nicht, was sprach dagegen?«

»Heute muss ich sagen, es sprach ja nichts dagegen – damals … das weiß ich jetzt auch nicht mehr.«

»Warum musste er das Handy abgeben?«

»Ich weiß es nicht.«

»Was ist der Grund, dass er seine Jacke draußen lassen musste?«

»Keine Ahnung.«

Als Julian in der Höhle drin ist, startet Pascal laut eigener Aussage auf seinem Handy die Stoppuhr. Julian verharrt in der Nähe des Ausgangs. Die beiden jungen Männer unterhalten sich, ohne, dass sie einander sehen können. Sie reden in ihrem blinden Zwiegespräch über die Zukunft, über den gemeinsamen Bekannten Achmed. Vielleicht kommt es zum Streit. Womöglich sagt Julian etwas, das Pascal ärgert. Es ist nicht klar, welche Worte genau innerhalb und außerhalb der Höhle fallen.

Die Stoppuhr zeigt mittlerweile sechs Minuten an, mehr als die Hälfte der erforderten Zeit ist vorbei. Pascal blickt sich um. Schräg rechts oberhalb der Höhle liegt ein massiver Stein, er wiegt zwischen fünfzig und sechzig Kilogramm. Während Julian noch immer in der Höhle darauf wartet, dass die zehn Minuten endlich um sind, sucht Pascal einen Ast und hebelt damit den Stein aus der Erde. Er rollt den Brocken vor den Höhleneingang, der dadurch vollständig blockiert ist.

Julian gerät sofort in Panik. Er ruft laut, Pascal solle die Höhle wieder öffnen. Doch das macht Pascal nicht. Stattdessen hebelt er mit dem Ast Schutt und Steine los und schüttet die Höhle weiter zu. Julian schreit und schreit, er ruft, Pascal solle die Bergrettung alarmieren. Nach der ersten Schuttschicht aus Sand und Geröll sucht Pascal einen zweiten Stein. Unterhalb der Höhle findet er einen dreißig Kilo schweren Felsbrocken, den er nun ebenfalls vor den Eingang wuchtet. Er scharrt Schutt und Sand und Geröll darüber, zum Schluss legt er Laub und Äste darauf, damit niemand mehr sehen kann, dass dahinter ein Höhleneingang liegt.

Während Pascal seinen Freund lebendig begräbt, hört er Julian verzweifelt klopfen und um Hilfe schreien.

»Was haben Sie genau gemacht bei der Höhle?«, fragt der Richter.

»Nach einer gewissen Zeit hat man den Eingang zugegraben«, antwortet Pascal.

»Hat *man* den Eingang zugegraben?«

»Habe ich den Eingang zugegraben, das war halt etwas einfach ausgedrückt.«

»Sie sagten aus: Es kam dann zu diesem Zwischenfall, als Sie auf einmal einen Stein genommen hätten. Sie sprachen von einem Impuls, als Sie beschlossen, den Höhleneingang zu blockieren.«

»Es ist so schnell gegangen, ich hatte keine Kontrolle mehr darüber. Das Zeugs kam runter wie ein Wasserfall, das war ganz feiner Sand, und das Gelände war rutschig, das Geröll kam fast wie eine Lawine herunter, es dauerte nur etwa fünfzehn Minuten, dann war das Loch zu.«

»Wenn Sie sagen, Sie hätten aus einem Impuls heraus gehandelt, wie meinen Sie das?«

»Ich muss mich recht lange aufregen, es braucht viele Provokationen, bis das Fass mal überläuft. Bei Julian ist das vermutlich ähnlich gewesen. Aber ich bin kein Psychiater, ich kann nicht genau sagen, was da alles passiert ist.«

»Kam dieser Impuls, weil Julian sich zunächst weigerte, als Erster in die Höhle zu kriechen?«

»Das kann ich nicht mehr sagen.«

»Aus welchem Grund ist der Impuls hochgekommen?«

»Ich weiß es nicht mehr. Ich war damals noch viel jünger, mit der Zeit wird man reifer und erwachsener, damals bin ich noch nicht so reif gewesen wie heute.«

»Sie sagten aus: ›Als er in der Höhle war, dachte ich, jetzt ist der Zeitpunkt gekommen. Ich habe das lockere Gestein oberhalb der Höhle gesehen und mich entschieden. Ich dachte mir, dass ich mich jetzt rächen müsse‹.«

»Ich weiß heute nicht mehr, was mir damals durch den Kopf gegangen ist, ich habe das selbst nicht richtig geschnallt. Eigentlich bin ich derjenige, der davonläuft, bevor es eskaliert.«

»Sie sagten, Sie hätten den Stein vor die Höhle gerollt, damit Julian ›dort unten‹ sei. Warum war Ihnen das wichtig?«

»Das kann ich Ihnen auch nicht sagen.«

»Hatte es etwas damit zu tun: Sie waren oben und Julian unten.«

»Nein, ich habe mir gar nichts überlegt.«

»Laut Ihren Aussagen haben Sie immer weitergemacht, bis man nichts mehr von Julian gehört hat.«

»Genau, ich glaube, ja. Ich habe den Höhleneingang von außen so blockiert, dass es nicht gleich auffällt, es sollte wie ein Erdrutsch aussehen. Nicht, dass es jemand aufdeckt. Ich wollte, dass ihn niemand findet, damit ich mein Leben weiterleben konnte.«

Der Höhleneingang ist blockiert. Noch immer glaubt Pascal, Klopfgeräusche zu vernehmen. Julian muss panisch sein. Es müssen ihm Tausende Gedanken durch den Kopf jagen. Fragen über Fragen und unendlich große Angst. Er versucht, von innen den blockierten

Ausgang frei zu graben, aber durch den schmalen Schacht, durch den er nur robben kann, hat er keine Chance, die Stein- und Geröllblockade wegzustoßen. Aber noch hat er Hoffnung. Vielleicht ist es doch nur ein übler Streich. Eine weitere Mutprobe. Bestimmt wird Pascal ihn hier wieder rausholen. Es kann nicht sein, dass sein bester Freund ihn hier lebendig begräbt. Oder etwa doch?

Irgendwann wird Julian klar, dass Pascal ihn nicht retten wird. Dass er keine Hilfe holen wird. Dass er verloren ist. Irgendwann erkennt Julian, dass die Höhle sein Grab wird.

»Sie sagten, Julian habe Angst und Panik gehabt«, sagt der Richter.

»Mit dem Zugraben ging es so schnell, ich weiß es gar nicht mehr. Ich frage mich bis heute, warum ich so etwas machte, das kann sich niemand vorstellen.«

»Sie sagten: ›Ich war mir schon im Klaren, was ich getan habe.‹«

»Ich weiß auch nicht.«

»Als der Eingang zur Höhle blockiert war, haben Sie gleich daneben etwas gemacht.«

»Ja, ich habe ein Feuer gemacht.«

»Und dann?«

»Ich habe etwas gebrätelt.«

»Sie haben eine Wurst – einen Cervelat – gegrillt, während Julian direkt unter Ihnen Todesängste litt. Warum haben Sie das getan?«

»Ich hatte wohl Hunger.«

»Was haben Sie gedacht, als Sie die Wurst aßen?«

»Ich habe nichts gedacht.«

Es ist nicht auszuhalten. Als wäre alles nicht schon schlimm genug – Pascals letzte Handlung am Tatort zeugt von einer beispiellosen Kaltblütigkeit und macht das Geschehene noch unfassbarer. Er blockiert den einzigen Eingang zur Höhle, in der Julian eingeschlossen ist – Julian, mit dem er in den letzten Monaten die Wochenenden verbracht hat. Mit dem er in den Europapark fuhr, Städtetrips machte, wandern ging. Julian, der meinte, Pascal sei sein bester Freund. Und während Julian panisch um sein Leben kämpft, setzt sich Pascal neben den verschütteten Höhleneingang, macht ein Feuer und brätelt eine Wurst. Weil er Hunger hat.

Wenn Pascal darüber spricht, scheint es ihn nicht zu berühren. Er sitzt einfach nur da und erzählt, als ob er von seinem letzten Kneipenbesuch berichten würde. Ein leicht pummeliger junger Mann, der mit über zwanzig aussieht, als ob er sich noch nie rasieren musste. Ein Milchgesicht sondergleichen. Er könnte in einer harmlosen Teenie-Soap den trotteligen, aber gutmütigen Kumpel spielen. Niemals würde man ihm die Rolle des Mörders in einem Thriller geben.

Als Pascal die Wurst fertig gegessen hat, legt er Julians Handy ins Feuer. Als es sich aufbläht, fürchtet er, das Gerät werde explodieren. Also kratzt er es mithilfe zweier Äste aus den Flammen und schleudert es in den Wald hinein. Er greift nach Julians Jacke, läuft etwas weiter den Hang hoch und vergräbt sie. Julians Uhr steckt er ein, er wird sie erst in seine Vitrine stellen und sie später auch hin und wieder tragen. Ein makabres Andenken an Julian.

Dann schlägt Pascal den Rückweg Richtung Brugg ein, noch einmal kommt er am verschütteten Höhleneingang vorbei. Er denkt nicht daran, ihn wieder freizulegen oder Hilfe zu holen. Um zehn vor acht steigt er in Brugg in den Zug und fährt nach Hause. Dort angekommen, zieht er den Pyjama an und legt sich schlafen.

»Sind Sie als Kind jemals in eine Truhe oder in einen Schrank eingeschlossen worden?«, fragt der Richter Pascal.

»Nicht, dass ich wüsste«, meint Pascal.

»Waren Sie schon einmal in einer Höhle?«

»Nicht, dass ich wüsste. Ich habe Platzangst. Ich gehe nicht in enge Räume.«

»Was macht das mit Ihnen, wenn Sie an einen engen Raum denken?«

»Panik. Angst. Ich kriege keine Luft.«

»Was denken Sie, wie es Julian ergangen ist?«

»Genauso. Aber ich bin kein Gutachter, ich kann das nicht begutachten, aber es könnte so gewesen sein.«

»Haben Sie nicht daran gedacht, zurückzukehren und Julian auszugraben?«

»Ich habe mir schon Gedanken gemacht.«

»Aber Sie haben nicht gehandelt. Warum nicht?«

»Aus Angst, erwischt zu werden. Angst vor Strafe. Grundsätzlich habe ich nicht so viel überlegt.«

»Aber wenn Sie sofort reagiert und Julian ausgegraben hätten, dann wäre nicht viel passiert.«

»Nein, dann wäre nicht viel passiert.«

»Wovor hatten Sie denn Angst?«

»Dass die Polizei schon dort ist.«

Julians Eltern machen sich Sorgen. Ihr Sohn ist nicht nach Hause gekommen. Bisher hat er immer Bescheid gegeben, wenn er über Nacht wegblieb. Als er auch unentschuldigt der Arbeit fernbleibt, sind sie höchst alarmiert. Es muss etwas passiert sein. Die Eltern wenden sich an die Polizei. Kurz darauf wird eine Vermisstenmeldung publiziert, die in zahlreichen Medien erscheint. Ihr Wortlaut:

Vermisst wird seit Sonntag der vierundzwanzigjährige Julian D. Der Mann verließ seinen Wohnort am Sonntagmorgen zwischen 8 und 11.30 Uhr zu Fuß in unbekannte Richtung, wie die Kantonspolizei Zürich mitteilt. Der Vermisste ist 172 Zentimeter groß und von schlanker Statur. Er hat dunkelblonde, kurze Haare. Zu seiner Kleidung bestehen keine Hinweise. Es wird um schonendes Anhalten gebeten. Personen, die Angaben über den Aufenthalt des Vermissten machen können, werden gebeten, sich mit der Kantonspolizei Zürich in Verbindung zu setzen.

Es ist Montag, der 8. April 2019. Der Tag danach. Pascal muss nicht zur Arbeit, er hat keine Stelle, keinen geordneten Tagesablauf. Am Nachmittag setzt er sich in den Zug und fährt zurück nach Brugg. Durch den Wald steigt er den Bruggerberg hoch, gelangt über den Bruderhausweg und den ansteigenden Pfad zu den Sandsteinhöhlen. Er begibt sich zum Höhleneingang, der noch immer verschüttet ist. Alles sieht genauso aus, wie er es tags zuvor zurückgelassen hat. Erneut schaufelt er Erdreich über den Eingang und versteckt ihn damit noch besser. Pascal horcht. Er hört Klopfgeräusche; Julian lebt noch.

Doch Pascal gräbt den Eingang nicht frei. Er informiert niemanden über das Drama. Selbst dann nicht, als er direkt vor der Höhle steht und sein Telefon klingelt. Pascal nimmt den Anruf entgegen; am anderen Ende der Leitung meldet sich ein Zürcher Kantonspolizist.

Der Polizist informiert Pascal darüber, dass sein Freund Julian vermisst wird, und er fragt ihn, wann er ihn zum letzten Mal gesehen hat, wann sie zum letzten Mal Kontakt hatten. Pascal behauptet, er habe Julian am Sonntag, also gestern, zum letzten Mal gesehen. Sie hätten sich um 15 Uhr voneinander verabschiedet. Er wisse nicht, wohin Julian anschließend gegangen sei. Während Pascal den Polizisten anlügt, hört er das Klopfen seines sterbenden Freundes.

»Sie sagten, Sie seien am nächsten Tag nochmals hingegangen«, sagt die Staatsanwältin an Pascal gerichtet. »Nahmen Sie Werkzeug mit, um ihn auszugraben?«

»Nein, nichts«, antwortet Pascal.

»Als sie dort oben bei der Höhle waren, erhielten Sie einen Anruf der Zürcher Polizei. Können Sie sich daran erinnern?«

»Nein.«

»Was sahen Sie, als Sie dort oben waren?«

»Die geschlossene Höhle.«

»Was haben Sie da gemacht?«

»Nicht viel. Nur nachgeschaut und dann wieder runter.«

In der Höhle ist es zwischen acht und zwölf Grad kalt. Julian trägt sommerliche Kleidung; ein T-Shirt, eine

Stoffhose, Unterhose, Socken und Turnschuhe. Nach vierundzwanzig Stunden ist nebst dem Hunger und dem Durst die Kälte das größte Problem. Sie dringt immer weiter in ihn ein und lässt ihn nicht mehr los.

Sind wir der Kälte schutzlos ausgesetzt, versucht unsere äußere Hülle zunächst, den Körper zu isolieren und zu wärmen – zum Beispiel durch Zittern. Nach einer gewissen Zeit kühlt die Hülle selbst zu stark ab, sodass auch die Körperkerntemperatur zu sinken beginnt. Stirbt jemand durch Unterkühlung, gerät der Körper zunächst in einen Erregungszustand: Alle Körperfunktionen werden gesteigert, das Bewusstsein wird geschärft, die Muskeln beginnen zu zittern, die Atmung und der Herzschlag werden schneller. Die Gefäße ziehen sich zusammen, um den Körperkern warmzuhalten, was zu Schmerzen in Fingern und Händen führen kann. In der nächsten Phase wird alles gedämpft: Die Atmungsfrequenz sinkt, das Herz schlägt langsamer, das Bewusstsein wird eingeschränkt, es kann zu Verwirrungszuständen kommen. Schließlich führt die Unterkühlung zum Tod durch Herz-Kreislauf-Versagen. Die Überlebenszeit hängt von verschiedenen Faktoren ab: von der Umgebungstemperatur, ob die Kleidung nass oder trocken ist, von der Konstitution der Person, die der Kälte ausgesetzt ist. Erfrieren ist kein schneller Tod.

Es ist also gut möglich, dass Julian noch lebt, als Pascal vierundzwanzig Stunden später vor der Höhle steht und meint, Klopfgeräusche zu hören. Vierundzwanzig Stunden voller Todesangst, Panik, Schmerz, Verzweiflung. Ein qualvoll langsames Sterben, das sich niemand vorstellen kann, niemand vorstellen mag.

»Sie wurden mal gefragt, wie Sie die Grausamkeit Ihrer Tat auf einer Skala von eins bis zehn einschätzen. Wissen Sie Ihre Antwort noch?«, fragt der Richter Pascal.

»Vermutlich zehn, sehr grausam.«

»Was würden Sie heute sagen?«

»Das Gleiche, es ist ja eine grausame Geschichte, die da passiert ist. Sie hat auch Aufsehen erregt.«

»Sie ist nicht einfach so passiert. Sie sind dafür verantwortlich.«

»Ja, es ist wegen mir passiert.«

»Sie haben es verursacht.«

»Das weiß ich.«

»Gleichwohl haben Sie später in der Therapie gesagt, Sie hätten ja keinen erstochen oder vergiftet, sondern nur ein Loch zugebuddelt.«

»Das weiß ich nicht mehr.«

Julian wird weiterhin vermisst. Es melden sich mehrere Personen aufgrund der polizeilichen Vermisstmeldung, aber keiner der Hinweise führt zu Julian. Die Polizei befragt Freunde, Arbeitskollegen, Verwandte – ohne Resultat. Sie durchsucht Julians Zimmer und die Festplatte seines Computers – und findet keinen Hinweis. Julians Handy lässt sich nicht orten – es ist ausgeschaltet. Die Familie verzweifelt, die Ungewissheit treibt sie um. Julians Geschwister versuchen, auf eigene Faust herauszufinden, was mit ihrem Bruder passiert sein könnte. Seine Schwester findet auf Facebook das Profil des Freundes von Julian, Pascal K. Als sie ihn anschreibt, erkundigt er sich bei ihr, ob sie etwas von Julian gehört habe.

Kurz nach der Tat reist Pascal für einen Kurztrip ins Tessin. Zurück zu Hause begibt er sich in den folgenden Wochen mehrere Male zur Höhle am Bruggerberg, um sich zu versichern, dass der Eingang noch immer zugeschüttet ist. Er hält den Kontakt zu Julians Schwester aufrecht, meldet sich etwa einmal im Monat, um sich nach dem neuesten Stand zu erkundigen. Die Schwester findet meist kaum die Kraft, ihm zu antworten – weil es nie etwas Neues gibt. Von Julian fehlt jede Spur. Wochenlang. Monatelang.

Im Oktober, Julian ist seit über einem halben Jahr vermisst, macht Pascal Ferien in Tunesien. Er besichtigt Städte und Dörfer, liegt am Strand in der Sonne, macht Ausflüge in die Wüste, reitet zum ersten Mal im Leben auf einem Kamel. Das gefällt ihm, er sagt, das sei eine schöne Erinnerung, in Tunesien habe er sich erholt.

Bald jährt sich der Tag von Julians Verschwinden zum ersten Mal. Für seine Angehörigen ist die Ungewissheit unerträglich. Ihr Leben ist nicht mehr dasselbe. Hinter ihnen liegen zwölf Monate voller Sorgen, Bangen, falschen Hoffnungen, unbeantworteten Fragen, Angst, Trauer und Verzweiflung. Noch hoffen sie, dass Julian eines Tages plötzlich wieder da ist. Die Mutter wiederholt immer wieder: Seinen eigenen Sohn gibt man nicht auf. Niemals.

Es ist der 5. April 2020, wiederum ein Sonntag. Fast auf den Tag genau ist ein Jahr vergangen, seit Julian mit seinem Freund auf den Bruggerberg gestiegen ist, um die letzte Challenge zu absolvieren. Noch immer gilt er als vermisst. Niemand weiß, wo er ist und was ihm zugestoßen ist. Niemand außer Pascal. Doch der schweigt.

An diesem Sonntagmorgen wandert eine Familie auf den Bruggerberg. Sie kennt sich hier aus, sie weiß um die verschiedenen Höhlen in den Sandsteinfelsen. Jemand erinnert sich auch an jene Höhle, deren Eingang sich nicht mehr auf Anhieb finden lässt. Doch der Einstieg muss hier irgendwo sein. Sieht ganz danach aus, als ob er verschüttet worden sei. Gemeinsam machen sie sich daran, den Eingang freizuräumen. Die Arbeit ist mühsam, schwere Steine müssen weggerollt werden, doch schließlich finden sie, was sie gesucht haben: Die Höhle, das schmale Loch, das in das Innere des Felsens führt. Einer traut sich als Erster: Er legt sich flach auf den Boden und kriecht hinein. Als er drinnen zur Taschenlampe greift, macht er einen schrecklichen Fund: In der Höhle liegt eine Leiche. Julian.

»Wie denken Sie heute über das Delikt?«, fragt der Richter Pascal.

»Ich hätte gesagt: Es ist schrecklich. Ich bin traurig, es ist unfair. Julian hat sein Leben verloren. Es ist eigentlich eiskalt: Ich esse Cervelat, während er unten Panik hat.«

»Was empfinden Sie, wenn Sie daran denken?«

»Ich kann mit fremden Leuten nicht über meine Gefühle reden, aber es ist schon belastend.«

Die alarmierte Polizei ist schnell vor Ort. Es ist unklar, ob sich in der Höhle am Bruggerberg ein Unglück ereignet hat oder ob es sich um einen Tatort handelt. Die Spurensicherung findet in der Höhle zahlreiche Fußspuren von Julian. Die Polizisten suchen auch die nahe Umgebung ab und entdecken das halbverbrannte

Handy des Toten. Fest steht: Julian ist nicht eines natürlichen Todes gestorben. Neben seiner Leiche liegt sein T-Shirt. Er hat es sich trotz der Kälte ausgezogen. Das ist typisch für Erfrierende: Kurz vor Todeseintritt erfasst sie ein paradoxes Wärmeempfinden, das sie dazu bringt, sich auszuziehen.

Als die Rechtsmedizinerin Julians Leiche obduziert, stößt sie auf sogenannte Wischnewsky-Flecken.

»Sind die vorhanden, sind sie praktisch immer auf eine Unterkühlung zurückzuführen«, erklärt sie, und je ausgeprägter die Flecken, desto länger die Expositionsdauer. »Wir haben deutliche Wischnewsky-Flecken gefunden, daraus können wir schließen, dass die Expositionsdauer des Opfers in der Kälte nicht sehr kurz war.«

In anderen Worten: Das Leiden hat lange gedauert, bevor der Tod die Erlösung brachte. Gestützt auf die Fundsituation von Julians Leiche, geht die Rechtsmedizinerin davon aus, dass er vielleicht sogar länger als vierundzwanzig Stunden eingeschlossen in der Höhle überlebt hat.

Der Polizei ist rasch klar, um wen es sich beim Toten handeln könnte. Die Körpergröße, die Haarfarbe, das Alter stimmen mit den Angaben einer Vermisstenmeldung überein, die vor fast genau einem Jahr publiziert worden ist: Julian D. Als die Polizisten bei ihm zu Hause an der Wohnungstür klingeln, meinen die Eltern im ersten Moment, Julian sei gefunden worden, lebend. Sie klammern sich bis zuletzt an eine vage Hoffnung; vergebens.

Manche Angehörige von Langzeitvermissten berichten, dass die Todesnachricht eine Erlösung war –

weil die Ungewissheit und die Ohnmacht schwerer zu ertragen waren als die Trauer. Erst im Wissen darum, was geschehen war, konnten sie einen Abschluss finden.

Für Julians Familie bringt die Gewissheit über seinen Tod überhaupt keine Erlösung, im Gegenteil. Zu erfahren, wie Julians letzte Stunden ausgesehen haben, wie grausam sein Sterben war, ist nicht zu ertragen und lässt sie bis heute leiden.

»Ich meine, zwei Minuten in Todesangst sind schon unerträglich viel, aber mehrere Stunden oder Tage – ich darf nicht daran denken«, sagt Julians Vater. »Es ist so brutal. Er muss einen elendigen Tod gehabt haben in der Höhle drin. Er hatte unsagbare Angst.«

Julian ist tot. Doch die Fragen bleiben. Was ist genau passiert? Warum musste Julian sterben? War er allein in die Höhle geklettert, und ein Erdrutsch hat den Eingang verschüttet? Aber das verbrannte Handy, die verschwundene Jacke, die fehlende Uhr … Noch hat die Polizei nichts in der Hand – nichts, außer einem sehr vagen Verdacht. Julians Eltern und Geschwister berichten der Polizei von Julians und Pascals Ausflug in die Tessiner Berge, nur eine Woche vor seinem Verschwinden. Sie erzählen von Julians Absturz, und dass er glaubte, Pascal habe ihn gestoßen. Julians Schwester sagt der Polizei auch, dass Pascal behauptete, Julian sei kein richtiger Mann, und dass er ihn Mutproben absolvieren ließ. Die Ermittler beginnen, Pascal zu überwachen und seine Telefongespräche abzuhören.

»Wir haben Ihr Handy überwacht«, sagt der Richter zu Pascal. »Am 10. Mai 2020, gut einen Monat, nachdem man Julian gefunden hatte, haben Sie mit Achmed telefoniert. Sie sagten: ›Das mit Julian beschäftigt mich überhaupt nicht. Man muss es akzeptieren, es ist halt passiert, was will man machen.‹ Sie sagten auch noch: ›Mir geht es super, besser als je zuvor.‹«

»Ich wollte wohl meine Gefühle nicht zeigen«, sagt Pascal.

»Zehn Tage später haben Sie noch einmal mit Achmed telefoniert. Wieder erzählten Sie ihm, dass die ›Juliangeschichte‹ Sie nicht beschäftige.«

»Beschäftigt hat es mich schon, ich habe das einfach so gesagt.«

»Gegenüber Lars sagten Sie: ›Ich habe Julian schon fast ganz vergessen. Ich kann mir schon nicht mehr vorstellen, wie er ausgesehen hat.‹«

»Ich kann meine Gefühle nicht zeigen, darum sage ich solche Sachen.«

Pascal hat seit Julians Verschwinden mehrmals das Handy gewechselt, was eine Rückverfolgung seiner Daten erschwert. Die Polizei hat keine Beweise. Also setzt sie einen verdeckten Ermittler auf Pascal an. Jemand, der sich in sein Umfeld einschleust. Jemand, der ihm vorgaukelt, ein Freund zu sein. Jemand, der hofft, dass ihm Pascal zu viel erzählt. Einmal sagt Pascal: »Ich habe auch schon bei der Polizei ausgesagt. Wenn ich erneut von ihr befragt werden sollte, sage ich einfach, dass ich mich nicht mehr erinnern kann.« Ein anderes Mal: »Ich bin ein Profi im Lügen, die anderen sind Idioten, ich bin halt viel schlauer als die.«

Elf Monate nach dem Leichenfund wendet sich die Aargauer Oberstaatsanwaltschaft erneut mit einem Zeugenaufruf an die Medien. Am 1. März 2021 teilt sie mit, dass es sich im Fall um den toten Julian in der Höhle am Bruggerberg um ein Tötungsdelikt gehandelt habe. Erhebungen hätten gezeigt, dass die Höhle von außen verschlossen worden sei. Die Kantonspolizei und die Staatsanwaltschaft bitten die Bevölkerung um Mithilfe zur Klärung des Verbrechens. Sie veröffentlichen ein Foto von Julian und seinen vollen Namen, die Nachricht im Wortlaut:

Wer hat am Sonntag, 7. April 2019, zum Zeitpunkt des Verschwindens von Julian D. in der Umgebung Brugg irgendwelche verdächtigen Personen oder Wahrnehmungen festgestellt? Wer kann Angaben machen zu allfälligen Personen, mit denen Julian D. vor seinem Verschwinden in der Umgebung Brugg noch gesehen wurde? Wer hat am Sonntag, 7. April 2019, und/oder in den Tagen danach am Bruggerberg verdächtige Personen und Handlungen festgestellt?

Hinweise sollen an die Kantonspolizei Aargau weitergeleitet werden, und tatsächlich gehen neun Meldungen ein, die jedoch nicht zum Täter führen. Doch Pascal steht bereits unter Beobachtung. Gut möglich, dass die Polizei den erneuten Zeugenaufruf einzig erlässt, um ihn damit unter Druck zu setzen – in der Hoffnung, dass er einen Fehler begeht. Die Polizei sucht auch Pascals Eltern auf, die in der Nähe des Tatorts wohnen, und beschlagnahmt deren Handy und Computer sowie eine Schaufel und zwei Pickel. Auf dem Handy findet sie ein Foto, das Pascal seinem Vater geschickt hat:

Sie zeigt die Aussicht vom Bruggerberg in der Nähe der Sandsteinhöhlen.

Am 26. März 2021 wird Pascal verhaftet.

»In einer Befragung kurz nach Ihrer Verhaftung sagten Sie der Polizei: ›Gestern war der 7. April, der Tag des Ereignisses, ich habe sicherlich eine Stunde geweint, weil ich das gemacht habe, ich dachte mir, ich habe nun einen guten Kumpel verloren‹«, hält der Richter Pascal vor.

»Es kann sein, dass das im Zentralgefängnis war. Ich wusste, dass er am 7. April gestorben war. In der Untersuchungshaft denkt man viel nach.«

»Warum sagten Sie, Sie hätten einen guten Kumpel verloren?«

»Man drückt sich nicht so gut aus.«

»Müsste es nicht heißen: Ich habe einen guten Kumpel getötet?«

»Theoretisch schon.«

»Und praktisch?«

»So, wie ich es gesagt habe.« Pascal windet sich, sucht nach Worten, nach einer Ausrede, findet keine und stellt sich dumm. »Ich habe manchmal Mühe mit Fremdwörtern. Es gab schon Tränen, man vergisst den Tag nicht, da ist etwas Unschönes passiert.«

Vier Tage nach Pascals Verhaftung, während er in Untersuchungshaft sitzt, melden sich seine Eltern zu Wort: Sein sechzigjähriger Vater posiert in Shorts und Shirt für die Boulevardzeitung *Blick* und bestätigt, dass sein Sohn der Verhaftete ist. Mehr noch; er berichtet detailreich, wie auch er von zehn bis fünfzehn Zivilpolizisten aufgesucht worden ist. Der Vater sagt, er glaube nicht, dass sein Sohn ein Mörder sei. Doch er schiebt gleich nach: »Vielleicht hat er einen Gehilfen gehabt.« Sein Sohn sei immer wieder zu gewissen Sachen »angestiftet« worden. »Er ist ein lieber Mensch, aber er lässt sich von anderen Personen leicht beeinflussen«, sagt Pascals Vater dem *Blick*-Reporter. »Falls es so war, soll er seine Freunde verpfeifen.«

Der Vater erzählt dann noch, Pascal habe die Sandsteinhöhlen am Bruggerberg gekannt, aber er sei nie dort oben gewesen. Allerdings habe Pascal nach Julians Vermisstmeldung einmal gesagt, dass man ihn wohl nie mehr finden werde. Auch Pascals Mutter meldet sich zu Wort. Sie gibt dem lokalen TV-Sender ein Interview: Sie weint vor der Kamera und schildert, wie schwer es für sie ist, dass ihr Sohn verhaftet wurde.

In einem weiteren Artikel räumt Pascals Vater ein, dass Julian am Tag seines Verschwindens bei ihnen gewesen sei. »Mein Sohn und Julian verstanden sich gut.« Am Nachmittag habe Pascal dann gesagt, Julian sei gegangen. »Er wirkte normal, uns fiel nichts Verdächtiges auf.« Noch immer glaubt er an die Unschuld seines Sohnes.

Am 30. April 2021 gesteht Pascal, dass er die Höhle zugeschüttet und Julian lebendig begraben hat.

»Können Sie sich erinnern, was Sie bei der Polizei gesagt haben, was mit Julian passiert sei?«, fragt der Richter Pascal.

»Dass er eingeschlossen wurde.«

»Am Anfang sagten Sie, Sie dachten, dass sich Julian befreien könne und Sie am nächsten Morgen zusammen frühstücken würden. Während der Tatrekonstruktion sagten Sie hingegen, Sie seien davon ausgegangen, dass er sich nicht befreien könne. Warum haben Sie Ihre Meinung geändert?«

»Das weiß ich auch nicht.«

»Beschreiben Sie dem Gericht, wo genau Sie beim verschütteten Höhleneingang ein Feuer gemacht haben.«

»Etwa zwanzig Meter weiter drüben, man geht auf dem Weg zwei, drei Schritte hinab.«

»Die Aufnahmen der Tatrekonstruktion zeigen aber, wie Sie das Feuer direkt neben dem zugeschütteten Eingang entfachen. Was sagen Sie dazu?«

»Ich weiß es nicht.«

»Haben Sie damals der Polizei die Wahrheit gesagt?«

»Nicht so ganz.«

»Was war denn nicht so ganz richtig?«

»Ich habe das Feuer etwas weiter unten gemacht.«

»Warum haben Sie das den Polizisten bei der Tatrekonstruktion denn nicht gezeigt?«

»Ich war aufgeregt, für mich ist das alles neu und das erste Mal.«

In der Pressemitteilung, die die Staatsanwaltschaft zu Pascals Geständnis veröffentlicht, hält sie fest, dass Hintergrund, Ablauf und Motiv zur Tat nach wie vor Gegenstand der laufenden Ermittlungen seien. Während die Polizei herauszufinden versucht, wie genau und vor allem warum Pascal seinen Freund umgebracht hat, liefern seine Eltern der Boulevardzeitung Homestorys ab. Sie öffnen für den Reporter das Familienfotoalbum: Pascal als Jugendlicher in der Badehose im Schnee, Pascal, etwas älter, dieses Mal angezogen, wie er mit einem Schneemann posiert. Die Eltern halten ein Mandala in die Kamera, das Pascal im Gefängnis ausgemalt und ihnen geschickt hat. Darunter steht in krakeliger Schrift: »Saß sicher eine Stunde dran. Eine Erinnerung, die von tiefstem Herzen kommt.«

Sie zelebrieren sich als leidende Eltern eines Sohnes, der zum Mörder wurde. Auch die Angehörigen der Täter sind von dem Delikt betroffen. Dennoch erscheint das öffentliche Gebaren von Pascals Eltern wie ein Hohn gegenüber der Familie des Opfers.

»Ich bin schockiert über das, was er getan hat«, sagt Pascals Mutter nach dem Geständnis ihres Sohnes. »Ich frage mich aber schon, ob er so etwas allein machen würde.« Mit der Opferfamilie hätten sie bisher keinen Kontakt gehabt. »Eine schwere Zeit ist es aber sicher für uns alle«, sagt sie, ungeachtet dessen, wie viel größer das Leid und der Schmerz der Angehörigen von Julian sein müssen, deren Sohn und Bruder auf brutalste Art und Weise umgebracht worden ist und nie mehr zurückkommen wird.

Pascals Vater zeigt den Reportern sein Handy mit der letzten Nachricht, die er ihm gesendet hat: »Pascal, ruf mich mal an, Gruß, Papeli.« Er hat keine Antwort mehr erhalten, weil Pascal kurz darauf im Gefängnis saß.

Hallo Monika und Markus, schreibt Pascal in einem Brief an seine Eltern. *Bin seit dem 8. April 2021 in Lenzburg. Als ich hier ankam, sprach ich mit dem Wärter über Verschiedenes und habe so erfahren, dass ihr nicht unbedingt nach Lenzburg kommen müsst, um mir Geld zu bringen. Ihr könnt mir das Geld in einem Briefumschlag oder per Einzahlungsschein schicken. Zurzeit bin ich im Minus. Das heißt, ich kann mir nichts leisten. Darum bitte ich euch, das so rasch als möglich zu machen. Ich habe kaum Möglichkeiten hier im Gefängnis, darum bitte ich euch darum. Vielen Dank, euer Sohn.*

Den Brief habe ich hier in einer korrigierten Fassung wiedergegeben, damit er besser zu verstehen ist. Der erwachsene Sohn schreibt in einer kindlichen Schrift. Sein Deutsch ist schlecht und der Text voller Rechtschreibfehler. Wüsste ich es nicht besser, ich würde denken, die Briefe stammen von einem zehnjährigen Kind. So schreibt Pascal in einem anderen Brief im Wortlaut:

Heute Freitag konnte ich Mit der seelsorge sprechen. Denke auch für die extreme Geschichte von Julian zu Verarbeite kann. So wie schon erzält Habe werde ich nächste Woche Mit einer Psychiaterin Reden. Denke Paar unterstützung sol ich schon gebrauchen. Es ist eine Anstrengende Zeit für mich und euch. Sicher auch deshalb hoffe ich das ihr mich nicht sitzen lässt. Dank An euch.

Die Eltern lassen sich fotografieren, wie sie Pascals Briefe lesen, oder wie sie am Tisch sitzen und die Zeitung aufschlagen, in der sie selbst groß abgebildet sind. Auch jetzt noch, so sagen sie, glauben sie nicht an Pascals Schuld.

»Er stand sicher unter Druck und hat nur darum gestanden«, sagt der Vater dem *Blick*. »Ich bleibe dabei, dass mein Sohn das nicht getan hat.«

Am 25. Januar 2022 erhebt die Staatsanwältin Anklage wegen Mordes.

Es ist der 17. Oktober 2022. Die Einsatzzentrale der mobilen Polizei des Kantons Aargau liegt zwischen seelenlosen Agglomerationsgemeinden im Niemandsland. Leise hört man die nahe gelegene Autobahn rauschen. Im Saal der Einsatzzentrale finden die großen Gerichtsprozesse statt, die das Fassungsvermögen der Säle im Gerichtsgebäude sprengen würden. Hier wurde über den Vierfachmörder von Rupperswil verhandelt, der eine ganze Familie getötet und ihr Haus niedergebrannt hat – hier wird sich auch Pascal wegen Mordes vor dem fünfköpfigen Bezirksgericht Brugg verantworten müssen. Vier Tage sind für die Verhandlung angesetzt. Vier Tage, die gefüllt sein werden mit Trauer, Entsetzen und Fassungslosigkeit. Vier Tage, in denen die drängendsten Fragen keine Antworten finden werden, weil die Tat so gewaltig ist, dass sie nicht erklärt werden kann. Das Verbrechen ist zu groß, um es in den Kopf zu kriegen. Worte sind nicht groß genug, um es zu erfassen.

Die Stimmung in dem großen Saal ist vom ersten Moment an traurig. Julians Familienangehörige sind gekommen, um als Zeugen auszusagen – und um mit eigenen Augen zu sehen, dass Recht gesprochen wird, obwohl nichts ihnen Julian zurückbringen kann. Es ist dem Richter hoch anzurechnen, dass er Blickschutzwände hat aufstellen lassen, die die Angehörigen abschirmen; vor den Medien, aber insbesondere auch vor dem Beschuldigten, der zuvorderst Platz nehmen wird und den nicht alle sehen wollen. Die Wunden sind noch nicht verheilt und werden es auch niemals sein. Die Trauer ist während des gesamten Prozesses erdrückend präsent.

Als Pascal in Handschellen und Fußfesseln von den Polizisten in den Saal geführt wird, brechen Julians Mutter und seine Schwester in Tränen aus. Ein Weinen, das die Verhandlung in den nächsten Tagen immer wieder begleiten wird. Im Gesicht von Julians Schwester steht Unglauben geschrieben, als sie Pascal erblickt. Auch durch die Zuschauerreihen geht ein Raunen: Wie kann dieser käsige, leicht pummelige und überaus harmlos wirkende Mann, der aussieht wie ein Spätpubertierender, ein Mörder sein?

Pascal trägt eine Hygienemaske unter einer mächtigen Hornbrille, blaue Jeans und einen zu großen roten Faserpelzpullover. Das Haar ist dunkel, dicht und mittellang, Strähnen fallen ihm ins Gesicht, ein schlecht frisierter Pilzkopf wie bei den Beatles. Pascal sieht aus wie der Junge, der an der Schule immer gemobbt worden ist und trotzdem nicht erwachsen werden wollte.

Hinter seinem Rücken sitzen seine Eltern. Sie sind im Partnerlook erschienen: dunkelblaue Jeans, grüner Faserpelzpulli, Socken in den Trekkingsandalen. Pascals Vater und seine Mutter sind hier, um ihrem Jungen im Gerichtssaal eine Stütze zu sein, was sie ihm vorher im Leben nicht sein konnten. Und vielleicht auch, um etwas wiedergutzumachen, was nicht mehr gutzumachen ist.

»Herr K., Sie sind beschuldigt des versuchten Mordes an Julian D., indem Sie ihn in Tötungsabsicht einen mehrere Hundert Meter nach unten verlaufenden

Steilhang hinuntergestoßen haben. Weiter wegen Mordes zum Nachteil an Julian D., indem Sie am Bruggerberg den Eingang einer Sandsteinhöhle mit zwei schweren Steinen blockiert haben, wonach Julian in der Höhle an Unterkühlung gestorben sein soll.« Der Richter verliest die Anklage und hält ihm seine Rechte vor. »Haben Sie das verstanden?«

»Ja. Könnte ich eine Pause machen? Ich sollte aufs Klo.«

Die Verhandlung hat noch nicht richtig begonnen, doch der Gerichtspräsident gewährt Pascal die Pinkelpause. Er wird von den Polizisten nach draußen geführt. Die Pause dauert etwas länger, und bald wird klar, warum: Pascal weigert sich, in den Gerichtssaal zurückzukehren. Einer der Polizisten tritt deshalb ans Richterpult und fragt leicht überfordert, ob Pascals Anwalt mit dem Beschuldigten verhandeln wolle oder ob sie ihn unter Gewaltanwendung wieder hereinschaffen sollen.

Der Richter und Pascals Anwalt begeben sich nach draußen – und kommen nach einiger Zeit ohne Pascal zurück.

»Der Beschuldigte macht Angstzustände geltend, die es ihm verunmöglichen, hier anwesend zu sein oder Aussagen zu machen«, erklärt sein Anwalt schließlich. »Man muss die Situation laufend neu beurteilen, aber es erscheint mir sinnvoll, vorerst ohne meinen Mandanten fortzufahren.«

Pascals Weigerung, erneut auf dem Stuhl des Beschuldigten Platz zu nehmen, fühlt sich an wie ein Faustschlag in die Magengrube. Die Situation ist an Absurdität nicht zu überbieten: Erst verlässt er unter einer fadenscheinigen Ausrede den Gerichtssaal, dann weigert er sich zurückzukommen, weil er Angst habe – ausgerechnet er! Er, der sein Opfer dazu getrieben hat, immer wieder Mutproben zu absolvieren. Er, der Julian dazu brachte, in die Höhle zu kriechen, ihn einsperrte und ihn dadurch unvorstellbaren Todesängsten aussetzte. Pascals reale oder angebliche Angstattacken sind eine Verhöhnung Julians. Er entzieht sich bis zuletzt der Verantwortung und ist zu feige, dem Richter und den Angehörigen seines Opfers gegenüberzutreten.

Als ein Reporter eines lokalen TV-Senders vor dem Gebäude Pascals Eltern über den Angstzustand ihres Sohnes befragt, sagt der Vater in leicht vorwurfsvollem Ton: »Das sind wir seit zwanzig Jahren gewohnt, aber das will niemand einsehen.«

Pascal, der Julian getötet hat, sitzt in einer Zelle im anderen Gebäudetrakt, während der Gerichtsprozess weitergeführt wird. Er ist nicht dabei, als Julians Hinterbliebene befragt werden, die sich bereit erklärt haben auszusagen; zu Julians Anruf nach dem Absturz in den Tessiner Bergen, zu ihren Diskussionen, die sie aufgrund seines Verdachts, von Pascal geschubst worden zu sein, geführt haben. Pascal hört nicht, was die Angehörigen antworten, als sie danach gefragt werden, wie es ihnen heute gehe, dreieinhalb Jahre nach der Tat.

»Beschissen«, sagt Julians Schwager. »Man merkt es im Alltag, mit den Kindern, die Nerven liegen teils blank, und man hat weniger Geduld, ist immer angeschlagen.« Julians Schwager weint, während er erzählt, was die Tat mit der Familie gemacht hat. »Wenn man sieht, wie schlecht es meiner Frau geht und den Schwiegereltern … die ganze Art und Weise, wie es passiert ist … dass jemand so brutal sein kann.« Er ringt um Fassung.

Auch seine Frau, Julians Schwester, weint heftig, als sie vom Richter befragt wird, und es fällt ihr schwer zu sprechen. »Es ist sehr belastend. Es ist schwierig, im Alltag damit umzugehen. Ich merke, dass ich manchmal fast keine Kraft mehr habe, weil es so sehr zehrt. Er war mein kleiner Bruder, er war immer mein Baby. Es gibt im Alltag Momente, die ich nicht mehr ertrage: Zum Beispiel, wenn ich mich in einem Raum befinde und ein Kind schließt die Tür – dann dreht sich mir fast der Magen um. Manche Sachen gehen einfach nicht mehr. Auch nach drei Jahren habe ich kaum genug Kraft, um den Alltag zu bewältigen, sie ist einfach nicht mehr da. Dafür habe ich Ängste, die ich früher nie hatte. Gewisse Dinge triggern mich extrem, was vorher nie geschah.«

Julians Vater sagt: »Meiner Frau und mir geht es überhaupt nicht gut. Wenn ich zu sehr darüber nachdenke, kriege ich starke Bauchschmerzen. Was passiert ist, drückt mir auf den Magen. Vor allem geht es mir immer und immer wieder durch den Kopf. Ich darf nicht an seine Todesangst denken. Ich kann auch nicht darüber reden. Wir haben uns Hilfe geholt und versucht, das Geschehene zu verarbeiten. Ich war lange in Therapie, meine Frau ist es heute noch, ich sollte auch wieder hingehen. Aber ›Verarbeiten‹ ist ein blödes

Wort. So etwas kann man gar nicht verarbeiten. Das wird immer bei uns bleiben.«

Am Nachmittag des ersten Prozesstages, als Pascal befragt werden soll, weigert er sich noch immer, in der voll besetzten Halle vor Gericht zu treten. Also zeigt sich der Richter improvisationsbereit und gnädig: In einem Nebenzimmer wird eine Kamera für eine Direktübertragung installiert. Pascal darf, bewacht von den Polizisten, allein in einem Zimmer sitzen, während er über eine Liveschaltung befragt und sein Bild in den Gerichtssaal übertragen wird.

Wie ich im großen Saal sitze und die Leinwand hinter dem Richterpult sehe, empfinde ich das Verhalten des Täters als Affront. In Anbetracht seiner gewaltigen Tat macht es mich wütend, dass er es nicht schafft oder es nicht schaffen will, seinen Hintern in den Gerichtssaal zu bewegen. Die Übertragung per Video hat zur Folge, dass Pascal übergroß auf der Leinwand erscheinen wird – was für die Angehörigen eine Zumutung ist. Dennoch erachtet es der Richter als die bessere Lösung – denn die Alternative wäre, dass Pascal gar nicht befragt werden könnte. Doch Pascal ist der Einzige, der die Antwort auf jene Frage geben könnte, die nicht nur bei Julians Angehörigen am schwersten wiegt: Warum? Warum musste Julian sterben? Wie kann ein Mensch seinen Freund auf so brutale Weise töten? Warum wurde Pascal zum Mörder? Wer ist dieser junge Mann, der zu einer solchen Tat fähig ist?

Zunächst ist auf der Leinwand einzig ein Tisch mit einem leeren Stuhl zu sehen. Dahinter ein Waschbecken neben einer Tür. Die Polizisten führen Pascal in den Raum, er bewegt sich unbeholfen, setzt sich, rückt den Stuhl zurecht. Kratzt sich am Hinterkopf. Es dauert einen Moment, bis er bereit ist.

»Ich bin gerade ziemlich nervös«, sagt Pascal, ohne dass ihn jemand danach gefragt hat. »Es klingt schon kompliziert für mich. Es ist allgemein sehr kompliziert das gesamte Zeugs.« Während er spricht, blickt er sich unentwegt um.

»Wie ist das für Sie, wenn Sie heute, mit dreieinhalb Jahren Distanz, zurückschauen auf Anfang April 2019?«, will der Richter wissen.

»Ich kann mich kaum erinnern. Man weiß, dass man etwas Schlimmes gemacht hat, für mich ist allgemein schwierig, so etwas auszudrücken, es ist zu kompliziert für mich.«

»Dann sagen Sie es in einfachen Worten.«

»Ich weiß nicht mehr, was man da sagen würde, ich habe schon immer Mühe damit gehabt, etwas zu sagen. Ich bin auch aufgeregt, ich bin richtig angespannt, ich zittere stark.«

Der forensische Psychiater sagt über Pascal, dass er an einer Aufmerksamkeitsdefizitstörung leidet, an ADHS, und über eine unterdurchschnittliche Intelligenz verfügt, konkret über einen Wert von knapp über siebzig Punkten. Er habe, so der Gutachter, bei der Durchsicht der Akten immer wieder Situationen gefunden, in denen Pascal wie ein ganz normaler Mensch funktioniert habe. Trotzdem kommt der Psychiater zum Schluss, dass Pascal alle sechs Kriterien für eine Persönlichkeitsstörung erfüllt.

»Sie besuchen im Gefängnis eine Therapie«, sagt der Richter zu Pascal. »Worüber sprechen Sie da?«

»Man spricht über das Delikt und solche Sachen. Man musste sich zuerst kennenlernen. Wir haben nur im Gefängnis in Solothurn über das Delikt geredet, in der anderen Therapie sprachen wir mehr über Hobbys und Freizeit und wie es mir psychisch geht.«

»Sie waren im vorzeitigen Maßnahmenvollzug zehn Monate in Therapie, hat sie etwas bewirkt?«

»Ich weiß es nicht, es ist zu kurz, um das zu sagen. Es ist zu kompliziert, ich kann das nicht genau beschreiben, es hat sicher gutgetan, aber nur für den Moment.«

»Haben Sie im vorzeitigen Maßnahmenvollzug etwas gelernt? Gibt es einen Punkt, den Sie benennen können?«

»Keine Ahnung. Es ist mir schwergefallen, darüber zu reden. Es war viel zu wenig, was ich hatte, ich bin sehr schnell überfordert mit solchen Sachen.«

»Sie sagen, dass Sie mehr Zeit brauchen, zusätzliche Monate, Jahre, oder eine andere Zeiteinheit?«

»Vielleicht mehr Gespräche, wo man schauen kann, was mir eigentlich genau fehlt, damit so etwas nicht wieder passiert.«

»Also müsste eine Therapie jahrelang dauern?«

»Da braucht man sicher schon eine Zeit lang. Ich kann das nicht beantworten, ich habe keine Erfahrung.«

»Aber brauchen Sie die Therapie?«

»Ich weiß es nicht, aber ich glaube schon, dass man da etwas machen muss.«

»Sie sagten einmal, irgendetwas stimme wohl nicht mit Ihnen …«

»Das kann ich mir schon vorstellen, sonst macht man doch nicht ein solches Delikt.«

Pascal wurde schon als kleines Kind und während seiner gesamten Jugend in verschiedenen Institutionen platziert, doch Hilfsangebote nahm er nie an. Fast überall kam es zu Auseinandersetzungen mit dem Betreuungspersonal, mehrmals wurde er als »untragbar« wieder nach Hause geschickt. Doch die Eltern waren überfordert; sie konnten ihm kein Umfeld bieten, in dem er Unterstützung erfuhr. Im Jugendalter fällt Pascal durch aggressives Verhalten auf. Er begeht Sachbeschädigungen, Brandstiftungen, er hält sich nicht an Regeln, setzt durch, was er durchsetzen will, und akzeptiert keine Grenzen. Blickt man auf seine noch kurze Biografie, stellt man fest, dass es in seinem Leben nie eine konstante Beziehungs- und Vertrauensperson gab.

Je älter Pascal wird, desto auffälliger und aggressiver verhält er sich. Als Jugendlicher wird er in einer Institution für Menschen mit Betreuungsbedarf untergebracht. Als er ins Tessin fahren will, was ihm nicht erlaubt wird, tritt er einer Betreuerin mit dem Fuß gegen den Kopf und schlägt ihr mit einem Glas ins Gesicht. Er ruft eine Kollegin an und erzählt ihr, er werde die Betreuerin in der Nachtschicht aufsuchen und töten. Danach fährt er ins Tessin. Heute will er sich nicht mehr daran erinnern. Wie an so vieles nicht.

Pascal im Gerichtssaal zuhören zu müssen wird zur Qual. Der mittlerweile dreiundzwanzigjährige Mann hat auf viele Fragen die immer gleiche Antwort: »Das weiß ich nicht mehr.«

»In einem abgehörten Anruf sagten Sie: ›Wenn ich erneut von der Polizei befragt werde, sage ich einfach, dass ich mich nicht erinnern kann‹«, hält der Richter Pascal vor.

»Ich weiß nicht mehr, was ich gesagt habe.«

»Das ist genau das, was Sie uns seit zweieinhalb Stunden sagen.«

»Also, jetzt komme ich nicht mehr nach.«

»Sie sagen seit zweieinhalb Stunden: Ich kann mich nicht mehr erinnern.«

»Viele Sachen weiß ich auch nicht mehr, ich bin nervös und aufgeregt, ich mache das zum ersten Mal.«

Der Richter lässt sich durch Pascals vorgebliche Erinnerungslücken nicht beirren. Es ist spürbar, dass auch er gerne verstehen würde, was hier geschehen ist; warum Pascal zum Mörder wurde und warum Julian sterben musste. Er umkreist den Beschuldigten mit seinen Fragen auf der Suche nach Antworten, die er dann doch nicht erhält.

Pascal sagt über sich selbst, er sei ein einsamer Wolf. Ein einsamer Wolf indes, der Anerkennung sucht und Macht. Eine Lust auf Macht, die er auslebte, indem er Julian durch die Challenges quälte und die er auf die Spitze trieb, als er über Leben und Tod entschied. Doch genügt das als Mordmotiv? War es nicht auch die Verlustangst, die ihn umtrieb, weil sich Julian von ihm abwenden wollte? Oder waren es der blanke Neid und Eifersucht, die ihn zum Töten brachten? Pascal liefert keine klaren Antworten. Womöglich, weil er sie selbst nicht kennt.

»Man hat Sie nach dem Grund gefragt, warum Sie die Höhle zugeschüttet blockiert haben«, so der Richter zu Pascal. »Da sagten Sie: ›Julian sollte nicht mehr aus der Höhle herauskommen, damit er einmal spürte, wie ich mich wegen der Finanzen und der Eifersucht fühlte.‹«

»Heutzutage würde man das, glaube ich, nicht mehr so machen«, meint Pascal.

»Ich verstehe es nicht: Wenn jemand in einer Höhle eingeschlossen ist, wieso soll er dann spüren, wie es Ihnen in Bezug auf Ihre schlechte finanzielle Situation und der Eifersucht geht?«

»Ich weiß nicht, was der Grund wäre.«

»In einer Einvernahme sagten Sie: ›Er hatte Geld, einen Job, ich saß da wie ein verschuldeter Mensch und konnte nichts. Bei ihm lief alles perfekt, bei mir lief es miserabel. Es war wie aus Eifersucht.‹«

»Ich glaube schon.«

»Sie sagten ebenfalls: ›Da es mir immer scheiße ging, sollte es auch ihm scheiße gehen.‹«

»Das kann schon sein, dass das Ganze zusammenhing, so wie es dort steht.«

»Können Sie mir das erklären: Wenn es Ihnen scheiße geht …«

»Heute würde ich mir Hilfe holen.«

»Nein, ich möchte, dass Sie mir den Gedankengang von damals erklären.«

»Ich weiß ehrlich gesagt nicht, was mir da durch den Kopf gegangen ist.«

Der forensische Psychiater sagt, Pascal war zum Zeitpunkt der Tat voll schuldfähig. Das heißt: Es war ihm bewusst, was er tat, dass es Unrecht war und was für

Folgen es für Julian haben würde. Für das Gericht ebenso wichtig ist die Frage, ob Pascal therapierbar und/oder rückfallgefährdet ist. Je nachdem drängt sich eine therapeutische Maßnahme auf.

Der Psychiater, den das Gericht zu diesen Punkten befragt, spricht fast ausschließlich im Konjunktiv, als er seine Einschätzung über Pascal zum Besten gibt. Nebst ADHS und seiner unterdurchschnittlichen Intelligenz weise der Beschuldigte eine dissoziale Persönlichkeitsstörung und unreife Persönlichkeitszüge auf. Die Herausforderung ist laut dem Psychiater die Überschneidung der verschiedenen Diagnosen, die Komplexität der Störungen, die einander beeinflussen. Alles spielt in die Aggressionsproblematik hinein.

»Der Beschuldigte hat bereits über längere Zeit Therapien wahrgenommen – und die Therapeuten zeigten sich verwundert, dass er so wenig davon mitnehmen konnte«, sagt der Psychiater. »Aus meiner Sicht müsste eine Therapie über einen längeren bis langen Zeitraum erfolgen – ob sie dann erfolgreich ist, hängt davon ab, inwieweit der Beschuldigte bereit ist, sich darauf einzulassen.«

Auf die Nachfrage, was »länger bis lange« bedeute, erklärt der Psychiater vage, er rede von mindestens drei bis fünf Jahren oder auch länger. »Allein mit einer Therapie wird es nicht möglich sein, das Risiko in naher Zukunft erheblich zu verringern.«

Dass die Therapie im Gefängnis nichts brachte und die Rückfallgefahr hoch bleibt, beweist Pascal nach über einem Jahr im vorzeitigen Maßnahmenvollzug gleich selbst: Im Mai 2022, Monate vor dem Gerichtsprozess, begeht er erneut eine Straftat, zu der das Verfahren noch anhängig ist.

»Warum wurden Sie vom Solothurner Gefängnis nach Lenzburg verlegt?«, fragt der Richter Pascal.

»Ich habe einen Insassen geohrfeigt, darum hat man mich versetzt. Er hat mich angepöbelt und meine Mutter beleidigt, da bin ich durchgedreht. Er hatte eine Wunde am Kinn.«

»Der Vorfall ereignete sich in der Gemeinschaftsküche.«

»Er hat mich angehustet und meine Mutter beleidigt. Er sagte, ich solle meine Mutter ficken, da sind bei mir die Sicherungen rausgeknallt. Er hatte mich vorher über Monate provoziert. Da habe ich ihm mit einem Messer gegen die Wange geschlagen. Mit Schwung, wie mit einem verlängerten Arm. Ich glaube, es war nicht mit der scharfen Seite. Er hat sich nicht stark verletzt.«

»Es war ein Brotmesser, etwa zwanzig Zentimeter lang.«

»Ich habe das Messer nicht so genau angeschaut, es dient zum Brotschneiden, nicht zum Anschauen.«

Es existiert eine Aufnahme der Überwachungskamera der Gemeinschaftsküche in der Solothurner Strafanstalt. Sie zeigt ein anderes Bild des Vorfalls, den Pascal so verharmlosend beschreibt. Auf der Aufnahme ist Pascal mit dem Messer in der Hand zu sehen, nichts deutet auf einen Angriff hin, man erwartet, dass er sich gleich eine Scheibe Brot abschneiden wird. Dann greift er seinen Mitinsassen unvermittelt an und fügt ihm mit der scharfen Klinge des Messers an der linken Wange einen Schnitt zu. Danach schneidet er, als ob nichts gewesen wäre, mit demselben Messer seelenruhig eine Scheibe Brot ab und geht kauend davon. Man wähnt sich im falschen Film.

Für die Staatsanwältin ist Pascals Verhalten im Gefängnis der Beleg, dass die zehn Monate lange Therapie nichts gebracht hat und dass eine Verurteilung zu einer Maßnahme für junge Erwachsene daher nicht infrage kommt – weil die auf vier Jahre begrenzt ist. Sie fordert stattdessen wegen versuchten und wegen vollendeten Mordes eine Freiheitsstrafe von sechzehn Jahren und vier Monaten sowie die Anordnung einer stationären Maßnahme nach Artikel 59, die im Volksmund auch »kleine Verwahrung« genannt wird: Zwar ist die Maßnahme in der Regel auf höchstens fünf Jahre angesetzt. Sind die Voraussetzungen für die bedingte Entlassung nach fünf Jahren aber noch nicht gegeben, kann das Gericht auf Antrag der Vollzugsbehörde die Verlängerung der Maßnahme um jeweils fünf weitere Jahre anordnen.

»Wie grauenhaft dieses Verbrechen ist, kann man nicht beschreiben«, sagt die Staatsanwältin in ihrem Plädoyer. Pascal K. habe sich wohl schlicht am unfairen Leben rächen wollen, weil ihm seine eigene Situation nicht passte – aber das sei eine grundlose Rache gewesen. »Er fühlte sich schlecht, minderwertig und verlassen, darum musste es auch Julian schlecht gehen. Es gab keinen Grund, warum Julian sterben musste. Das Handeln des Täters war eiskalt.«

»Die Beschreibung dessen, was Julian widerfahren ist, kann gar nicht in Worte gefasst werden«, hält der

Anwalt von Julians Familie in seinem Plädoyer fest. »Julian ist bei lebendigem Leib begraben worden, von seinem eigenen Freund. Was er in den letzten Stunden seines Lebens erleben musste, war der blanke Horror. Der Beschuldigte hat Julian elendiglich verrecken lassen.«

Selbst Pascals Verteidiger bezeichnet die Tat seines Mandanten als »schrecklich«, als »grässlich«. Doch er versucht, das Bestmögliche für Pascal herauszuholen, und plädiert für eine Maßnahme für junge Erwachsene, die maximal vier Jahre dauert und zum Ziel hat, junge Straftäter mit erheblichen psychologischen Problemen durch sozialpädagogische und therapeutische Unterstützung zurück in ein straffreies Leben zu führen. Falls die Therapie während dieser vier Jahre keine Wirkung zeigt, soll er eine Freiheitsstrafe von zwölf Jahren verbüßen müssen, wobei die Maßnahme angerechnet würde.

»Was ist Ihr Ziel, Herr K., wohin geht Ihr Weg?«, fragt der Richter Pascal.

»Das entscheidet das Gericht. Was soll ich sagen, ich habe keine Ahnung von dem ganzen Zeugs, ich habe das nie gelernt.«

»Haben Sie Träume, Wünsche?«

»Also, man wünscht sich die Freiheit zurück, dazu muss man halt die Therapie machen, und darum will ich das auch tun.«

»Was glauben Sie, was steht am Schluss dieses Gerichtsverfahrens?«

»Ich bin kein Richter, das sind Sie, der hier entscheidet.«

»Denken Sie, dass Sie eine Gefängnisstrafe erhalten werden?«

»Das ist klar, ja, sonst wäre ich jetzt schon draußen.«

»Von wie vielen Monaten oder Jahren reden wir da?«

»Die Staatsanwaltschaft verlangt, glaube ich, sechzehn Jahre.«

»Finden Sie das eine zu strenge oder eine zu sanfte Strafe?«

»Ich finde das eigentlich schon gerecht, man hat ja etwas Schlimmes gemacht, ein Menschenleben auf dem Gewissen, oder wie man dazu sagt, es ist halt ein Tötungsdelikt, das gibt schon viele Jahre, das weiß ich von den TV-Sendungen her.«

Bevor der Richter sein Urteil spricht, erhält Pascal das letzte Wort. Unbeholfen wirkt er vor der Kamera, die sein Bild übergroß in den Gerichtssaal projiziert. Er greift nach einem Schreiben, setzt sich hin und liest einen Text vor, bei dem vom ersten Satz an klar ist, dass er ihn nicht selbst verfasst haben kann. Jeder im Gerichtssaal erkennt, dass es nicht sein letztes Wort ist, sondern dass es jemand anderes für ihn geschrieben hat.

»Ich entschuldige mich bei der Familie, dass ich den Sohn so brutal umgebracht habe«, liest Pascal ohne die geringsten Emotionen vor. »Ich bereue die Tat sehr und wünschte, ich könnte die Zeit zurückdrehen.«

Als ich höre, wie und was Pascal hier vorträgt, klappe ich den Laptop zu. Es macht keinen Sinn, länger mitzuschreiben. Seine Worte bleiben bedeutungslos. Auch Julians Angehörige schütteln enttäuscht den Kopf. Die druckreife Entschuldigung, die Pascal monoton vorliest, hat keinen Wert. Es wäre ehrlicher gewesen, wenn er geschwiegen hätte.

»Die Kälte, die zu Julians Tod geführt hat, spiegelt Ihre Gefühlskälte wider«, sagt der Richter in seiner Urteilsbegründung. »Sie, Herr K., tragen die Verantwortung. Sie sind der Totengräber von Julian. Ihre Tat, Ihr Verhalten nach der Tat – das ist unbegreiflich, das ist einfach nur ein unmenschliches und bestialisches Handeln. Jede einzelne Sekunde war blanker Horror und Psychoterror. Wir haben einen Aktenumfang von zwei Metern – und in diesen zwei Metern sehen wir keinen Millimeter Reue.«

Das Bezirksgericht Brugg verurteilt Pascal K. einstimmig wegen versuchten Mordes und wegen Mordes zu einer Freiheitsstrafe von neunzehn Jahren und zwei Monaten. Es ordnet zudem nach Artikel 59 des Schweizerischen Strafgesetzbuches eine stationäre therapeutische Maßnahme an.

Pascal sind keine Emotionen anzumerken, als er das Urteil entgegennimmt.